ERNATIONALE DES WAGONS-LITS

BAHN-SCHLAFWAGEN-GESELLSCHAFT

Gerhard J. Rekel

Monsieur Orient-Express

Wie es Georges Nagelmackers gelang,
Welten zu verbinden

K&S

1

Londres–Paris–Constantinople

◆

Als Jugendlicher liebte ich den Duft des Bahnhofs. Die Parfüms der gepuderten Damen mischten sich mit dem Schweiß der Kofferträger und dem Geruch von Schmieröl und Kohle. Der Duft des Bahnhofs war ein Versprechen. Ein Versprechen auf Ferne. Auf das Fremde. Etwas Geheimnisvolles. Eine andere Stadt. Ein anderes Land. Andere Menschen. Schon als Kind saß ich am liebsten auf der Bahnsteigkante. Mit den Zehenspitzen berührte ich die rostige Schiene und fühlte mich so verbunden mit einer anderen Welt.

2

Die letzte Chance

◆

»Dieses Werk der Harmonie,
des Friedens und des Fortschritts
wird nicht fruchtlos bleiben.«
— *Staatspräsident Émile Loubet*
zur Eröffnung der Pariser
Weltausstellung am 14. April 1900[1]

Ein Gewitter kündigte sich an. Dunkel aufziehende Wolken und eine Windböe auf der Place de la Concorde ließen die vielen Damen in eleganten Kostümen und ihre Begleiter in feinen Gehröcken einen Schritt zulegen.

Auch der 54-jährige Georges Nagelmackers beeilte sich, als er an diesem 15. April 1900 auf eine 30 Meter hohe Eisenkuppel zuging, die von zwei Minaretten flankiert wurde und das Tor zur Welt symbolisierte: Der monumentale Haupteingang der *Exposition Universelle de Paris*. Stündlich konnten bis zu 40 000 Besucher eingelassen werden. Nachts erstrahlte das Tor durch tausende grüne und blaue Glühbirnen und wurde zu einem leuchtenden Ungeheuer.

Der großgewachsene Belgier[2] im feinen Zwirn betrachtete einen Moment lang die Frauenstatue auf der Spitze der imposanten Kuppel. Nagelmackers hatte den Eindruck, als hieße das Lächeln der steinernen Dame die Besucher willkommen.

Als Generaldirektor der *Compagnie Internationale des Wagons-*

Lits (CIWL) sprach Georges Nagelmackers fließend Französisch, Englisch, Deutsch und Niederländisch. Er dirigierte in seinem Unternehmen mehr als 6 250 Mitarbeiter und 180 Schlafwagen-Verbindungen in ganz Europa und darüber hinaus.[3]

Der *Times*-Reporter Opper de Blowitz beschrieb Georges als einen Mann, der »trotz seiner rein belgischen Herkunft ein wenig dem arabischen Typus entsprach: Groß, drahtig, mit schwarzem Haar und Vollbart, dunklen Augen, einer schlanken Nase und festen, oft lächelnden Lippen. Innerlich nervös und äußerlich völlig ruhig.«[4]

Vom österreichischen Kaiser hatte Georges kürzlich für seine Verdienste den Franz Joseph-Orden erhalten, vom Osmanischen Sultan den Mecidiye-Orden; er war zum Offizier der französischen Ehrenlegion ernannt worden und der deutsche Kaiser hatte ihm den preußischen Krone-Orden verliehen.[5] Kaum ein Unternehmer in Europa war in den letzten Jahren euphorischer gefeiert worden. Es schien, als stünde Nagelmackers auf dem Höhepunkt seines Erfolgs.

In Wahrheit stand Georges das Wasser bis zum Hals. Nur der engste Mitarbeiterkreis wusste um den bedrohlichen Zustand; sein Firmen-Konglomerat raste direkt auf den Abgrund zu. Und Georges war klar: Er hatte nur noch eine Chance – die Weltausstellung!

Zu diesem pompösen Fest des Fortschritts wurden 50 Millionen Besucher erwartet. Für Georges die ideale Gelegenheit, um in den nächsten Wochen das Steuer herumzureißen.

Unzählige Neugierige strömten auf das prächtige Eingangsportal zu. Nagelmackers entdeckte in der Menge zwei bekannte Gesichter, Männer mit frisch gebürsteten Zylindern und in schwarzen Mänteln, Aufsichtsräte seiner *Compagnie*. Sie kamen, um sich seine neuen Projekte anzusehen. Um sich dezent zu erkundigen.

Nach den Kosten. Dem Gesamtaufwand. Der zu erwartenden Rendite. Sie taten es, um ihn bei der nächsten Aufsichtsratssitzung mit ihren Fragen zu traktieren. Fragen, die in Wahrheit keine waren. Denn die Männer versuchten ihn zu maßregeln, sie wollten seine Aktivitäten auf der Weltausstellung beobachten, um ihm später die Kosten dafür vorrechnen zu können.

Seinen perlgrauen Zylinder tiefer ins Gesicht rückend, ging Nagelmackers den Aufsichtsräten aus dem Weg. Bis vor drei Jahren hatten sie ihn noch in Ruhe arbeiten lassen. Denn nach der Premierenfahrt des Orient-Express im Jahr 1883 war Georges von Erfolg zu Erfolg geeilt. Siebzehn Jahre lang hatte er sein Netz ständig erweitert. Er betrieb 776 Schlaf- und Speisewagen sowie 120 Gepäckwaggons, hatte neue Verbindungen von London bis nach Luxor und von Berlin bis nach St. Petersburg geschaffen.[6]

Dazu eröffnete er ab 1892 Palasthotels in Nizza, Lissabon, Kairo und an fünfzehn weiteren Endstationen seiner Schlafwagen-Verbindungen.[7]

Nun aber hatte er sich entschlossen, noch einen Schritt weiter zu gehen. Georges wollte nicht mehr nur Europa, nein, er wollte die ganze Welt verbinden! Sein neuestes Ziel: Eine Linie mit seinen Waggons von Paris nach Peking. Die längste Bahnverbindung der Welt. Über 8 000 Kilometer. Durch ganz Sibirien. Er taufte den Zug *Transsibérien-Express*, manche bezeichneten ihn auch als *Extrême-Orient-Express*.[8]

Auf Wunsch könnten die Fahrgäste dann mit seinen Zügen von London, Paris oder Wien nach Moskau reisen. Und von dort mit seinem neuen *Transsibérien* nach Peking. In der chinesischen Hauptstadt bot seine Agentur Anschlüsse nach Tokio, Yokohama und Schanghai an.

Enorme Entfernungen, die viele Menschen als beängstigend empfanden, wären damit in gerade einmal dreizehn Tagen zu überwinden. Unkompliziert und komfortabel. Auf diese Weise würden Europa und Asien keine abgegrenzten Kontinente mehr sein. Erstmals!

Viele hielten seine Idee für verrückt. Allein Sibirien war über dreimal so groß wie Europa und eisenbahntechnisch kaum erschlossen.[9]

Doch als Nagelmackers die Idee des Orient-Express hatte, war er ebenso beschimpft worden: von seiner Familie, von Politikern, von Finanziers. Sie bezeichneten seinen Plan, zweimal wöchentlich einen Zug von Paris nach Konstantinopel zu schicken, als »zu investitionsintensiv« und »aufgrund bürokratischer Hürden und nationaler Grenzen nicht realisierbar.«[10]

Nicht einmal sein Vater, Besitzer der größten belgischen Privatbank, wollte ihm ausreichend Geld leihen. Alle hielten ihn für einen Narren.[11]

Trotzdem konnte er den Orient-Express nach einer jahrelangen Odyssee auf die Schienen stellen. Der Zug erfreute sich größter Beliebtheit, seine anderen Verbindungen ebenso.

Vor dem Tor der Weltausstellung entdeckte Georges in der Menschenmenge Eduard Salomon von Oppenheim. Der Mitbesitzer des *Bankhauses Sal. Oppenheim* in Köln war einer der maßgeblichen Kreditgeber der *Compagnie Internationale des Wagons-Lits*. Der 69-jährige Baron saß im Aufsichtsrat und galt als eines der meinungsstärksten Mitglieder. Und das für Nagelmackers gefährlichste. Oppenheim hatte in den letzten Jahren seine Beteiligung an der *Compagnie* zum Bedauern von Georges reduziert. Mehrfach![12] Der Bankier stand auf der Bremse, hatte Angst um sein Geld.

Nagelmackers nickte Oppenheim freundlich zu und führte ihn zum russischen Pavillon, wo der Baron von Nagelmackers' Mitarbeitern empfangen wurde.

Es war die dritte Weltausstellung, auf der Georges für sein Unternehmen warb, nach Wien 1873 und Paris 1889.[13] Doch diese war anders. Ganz anders. Niemals zuvor wurden so zahlreich Exponate aus Kunst, Technik und Wissenschaft an mehreren Orten entlang der Seine gezeigt. Über 83 000 Aussteller nahmen teil. Aus 43 Ländern. Auf 112 Hektar in der größten Metropole Europas. Ein dem Fortschritt gewidmetes Panorama der Superlative.[14]

Die Macher sahen in der Veranstaltung zur Jahrhundertwende ein Prisma der europäischen Aufklärung, es herrschte Aufbruchstimmung: Maschinenbauer revolutionierten die Arbeitswelt, im Palast der Elektrizität verwandelte elektrische Energie die Nacht zum Tag und Kupferleitungen ermöglichten in neuer Qualität Sprechverbindungen über weite Entfernungen.

An diesem außergewöhnlichen Ort wollte Georges beweisen, dass die Fahrt ans andere Ende der Welt ab sofort keine Qual, sondern ein Vergnügen war!

Trotzdem sorgte sich Georges. Zwei Wochen zuvor hatte ihm sein engster Mitarbeiter Napoléon Schroeder die Vorjahresbilanzen auf den Tisch gelegt. Der 47-Jährige war in Deutschland geboren und aufgewachsen. Fleißig, zurückhaltend, sachlich. Mit einem stets korrekt gestutzten Backen- und Kinnbart leitete der korpulente Schroeder die Betriebsabteilung.[15] Während die *Compagnie Internationale des Wagons-Lits* bis 1895 noch Gewinne erwirtschaftet hatte, lasen sich die letzten Geschäftsberichte ernüchternd:

1896 – erste Verluste.
1897 – Verluste verdreifacht.
1898 – Verluste verachtfacht.
1899 – Verluste neuerlich verdoppelt.[16]

Um der sich anbahnenden Katastrophe entgegenzusteuern, hatte Georges zwei ungewöhnliche Dinge durchgesetzt: Erstens wurden Verluste im Geschäftsbericht als »Investitionen in die Zukunft« ausgewiesen. Und zweitens zahlte die *Compagnie* trotz hoher Verluste eine großzügige Dividende. 1899 waren es sogar 7,5 Prozent gewesen.[17] Nagelmackers wollte damit die Aktionäre trotz schlechter Zahlen bei der Stange halten.

Doch Schroeder wusste es. Und Nagelmackers auch: Bald würde die Finanzierung der laufenden Geschäfte über immer neue Aktien kollabieren und wie ein Kartenhaus in sich zusammenbrechen.

Georges war auch nicht entgangen, dass die Mitglieder des Aufsichtsrats bereits über ihn diskutierten. War er noch der richtige Geschäftsführer für einen so großen Konzern mit Aktivitäten in über 20 Ländern?

In vielen Firmenbereichen fehlte es an Einnahmen. Obwohl sich Georges massive Kritik wegen zu hoher Ausgaben anhören musste, setzte er jetzt alles auf eine Karte. Statt wie vom Aufsichtsrat gefordert, das Unternehmen zu verkleinern, einige Hotels und Waggons zu verkaufen und bei der Werbung radikal zu sparen, wagte er einen Schritt nach vorne. Vielleicht seinen letzten. Sein Meisterstück.

Er setzte alles daran, um Besucher und Presseleute auf den *Transsibérien-Express* aufmerksam zu machen. Dafür hatte Georges die letzten Reserven aktiviert. Er wollte nicht bloß mit dem Versprechen einer aufregenden Reise ans andere Ende der Welt *werben*, nein, die Besucher sollten eine »bahnbrechende Reise *erleben*«. Hier und jetzt. Auf der Messe.

Georges inszenierte ein seit Monaten vorbereitetes Schauspiel. Ein magisches Reisespektakel. In Original-Waggons. Vor sibirischer Landschaft. Mit bester russischer und chinesischer

Küche. Denn für ihn war klar: Ein Erlebnis ist überzeugender als eine Behauptung!

In Wahrheit hatte Nagelmackers einen Coup eingefädelt. Seine Inszenierung im russischen Pavillon sollte zum Höhepunkt der Weltausstellung werden. Dafür hatte er neun vierachsige Waggons mit exquisiter Ausstattung auf das Gelände der Weltausstellung bringen lassen. Die Waggons waren die schwersten und geräumigsten, die es zu dieser Zeit in Europa gab.

Weil die Pavillons jedoch über keine Gleisanschlüsse verfügten, versuchten Nagelmackers' Ingenieure, jeden der 35 Tonnen schweren Wagen von seinen Werkstätten auf einem rollenden Spezialgestell zur Weltausstellung zu ziehen. Mit je 36 Pferden. Gelenkt von 15 Reitern und Kutschern. Die Pferdegespanne entpuppten sich als zu schwach, die Straßen von Paris als zu eng. Schließlich setzten Nagelmackers' Mitarbeiter einen bulligen Scotte-Traktor ein. Das mit eisernen Reifen ausgestattete Vehikel wurde von einer Dampfmaschine angetrieben. Es konnte viereinhalb Tonnen mit sieben Kilometern pro Stunde über Kopfsteinpflaster ziehen.

Der Dampftraktor schleppte die schweren Waggons zum Trocadéro am rechten Seineufer, wo der russische Pavillon direkt gegenüber dem Eiffelturm stand.[18]

Nagelmackers hatte an den wuchtigen Türmen des Pavillons in übergroßen Lettern die Aufschrift »TRAIN TRANSSIBÉRIEN« und »MOSCOU-PÉKIN« anbringen lassen.[19]

Zusätzlich platzierte er überall in Paris farbige Plakate von seiner Präsentation des »TRANSSIBÉRIEN AU TROCADÉRO«. In den großen Pariser Zeitungen schaltete er Anzeigen: »Der Transsibérien steht am Trocadéro!« Und auf dem gesamten Messegelände ließ er aufwendig gestaltete Broschüren verteilen.[20] Darin bewarb er seine vielen Direkt-Verbindungen und belegte, wie sicher seine Waggons waren. Bei einem Unfall in Rumänien im letzten

Am Eingang des russischen Pavillons bewarb Nagelmackers den »Transsibérien«

Jahr waren zum Beispiel alle Waggons der nationalen Eisenbahngesellschaft zerstört worden – nicht jedoch jener der *Compagnie Internationale des Wagons-Lits*. Der stand als einziger noch auf dem Gleis, Passagiere und Waggon blieben unversehrt.[21]

Der Aufwand, den Georges betrieb, war enorm: Er hatte für seine geladenen Gäste nicht nur 25 000 Eintrittskarten auf sein Risiko zum Weiterverkauf für die Weltausstellung übernommen, sondern auch das *Elysée-Palace-Hotel* und vier Gebäude des *Grand Hôtel du Trocadéro* mit insgesamt 2 400 Betten in 1 500 Zimmern fertigstellen lassen, die er im britischen Magazin »The London Illustrated News« mit halbseitigen Anzeigen bewarb.[22]

Zusätzlich betrieb er das große Restaurant »La Lune« im »Palais de l'Optique«, wo unter seiner Mithilfe ein Refraktor-Teleskop von gigantischem Ausmaß mitten im Ausstellungsgelände platziert wurde. Zwanzig Tonnen schwer. In den Nachthimmel gerichtet. Das Abbild des Mondes fiel durch zwei Röhren von je

Das »Palais de l'Optique« sollte zusätzlich Besucher anlocken

60 Metern Länge auf eine riesige Leinwand, vor der 3200 Menschen Platz fanden.[23] Jeder Betrachter sollte den Eindruck haben, er sei nur einen Meter vom Erdtrabanten entfernt.[24]

Vor allem aber hatte Georges in allen wichtigen Länder-Pavillons seine Waggons positioniert. Kein Besucher der Weltausstellung sollte an der *Compagnie Internationale des Wagons-Lits* vorbeikommen: Im belgischen Pavillon stand sein allererster Wagen Nr. 1 mit Compartiments so klein wie Mönchskammern und so luxuriös wie die Zimmer eines Grandhotels. Im italienischen konnte der wunderschöne Restaurantwagen Nr. 760 besichtigt werden, im österreichischen die imposanten Schlafwagen 680 und 681 mit Rauchersalon, und im französischen der für Ägypten weißlackierte Nr. 778.[25]

Den absoluten Höhepunkt aber inszenierte Nagelmackers im russischen Pavillon. Er nutzte eine Rekonstruktion des Kremls mit 50 Meter hohen Türmen und zinnenbewehrten Backsteinmauern.[26]

Unter dem reich verzierten Dreiecksgiebel empfing Nagelmackers am ersten Tag der Weltausstellung die Crème de la Crème aus Politik, Wirtschaft und Adel: Den Präsidenten des französischen Ministerrats Pierre Waldeck-Rousseau, den Marquis von Montebello, seines Zeichens französischer Botschafter in St. Petersburg, Journalisten, Ehrengäste und auch jene Mitglieder des Aufsichtsrats, die Nagelmackers entmachten wollten. Manchmal hatte er den Eindruck, die Herren in den schwarzen Anzügen verfolgten ihn wie seine Henker – immer auf der Suche nach Fehlern. Besonders, seit die *Compagnie* Verluste schrieb.

Auch Nagelmackers' Frau Sophie Françoise Marguerite Mermet war gekommen. Die hübsche, um drei Jahre jüngere Schweizerin stammte aus Genf.[27] Sie ließ sich den Besuch nicht nehmen, denn sie sorgte sich um die Gesundheit ihres Mannes. Georges hatte sich in letzter Zeit oft schlecht gefühlt. Marguerite vermutete, dass es an der enormen Arbeitsbelastung lag. Wenn Georges neue Pläne schmiedete und Veranstaltungen organisierte, überließ er nichts dem Zufall. Er schlief zu wenig und kümmerte sich persönlich um jedes Detail. Der Drang nach absoluter Perfektion und seine akribische Detailversessenheit prägten Nagelmackers' gesamtes Leben.[28]

Im russischen Pavillon führte er die Besucher zu dem von der *Compagnie* nachgebauten Bahnhof von Moskau. Dort hatte er einen ganzen Zug aufstellen lassen: zwei Restaurantwagen, einen Salonwagen und einen Schlafwagen – den *Transsibérien-Express.*[29]

Die Besucher bestaunten den im Empirestil eingerichteten Salon des Waggons Nr. 724 mit Möbeln aus weißlackiertem Lindenholz und einem Piano, das auf Wunsch automatisch spielte. Noch mehr beeindruckte das Badezimmer: darin eine Wanne mit nach innen gebogenem Rand. So wurde beim Ruckeln und Schlingern des Zugs ein Überschwappen des Wassers verhindert. Im hinteren Teil des Waggons erwarteten die Fahrgäste ein Friseursalon und ein Gymnastikraum mit Hanteln und einem Fitness-Fahrrad.[30] Nagelmackers entging nicht, wie ein Mitglied des Aufsichtsrats den Kopf schüttelte.

Kaum hatten die Besucher im Speisewagen auf Samtstühlen Platz genommen, wurde der Waggon durch eine maschinelle Vorrichtung sanft gerüttelt, um die Fahrbewegungen zu simulieren. Die russischen Kellner in weißen Tatarentrachten und mit hyazinthfarbenen Schärpen servierten Borschtschsuppe, frischen Kaviar und Champagner.[31]

Während die Ehrengäste im Waggon dinierten, waren durch die Fenster 950 Meter lange, vorbeiziehende Panorama-Leinwände zu sehen. Auf drei Ebenen. Und in drei Geschwindigkeiten. Im Vordergrund zogen Gleisbett, Büsche und Gestrüpp vorbei. In der Mitte, etwas langsamer, realistisch gemalte Impressionen von Moskau, sibirischen und mandschurischen Landschaften und der Baikalsee. Darüber, noch langsamer, eine Wolkenformation vor blauem Himmel. 12 Reisetage, zusammengefasst in 45 Minuten.

Georges hatte für diese Reise-Illusion eigens den Chefdekorateur der Pariser Oper engagiert; Monsieur Jambon war nach Russland gefahren, um seine Eindrücke auf sechshundert Skizzen und über zweihundert Meter Leinwand zu bannen. Straßen, Berge und Seen. Die Besucher sollten den Eindruck gewinnen, im Zeitraffer von Moskau nach Peking zu »fliegen«.[32]

Nach 45 Minuten endete die Show und es schien, als hätte der Schwung der Bilder die Journalisten und Premierengäste mitgerissen.[33]

Georges pries Russland, China und Japan als Länder der Zukunft. In den nächsten Jahren schon würden sich Scharen von Händlern, Diplomaten und betuchten Touristen in seinen Schlafwaggons Richtung Osten und zurück bewegen.

Werbepostkarte für das Panorama des Transsibérien mit Porträt des Direktors

Trotzdem entgingen Nagelmackers die kritischen Blicke der Aufsichtsräte nicht. Umso mehr versuchte er mit Euphorie zu überzeugen: Die *Compagnie Internationale des Wagons-Lits* werde in Kürze die einzige durchgehende, komfortable Verbindung auf die andere Seite der Welt anbieten. Mit französisch-, deutsch-, englisch- und russischsprechendem Personal.

Ein Journalist fragte, warum denn nur Luxuszüge? Georges entgegnete: Der Bedarf an günstigeren Reisen werde komplett von normalen Bahngesellschaften abgedeckt. Nur im oberen Segment wären Staaten bereit, ihm Schienenbenützung und Lokomotiven für seine Züge zur Verfügung zu stellen, weil den staatlichen Bahngesellschaften diese Angebote zu komplex und zu investitionsintensiv seien. Außerdem wollten und konnten nur wenige Leute überhaupt so weit reisen. Jene eben, die Komfort zu schätzen wussten. Perfekten Komfort!

Ein anderer Reporter wollte von Nagelmackers wissen, wie er es denn überhaupt geschafft hatte, das größte private Eisenbahnunternehmen der Welt aufzubauen. Welche »geheime Formel« er gefunden hätte, um die bürokratischen Bahnverwaltungen zu überzeugen, die komplizierten Regularien der Nationalstaaten zu berücksichtigen und eine Vielzahl von Beamten und Investoren von seinem Geschäftsmodell zu überzeugen.

Statt zu antworten, lenkte Nagelmackers den Fokus auf sein neues Projekt, denn ihm war klar: Um weiterhin Erfolg zu haben, musste er dieselben Methoden anwenden, die ihm geholfen hatten, aus einem 30-Quadratmeter-Büro in Lüttich und einem geliehenen Waggon ein europaweit aktives Unternehmen mit über 6 000 Mitarbeitern aufzubauen.[34]

Gelungen war ihm das dank einer speziellen Methode, die er hier nicht verraten wollte. Vielmehr fragte er sich, ob diese Methode auch weltumspannend funktionieren würde. Deshalb beendete er seine Ansprache mit einem Angebot: Die Weltausstellung biete die einzigartige Möglichkeit, in sein Projekt einzusteigen und mit der *Compagnie* zu kooperieren sowie Tickets oder ganze Kontingente im Voraus zu buchen.

Er verbeugte sich und erhielt Applaus. Es schien, als hätten die meisten seine Idee verstanden, als wäre die Veranstaltung ein Triumph. Einen Moment dachte Georges an seinen verstorbenen Vater. Wie schön wäre es gewesen, wenn gerade er, der immer eine kritische Haltung zu den Eisenbahn-Projekten seines Sohnes gehabt hatte, diese Zustimmung hätte miterleben können. Hätte es ihn beeindruckt?

Natürlich registrierte Nagelmackers auch die skeptischen Mienen. Von Baron Oppenheim und den anderen Männern aus dem Aufsichtsrat. Er wich ihren Blicken aus, seine Augen suchten Marguerite. Als er seine Frau fand, stand sie etwas abseits bei einem Journalisten mit Champagner. Sofort hatte er den Eindruck, dass sie ihn besorgt ansah.

Wenn Georges von Gegnern kritisiert wurde, konnte er einigermaßen damit umgehen. Bei Freunden fiel es ihm schon schwerer. Am schlimmsten empfand er es, wenn seine Frau ihn tadelte; bei ihr war er am verletzlichsten. Dann bedurfte es keines bösen Wortes, da reichte ein ganz bestimmter Blick – und er fühlte sich zutiefst verunsichert.

Plötzlich erschütterte ein heftiger Knall den Waggon – unvermittelt saßen alle im Dunklen, auch die Panorama-Leinwände stoppten.

Aufgeregt liefen mehrere Techniker umher. Georges sprang aus dem Waggon und sah sich besorgt um. Nach einigen Minuten gingen die Lampen in den Waggons wieder an, doch die Panorama-Leinwände bewegten sich nicht.

Georges trat vor seine Gäste und entschuldigte sich: Die Elektrizitätsanlagen konnten für die Weltausstellung nicht ausreichend Strom liefern, deswegen käme es immer wieder zu Ausfällen.[35]

Schließlich stiegen die Premierengäste auf der anderen Seite des Waggons aus, wo Nagelmackers eine dem Pekinger Bahnhof nachempfundene Pagode hatte aufbauen lassen. Seine Mitarbeiter reichten in chinesischen Kostümen ein Dessert.

Alles würde nun für Georges davon abhängen, wer und wie viele Besucher bei diesen täglich stattfindenden Präsentationen auf ihn oder seinen Mitstreiter Napoléon Schroeder zukamen und an Kooperationen interessiert wären.

Da näherte sich Nagelmackers' Frau Marguerite, sie plauderte mit Baron Oppenheim. Georges wusste, sie wollte jetzt nach Hause, am liebsten mit ihm. Und sie hatte Recht, denn er hatte in den letzten Nächten kaum geschlafen und fühlte sich erschöpft. Nicht nur wegen der Weltausstellung. In den letzten Wochen spürte er immer öfter eine tiefe Müdigkeit, Falten hatten sich über Nase und

Stirn gebildet, seine Haare waren ergraut. Die vielen Reisen, das Ringen mit Geldgebern, Politikern und Mitarbeitern hatte Kraft gekostet. In letzter Zeit war er manchmal so beunruhigt gewesen, dass er sogar ein Testament hatte aufsetzen lassen, um im Falle seines Ablebens jene beiden Menschen großzügig zu versorgen, die er am meisten liebte: seine Frau Marguerite und seinen 22-jährigen Sohn René, der bereits in der Firma mitarbeitete.[36]

Plötzlich trat Baron von Oppenheim mit einem süffisanten Lächeln an Nagelmackers heran. Georges kannte Oppenheim seit Jahren und wusste, dass sich hinter dieser Süffisanz Vorbehalte verbargen.

Oppenheim hatte sich zuvor auf dem Gelände umgesehen und in einigen Pavillons die Schlafwaggons der *Compagnie* entdeckt. Er gab sich erstaunt ob des gewaltigen Aufwands und wollte erfahren, wie sich das zu Buche schlagen würde.

Georges befürchtete, Oppenheim würde nun auf die in den letzten Jahren aufgelaufenen Verluste anspielen.[37]

Für Nagelmackers stellte Oppenheim jedoch die falsche Frage. Richtig gewesen wäre es, sich danach zu erkundigen, welch einzigartige Chance die größte Ausstellung der Welt für die *Compagnie* biete.

Trotzdem war Georges natürlich bewusst: Die zunehmenden Verluste würden ihn demnächst erdrücken. Er benötigte Geld. Frisches Geld. Viel Geld. Nur damit konnte er seinen Kopf aus der Schlinge ziehen, die der Aufsichtsrat bereits um seinen Hals gezogen hatte und die immer enger wurde. Sein Lebenswerk, ja vielleicht sogar sein ganzes Leben standen plötzlich auf dem Spiel.

3

Die Welt ist Eisenbahn. Und Eisenbahn die Welt

◆

»Wer sich dem Bahnhof nähert, erwartungsvoll
den Bahnsteig und dann das Abteil betritt,
der löst sich aus der Enge seiner Verhältnisse,
ergreift Besitz von der Ferne, ist versetzt
in eine transitorische Welt.«
— *Hermann Glaser, Kulturhistoriker*[38]

Im Südosten Belgiens, am Fuße des waldreichen Mittelgebirges der Ardennen, das durch lange, nicht allzu hohe Plateaus und steil abfallende Hänge geprägt ist, liegt vor den Toren Lüttichs der kleine Ort Angleur. Unweit davon mäandert der schmale Fluss Ourthe in engen Schleifen auf seinem Weg in die Maas. Da und dort sind in der Landschaft die Spuren von Kohleabbau und Eisenhütten zu erkennen.

In einem Haus am noblen Boulevard de la Sauvenière, der um Lüttichs Altstadtkern führte, wurde am 25. Juni 1845 um neun Uhr abends Georges Lambert Casimir Nagelmackers geboren.[39]

Die ursprünglichen Nagelmackers waren im 13. Jahrhundert Nagelfabrikanten in Brabant im Süden der Niederlande gewesen. Im Laufe der Jahrhunderte wandten sie sich der Stahlindustrie und schließlich den Geldgeschäften zu und zogen nach Belgien.

Häufig besuchte Georges seine Großeltern, die in Angleur ein kleines Schloss bewohnten, das noch heute »Schloss Nagelmackers« heißt.

Kohleabbau und Eisenhütten in Angleur, Mitte des 19. Jahrhunderts

Zwischen diesem Anwesen und der elterlichen Villa in Lüttich verlief eine Bahnstrecke. Auf dem Weg zu den Großeltern konnte Georges oft die schnaufenden Dampfrösser beobachten, die am Château Nagelmackers vorbeifuhren.

Im Jahr 1843, zwei Jahre vor Georges' Geburt, hatte die Rheinische Eisenbahngesellschaft zusammen mit den Belgiern die weltweit erste grenzüberschreitende Bahn-Verbindung eröffnet. Sie verband Aachen mit Lüttich und verlief nahezu geradlinig durch das Tal der Vesdre, ermöglicht aufgrund zahlreicher Brücken und Tunnel. Für diese neue Linie mussten zwei der ältesten Steilstrecken Europas überwunden werden. Die Steigung war so stark, dass die noch leistungsarmen Lokomotiven nur mit einem parallel zum Gleis gespannten Seil hochgezogen werden konnten – und zwar mittels einer stationären Dampfmaschine am höchsten Punkt.

Stolz diskutierten in diesen Jahren die Bürger über den Erfindungsreichtum der Eisenbahn, die Zeitungen berichteten ausführlich. Auch bei Familie Nagelmackers waren die Arbeiten an der

Strecke ein Thema. Immer deutlicher entpuppte sich die Eisenbahn als der Beginn einer neuen Ära, denn durch das Überwinden von Flüssen und Bergen verkürzten sich die Entfernungen. Viele Menschen hofften, die neuen Bahnen könnten die Verbindungen zwischen den Regionen erleichtern und Europa in ein Mosaik von Nachbarschaften verwandeln. Noch aber war das Reisen mühsam, denn es existierten nur Teilstrecken.

Aus der frühen Kindheit von Georges Nagelmackers ist wenig bekannt. Dank einiger Hinweise seiner Verwandten und anderer Berichte können wir jedoch nachempfinden, dass Georges – wie viele seiner Zeitgenossen – von der Eisenbahn fasziniert gewesen sein muss.[40] Heute setzen sich Politiker gerne mit digitalen Projekten in Szene, damals präsentierten sich die Herrscher vor neuen Eisenbahnbrücken, Tunneln oder internationalen Verbindungen, um als moderne Regenten wahrgenommen zu werden.[41]

Das Haus der Großeltern lag unmittelbar an der Bahnstrecke; so konnte Georges das Schnaufen der Dampflokomotiven von Weitem hören. Oft muss er wohl den nahen Bahnübergang besucht haben, wo ein Bahnwärter seinen Dienst versah.

Georges konnte beobachten, wie der Mann in seiner schicken Uniform ständig den Kopf nach links und rechts drehte, um die Gleise zu beobachten. In beiden Richtungen befanden sich in einiger Entfernung neben dem Bahndamm jeweils hohe Masten mit einem geflochtenen, roten Ballon – Korbsignale.[42]

Wurden diese Ballons von dem nächsten Bahnwärter hochgezogen, so wusste der Kollege, dass in wenigen Minuten ein Zug auftauchen würde. Dann ließ er die Schranken herunter, um Fuhrwerke, Fußgänger und Viehherden aus beiden Richtungen aufzuhalten.

Vielleicht stellte sich Georges gerne an die Gleise und wartete, bis das schwarze Ungetüm fauchend an ihm vorbeidonnerte, um es zu bestaunen. Womöglich entstand auf diese Weise eine Sehnsucht nach der Bahn und den damit verbundenen Sinneseindrücken. Denn die verbrannte Kohle, das Schmieröl und der Wasserdampf mischten sich zu einem ganz bestimmten Duft. Eine Art Eisenbahnparfüm. Es könnte Georges geprägt haben, denn auch später suchte er gerne die Nähe von Bahnhöfen und Lokschuppen.

Vor allem war Georges begierig zu erfahren, wie die neuen Maschinen funktionierten. Er quälte seine Eltern mit Fragen: warum, wie genau, weshalb. Für viele Erscheinungen suchte er eine Gesetzmäßigkeit, eine innere Logik. Er verschlang Bücher, die sich mit Technik und Physik befassten. Ihn begeisterten Apparaturen, mit denen die Welt voranschritt: das erste von einer Dampfmaschine angetriebene Luftschiff, der erste elektrische Generator, der erste Bunsenbrenner. Seit 1858 berichteten die Zeitungen von der spektakulären Verlegung des ersten Transatlantikkabels von Irland nach Neufundland. Eine telegrafische Verbindung in die Vereinigten Staaten sollte hergestellt werden. Der damals berühmteste Universalgelehrte, Alexander von Humboldt, konstatierte: Durch Erfindungen wie Eisenbahn, Dampfschiffe und Telegrafenapparate »verschwindet gegenwärtig der Raum«.[43]

Mit elf Jahren besuchte Georges den humanistischen Zweig des Gymnasiums *Athénée Royal* in Lüttich, mit fünfzehn scheint er ein wissbegieriger Schüler gewesen zu sein, denn die Lütticher Tageszeitung »La Meuse« meldete,[44] dass eine Kommission im August 1860 Auszeichnungen an Schüler vergeben hatte, darunter auch an Georges, dessen Arbeiten in Griechisch, Latein, Deutsch, Englisch, Geschichte und Geografie gewürdigt wurden.

Am Ende seiner Schulzeit wurde er für seine sprachlichen Leistungen gelobt.[45] Wer Latein und Griechisch beherrscht, so sind

Linguisten heute überzeugt, versteht nahezu alle romanischen Sprachen, insbesondere auch Italienisch und Spanisch. Von diesen umfangreichen Sprachkenntnissen profitierte Georges später bei seinen internationalen Verhandlungen.

Georges' Vater Edmond gehörte die größte Privatbank Belgiens, das *Bankhaus Nagelmackers*.[46] Seine Mutter Eugénie Orban stammte aus einer Politiker- und Industriellenfamilie.

In gehobenen Kreisen war es damals üblich, dass die Kinder nicht mit den Eltern zusammen speisten, sondern mit dem Personal. Frühstück, Mittag- und Abendessen erfolgten zumeist im Dienstbotentrakt. Georges und sein um zehn Jahre jüngerer Bruder Jules haben Edmond Nagelmackers mit »Herr Vater« angesprochen, die Kinder hatten ihre Eltern zu siezen, sie galten als Respektspersonen.

In dieser Zeit war der Vater die Galionsfigur der Familie, in der bürgerlichen Gesellschaft dominierte er das berufliche und private Leben. Alle Familienmitglieder trugen dazu bei, seine Autorität zu untermauern.[47]

Georges' Vater führte nicht nur erfolgreich seine Bank, sondern war auch an mehreren belgischen Industrieunternehmen beteiligt und saß in vielen Aufsichtsräten.[48] Es ist davon auszugehen, dass er nicht viel Zeit für seine Kinder hatte und das Verhältnis zu Georges eher distanziert war. Belegt ist: Die Familie hatte ein katholisches und politisch konservatives Weltbild.[49] Möglicherweise empfand Georges als Jugendlicher diese konservative Strenge als einengend und er entwickelte deshalb eine Sehnsucht nach Ferne und Weite, die ihn ein Leben lang begleitete. Oft hielt er sich in der Schulbibliothek auf und verschlang Reiseberichte, mit denen er sich in ferne Regionen träumte. Mit dem Zeigefinger verfolgte er dann die Strecken auf der Landkarte: Lüttich, Brüssel, Amsterdam, Paris – wie die Menschen dort wohl waren?

Hin und wieder besuchte Georges' Cousine die Familie Nagelmackers. Die um neun Jahre ältere, aufgeweckte Marie Joséphine muss Georges beeindruckt haben. Nach solch einer mehrtägigen Visite brachte die Familie die Cousine zum Bahnhof.

Während Mutter Eugénie und Vater Edmond ihre Nichte umarmten und der Vater intensiv auf die junge Frau einredete, fielen Georges die riesigen Antriebsräder der majestätischen *Crampton* auf. Doch nicht nur die Dampflokomotive begeisterte, der gesamte *Express-Zug* war deutlich besser ausgestattet als die Personenzüge, die normalerweise in Lüttich hielten. Georges betrachtete durch das heruntergelassene Waggonfenster die gepolsterten Bänke, das edle Furnierholz und die zahlreichen Spiegel. Die weiblichen Fahrgäste trugen ausladende, mit Federn geschmückte Hüte und die neueste französische Mode. Sie hatten wuchtige Lederkoffer dabei, lachten und plauderten. Es mag Georges vorgekommen sein, als kämen die Passagiere aus einer anderen Welt. Einer Welt voller Geheimnisse. Und seine Cousine reiste mit diesem Zug ab, winkte aus dem Waggon, bis Georges den *Express* aus den Augen verlor.

4

Amour fou

◆

»Bahn fahren ist gewissermaßen eine Dehnungsfuge im hektischen Hamsterrad, das wir Alltag nennen. Da können wir unsere Perspektive wechseln und mit anderen ins Gespräch kommen.«
— *Stephan Grünewald, Psychologe*[50]

Je mehr sie redete, umso weniger konnte sich Georges auf das Gesagte konzentrieren, und umso mehr wollte er sie küssen. Georges kam sich vor wie bei einem Tanz: jeder Schritt ein Wagnis. Liebeswerben und Liebessehnen. Sträuben und Ergeben. Begierde und Verweigerung. Amouröse Nähe und familiäre Vorbehalte. Nie zuvor hatte in ihm eine Frau solch ein Begehren ausgelöst.

Mit 18 Jahren hatte sich Georges für das Studium auf der *École des Mines* entschieden.[51] Er freute sich darauf, neue Menschen kennenzulernen. Dieser Zweig der Universität in Lüttich verfügte über einen exzellenten Ruf und bot ihm zwei Möglichkeiten: Eine Abteilung für Berg- und Hüttenwesen und eine weitere für Gewerbe und Industrie.

Georges wählte die zweite Option, die vielseitigere Ausbildung gefiel ihm besser.[52] Es faszinierten ihn nicht nur die Newtonsche Mechanik und Keplers Sonnensystem, sondern auch die grafischen Darstellungen dieser Phänomene. Er liebte es, kunstvoll gefertigte Skizzen zu betrachten, die eine technische Anlage präzise erklärten. Noch mehr gefiel ihm, mit Kohlestiften die eine oder andere Zeichnung selbst zu gestalten. Peu à peu bildete sich eine

Liebe zur Ästhetik heraus. Jedem Detail eines technischen Apparats versuchte er eine Form zu geben, deren Sinn die Funktionalität der gesamten Anlage erhöhte.

In den Vorlesungen, die Georges verfolgte, entwickelte sich die Eisenbahn mehr und mehr zum Thema. Es wurde sogar über die Einrichtung eines Studiengangs für »Eisenbahnbetrieb« diskutiert. Dazu wurde ein Kongress abgehalten.[53] Denn mit der Eisenbahn konnten die Menschen erstmals Zeitungen rasch von der Hauptstadt in entlegene Orte transportieren. Neue Gedanken verbreiteten sich so schneller und weiter.

Georges konnten die an der Universität kursierenden Schriften des französischen Ökonomen Constantin Pecqueur kaum entgangen sein: »Die Eisenbahnen werden mehr leisten für die Gleichheit als die übertriebenen Prophezeiungen der Volksredner der Demokratie.«[54] Der Wirtschaftswissenschaftler gelangte zu der Überzeugung, dass bald alle gesellschaftlichen Klassen von der Eisenbahn profitieren würden. »So verringern sich nicht nur die Entfernungen zwischen den Orten, sondern gleichermaßen die Abstände zwischen den Menschen.«[55]

Im ersten Jahr erhielt Georges an der Uni exzellente Noten, im zweiten ließen seine Leistungen nach. Sogar die Lütticher Zeitung »La Meuse« reihte ihn in ihrem Bericht an letzter Stelle, spricht von »zufriedenstellenden Leistungen«.[56] Er schaffte also gerade noch den Abschluss.[57]

Der Leistungsabfall könnte mit einer Begegnung zusammenhängen: Georges hatte sich verliebt. Die Angebetete war um neun Jahre älter. Diese *Amour fou* schien mehr als nur eine flüchtige Avance gewesen zu sein, denn schon bald strebten die beiden eine Verlobung an. Und wollten heiraten.

Der Technikstudent hatte kaum Erfahrung mit dem weiblichen Geschlecht. Er musste sich nach einer Frau gesehnt haben, mit der er über Dinge reden konnte, die ihn bewegten: Zum Beispiel über die sensationelle Erfindung der Gaslaterne oder Belgiens politische Ambitionen, neutral zu bleiben, oder die widersprüchlichen Nachrichten aus der *Neuen Welt*. Jene Damen, die ihm seine konservative Familie als mögliche Partnerinnen nahelegte, plauderten über die Skandale im belgischen Königshaus, den neuesten Konditor im Quartier oder die Tanzschulen von Lüttich.

Diese Frau aber scheint anders gewesen zu sein, ihre selbstbewusste Art muss Georges fasziniert haben. Nur ein Aspekt bereitete ihm Unbehagen: Marie Joséphine war seine Cousine.

Er versuchte, die Gedanken an das biblische Inzuchtverbot zu verdrängen; vielleicht betraf es ja ohnehin nur Verwandte in direkter Linie und nicht Cousins und Cousinen. Dass Marie Joséphine um neun Jahre älter war, störte ihn nicht, im Gegenteil, ihre Erfahrungen imponierten ihm.

Als Georges' Vater von den Heiratsabsichten seines Sohnes erfuhr, reagierte er prompt: »Niemals, das wäre eine große Dummheit!«[58]

Doch Georges schien es damals, als wäre Marie Joséphine die Liebe seines Lebens. Die Appelle seiner Familienmitglieder prallten an ihm ab, er wollte sich eine Hochzeit keinesfalls ausreden lassen.

Auch seine Mutter Eugénie Orban stammte aus einer streng katholischen Familie. Ihr Bruder León war Abgeordneter, ihr Schwager Walthère Frère-Orban sogar Premierminister. Nicht nur aus religiösen Gründen kämpfte die Mutter gegen die beabsichtigte Eheschließung ihres ältesten Sohnes, die gesamte Familie empfand Georges' Vorhaben als Skandal.

Insbesondere für Vater Edmond war der Gedanke unerträglich, dass sein Sohn ausgerechnet die Tochter seines Bruders Charles heiraten wollte, der ebenfalls in der Bank Nagelmackers arbeitete.

Der sich zuspitzende Konflikt und der Liebeskummer müssen Georges arg zugesetzt haben. Dem Vater entging die Verzweiflung seines Sohnes nicht, mehrmals versuchte er, Georges von seinen sehnsuchtsvollen Gedanken abzulenken.

Nachdem Georges sich in vielen Vater-Sohn-Gesprächen keinen Millimeter bewegte, sah Edmond Nagelmackers nur noch eine Lösung. Er musste seinen Sohn fortschicken. Weit weg. In ein anderes Land. Aber wohin? Wenn Georges siebzehn oder achtzehn gewesen wäre, hätte er ihn auf ein Internat nach Brüssel oder Paris entsenden können, aber Georges war bereits zweiundzwanzig. Er musste ihn mit etwas locken, wovon Georges schon immer geträumt hatte. Und da gab es nur ein Ziel: eine Reise in die *Neue Welt*. Am besten unter Aufsicht.

In seiner Not schenkte der Vater dem Sohn eine Passage in die Vereinigten Staaten von Amerika.[59] Zwei Männer sollten Georges begleiten und ihn von seiner verrückten Liebe abbringen: Der um vier Jahre ältere, mit dem Vater befreundete Graf Guy de Berlaymont und Maurice Albert, ein Jurist und Kollege aus Georges' Kindertagen.[60] Die drei Männer hatten kürzlich ihr Studium zusammen abgeschlossen.[61]

Erst haderte Georges, dann gab er nach; Briefe an Marie Joséphine schreiben konnte er von überall. Der Reiz, einen neuen Kontinent entdecken zu dürfen, von dem er schon so viel gehört hatte, besänftigte den Trennungsschmerz. Er hoffte, auf dieser langen Reise von Liverpool nach New York und quer durch Amerika mit seinen Begleitern gut auszukommen.[62]

Mit dem Zug fuhren die drei von Brüssel nach Calais. Dabei bemerkten sie an der Strecke zahlreiche neue Bahnhöfe und Industrieanlagen. Der belgische König hatte den Ausbau der Eisenbahn massiv unterstützt.

Gegen 12 Uhr mittags erreichten sie Calais, wo die *France* um ein Uhr auslaufen und sie nach Dover bringen sollte. Doch der Dampfer war zuvor in einen Sturm geraten, ein Wellenbrecher hatte Schaden angerichtet. Plötzlich zweifelte Georges. Er überlegte umzukehren und seine geliebte Marie Joséphine zu besuchen. Doch seine Begleiter ließen es nicht zu. Am Abend legte die *France* schließlich Richtung England ab.[63]

Der junge Georges als Torero

Als die Männer im Zentrum von London endlich den Bahnhof Charing Cross erreichten, muss auch Georges von der Kathedrale des Fortschritts beeindruckt gewesen sein: Ein riesiges, schmiedeeisernes Dach überspannte sechs Bahnsteige in einem einzigen Bogen. Große Glasflächen ermöglichten eine lichtdurchflutete Halle. Alle paar Minuten hielt ein Dampfross mit Waggons. An kaum einem anderen Ort rannten so viele Menschen umher.

Mit ihren vielen Koffern wechselten die drei Reisenden in einen der schnellsten Züge, die Europa damals aufzubieten hatte. Auf der Strecke von London nach Liverpool erreichte der *Express* 66 Meilen pro Stunde, über 100 km/h. Was damals einer Sensation gleichkam.[64]

Guy de Berlaymont meinte, die Landschaft husche so rasch vorbei, dass er das Panorama kaum wahrnehmen könne.[65] Die englischen Waggons bestanden aus abgeschlossenen Abteilen mit gegenüberliegenden Sitzen: drei in Fahrtrichtung, drei dagegen. Jedes *Compartiment* war verspiegelt und mit einer Außentür versehen. Einen Verbindungsgang zu anderen Abteilen oder zu einer Toilette existierte nicht.

Georges plauderte mit dem Passagier gegenüber. Der alte Mann hatte Angstschweiß auf der Stirn; er war das erste Mal mit dem *Express* unterwegs. Bisher sei er ausschließlich mit dem eigenen Pferd gereist. Da habe er immer den Weg gesehen und anhalten können, wenn ihm danach gewesen sei. Er meinte, er könne diese Unfreiheit auf Schienen nicht ertragen. Man wisse nicht, in welcher Stadt man sei und ob der Zug nicht im nächsten Moment gegen einen Hirsch donnern würde.

Georges hatte dazu eine andere Haltung: In Wirklichkeit sei man nur auf der Schiene frei. Reise man mit dem Pferd, so müsse man unentwegt darauf achten, keinen Wanderer niederzustoßen, man müsse aufpassen, nicht vom Pferd zu fallen oder in einen Graben. Alle Sinne müssten sich auf die Straße konzentrieren. Hier aber, im Abteil, genieße man die wahre Freiheit: die der Gedanken.

5

Schaufelrad

◆

»Ein Zug muss die gleiche Unterkunft bieten wie ein See- oder Flussdampfer. Ist es nicht lächerlich, die unwiderstehliche Stephenson-Maschine an eine Reihe von Taxis zu spannen?«
— *Théophile Gautier, französischer Schriftsteller, 1869*[66]

Möwen umkreisten das Schiff, ihre grellen Schreie mischten sich mit dem Meeresrauschen. Am Horizont gab die Sonne ein orangerotes Farbenspiel, bis sie verschwand. Der junge Mann stand an der Reling, dreiundzwanzig Jahre alt, wacher Blick, lässig gekleidet in Wollmantel und Schal. Als beim Auslaufen des Dampfers das Horn ertönte, mag Georges wie viele andere Reisende in melancholische Gedanken versunken gewesen sein.

Am 14. Dezember 1867 hatten sich Georges Nagelmackers, Guy de Berlaymont und Maurice Albert in Liverpool eingeschifft.[67] Der 115 Meter lange und knapp 4 000 Tonnen schwere Schaufelraddampfer *Scotia* galt zu dieser Zeit als das schnellste Passagierschiff der Welt. Es schaffte die Transatlantikpassage in weniger als neun Tagen.

Obwohl der Dampfer über 500 Gäste aufnehmen konnte, waren nur 130 an Bord gegangen. Auch beim Zwischenstopp in Irland, wo die Post nach Amerika zugeladen wurde, kam kein neuer Passagier dazu.

Bereits am nächsten Tag schlug das Wetter um, Maurice Albert wurde seekrank.

Weil das Schiff nur zu einem Drittel besetzt war, durften die drei Männer in den mittleren Bereich des Dampfers umziehen, der sich bei hohem Seegang deutlich weniger auf und ab bewegte als der Bug oder das Heck.

Georges lernte die Vorzüge einer Singlekabine zu schätzen und konnte ohne die Geräusche der Nachbarn schlafen. Eine Erfahrung, an die er sich noch auf vielen Zugreisen erinnern würde.

Der Sturm ließ das Schiff wie eine Nussschale tanzen. Trotzdem ging Georges an Deck. Mit aller Kraft hielt er sich an der Reling fest, Wasser spritzte ihm ins Gesicht, er wollte die Naturgewalt erleben.

Graf Berlaymont hingegen beschwerte sich in seinem Tagebuch: »Uns war kalt, wir waren durchnässt und voller Salz. Ich würde verstehen, wenn man Schweinefleisch so behandelt, aber Menschen?«[68] Er kritisierte auch die engen Kabinen und das Schiffspersonal, das kein Französisch beherrschte. Weil Berlaymont nicht Englisch sprach und nach seiner Ansicht Französisch die Welt- und Bildungssprache war, fand er es unerträglich, dass die Schiffslinie ungebildetes Personal auf einem internationalen Dampfer einsetzte. Auch hätten die Matrosen seine Koffer – er hatte über 25 Kilo Gepäck dabei – unsanft an Bord gehievt. Das Essen in der Kantine sei miserabel und die anderen Passagiere größtenteils peinlich oder langweilig. Kurzum, Berlaymont erklärte in seinem Tagebuch die Überfahrt zum Desaster.[69]

Berlaymonts Reisenotizen strotzten von Urteilen über fremde Menschen und ihre Sitten. Als ginge es nicht darum, eine neue Welt gedanklich zu durchdringen und zu verstehen, sondern abzuurteilen. Vermutlich stand hinter Berlaymonts Bedürfnis, das Fremde herabzusetzen, eine tiefe Angst.

Georges hingegen sah die Überfahrt nach New York als Gelegenheit, um sich auf Amerika einzustimmen, interessante Passagiere kennenzulernen und sein Englisch zu verbessern. Zum Frühstück, beim Mittag- und Abendessen begrüßte er diesen und jenen in Französisch, Niederländisch oder Englisch. Selbst Berlaymont entging nicht: Wenn Georges etwas wollte, bekam seine Stimme einen eleganten, gewinnenden Ton, der Zuhörern zumeist imponierte.[70]

Auf diese Weise machte Georges die Bekanntschaft des mitreisenden Schiffseigners. Der Direktor der *Cunard Line* fabulierte über den weiteren Ausbau von Schiffsverbindungen. Der Aufwand, in neue Dampfer zu investieren, war enorm, das Risiko vielschichtig. Ein solches Unternehmen war abhängig von Wetter, Politik und Tourismusaufkommen. Georges muss beeindruckt gewesen sein, wie der Mann mit diesen Variablen umging. Der bärtige Unternehmer erzählte, um wie viel schwieriger es für seinen Vorgänger, den Gründer Samuel Cunard, gewesen sei, Investoren für die riesigen Schiffe zu finden. Besonders, als Samuel Cunard die Idee hatte, nicht mehr Segelschiffe für die Passage von New York nach Liverpool einzusetzen, sondern Dampfer. Segelschiffe benötigten für die Überfahrt bei gutem Wetter mindestens vierzehn Tage, bei schlechtem aber schon mal fünf Wochen oder länger. Darunter litt der Handel, Briefe kamen oft erst Monate verspätet an. Deshalb entwickelte Samuel Cunard die Idee einer verlässlicheren Verbindung. Neue Linienschiffe mit Eisenrümpfen und Schaufelrädern, angetrieben von Dampfmaschinen, sollten die Kontinente verbinden. Sein Plan: Sie durften nicht mehr als zehn Tage für eine Überfahrt in die Neue Welt benötigen. Verlässlich. Verzweifelt suchte Cunard Investoren. Über zehn Jahre musste er Klinken putzen, bis es ihm gelang, die Verantwortlichen der *Royal Mail* von einem regelmäßigen Postdienst nach Amerika mit Dampfschiffen zu überzeugen. Er gründete die *British and North American Royal Mail Steam Packet Company* und stellte vier Schiffe in Dienst. Ein voller Erfolg.[71]

Die *Scotia* war eines dieser Schiffe, auf dem Georges nun mit seinen Begleitern den Atlantik überquerte und dessen Rußteilchen aus dem riesigen Schornstein ihm ins Gesicht wehten. An Deck lernte Georges Großaktionäre aus Brüssel, Paris und New York kennen, die über die Bedeutung der Eisenbahn für die Wirtschaft in den USA erzählten. Und einige Abenteurer, die in Europa alles aufgegeben hatten, um im Land der unbegrenzten Möglichkeiten neu anzufangen. Diese Begegnungen hinterließen bei Georges vielleicht ein Gefühl für gewagtes Unternehmertum, das Jahre später Folgen zeitigen sollte.

Am 26. Dezember 1867 legte die *Scotia* im damals größten Hafen Amerikas am Hudson River an.[72]

Als die drei Männer spätabends in New York an Land gingen, kämpften sie sich vorbei an Pferdekutschen und Leiterwagen auf einer schlammigen Straße Richtung Stadt. Neben den Baracken standen Holzmasten, verbunden mit Telegrafenleitungen. Überall Menschen, die Essen, Getränke und Übernachtungen anboten, wie auf einem improvisierten Jahrmarkt.[73] Alles schien in Bewegung. Es war kurz vor Mitternacht, in wenigen Tagen begann ein neues Jahr. Vermutlich dachte Georges in diesen Stunden an seine Cousine. Was würde das Jahr 1868 für ihn bringen?

6

In die Kurven mit Bogies

◆

»Eisenbahn ist ein Werk, das von
Geografie, Politik, Technik und vor allem
vom menschlichen Willen abhängt.«
— *Marcel Blanchard*[74]

Georges hatte viel von Amerika gehört. Einige seiner Studienkollegen wanderten aus, um hier ein neues Leben zu beginnen, angetrieben von der Hoffnung auf Freiheit und Wohlstand. Amerika war noch jung, die Staatsgründung lag kaum hundert Jahre zurück. Vieles, was in Europa als schwierig galt, schien hier möglich. Wer Geld verdienen wollte, handelte mit Kohle, Zucker, Immobilien oder investierte in die Eisenbahn.

In New York schlenderten Georges, Graf Berlaymont und Maurice zum Bahnhof.

Von Edmond Nagelmackers hatte der Graf den Auftrag, Georges auf andere Gedanken zu bringen. Deshalb plante Berlaymont eine Reise von New York über Buffalo, Philadelphia, Chicago und andere Städte nach San Francisco.[75]

Mit der Postkutsche hätte eine Fahrt von der amerikanischen Ost- zur Westküste mehr als vier Wochen gedauert, mit der Eisenbahn könnten sie es in weniger als der Hälfte der Zeit schaffen.

Fasziniert stand Georges auf dem Bahnhof vor mehreren Fahrplänen. So viele Städte. So viele Züge. So viele Möglichkeiten. Und er fragte sich, wie es den Amerikanern gelang, ihren riesigen Kontinent mit einem Schienennetz zu überziehen, während Europa immer noch ein Flickenteppich war.

Für Georges entwickelte sich die Tour zu einer turbulenten Forschungsreise: 1865, drei Jahre vor seiner Ankunft, hatten die Amerikaner den Bürgerkrieg beendet. Nun herrschte Aufbruchstimmung. Eine wesentliche Rolle spielte dabei die Eisenbahn. In den Zeitungen konnte Georges von spektakulären Brückenbauten, Streckeneröffnungen und Geschwindigkeitsrekorden lesen. Der damalige Präsident Abraham Lincoln hatte 1862 den Pacific-Eisenbahn-Akt unterzeichnet. Dabei spannte er die beiden größten rivalisierenden Bahngesellschaften in eine Wette ein. Die *Union Pacific* startete mit dem Verlegen neuer Gleise in Omaha in Richtung Westen und die *Central Pacific* von San Francisco in Richtung Osten. Dazwischen lagen 5 000 Kilometer Land. Die beiden Gesellschaften legten wetteifernd Gleise. Die beiden Bautrupps sollten mit jeweils einer Lokomotive in Promontory Point, in der Nähe des großen Salzsees, aufeinandertreffen. Damit entstand die damals längste Eisenbahnstrecke der Welt. Der Zug durchquerte Steppen, Wälder und Prärie, das Dampfross belebte das Land – und einte es.

Als die drei Männer in New York die Central Station betraten, reagierte der frischgebackene Ingenieur verwundert, denn Georges dachte beim Bahnhof einer Millionenstadt an Brüssel-Nord oder Charing Cross in London, also an Kathedralen der Neuzeit: lichtdurchflutete Hallen mit Stahlträgern. Darin eine große Wanduhr und vornehme Ticketschalter. Was er hier jedoch vorfand, waren zwei hässliche Warteräume.[76] Einer für Frauen, einer für Männer. In den schmutzigen Bretterbuden hatten Fahrgäste auszuharren, bis eine Glocke läutete, worauf alle zugleich – Ellbogen an Ellbogen – zum Zug stürmten.

Wegen der großen Entfernung buchten die drei Männer einen Schlafwagen. Georges faszinierte die Aussicht, nicht die ganze Nacht auf einer Holzbank eingequetscht verharren zu müssen.

Doch die meisten Waggons sahen ziemlich heruntergekommen aus, bis Georges ein besonderes Exemplar entdeckte – einen Vierachser, der Ruhe und Luxus ausstrahlte. An einem Wagenende bemerkte er die Tafel »Pullman Palace Car Company«.

Georges erfuhr, dass es vier private Eisenbahngesellschaften in Amerika gab, die sich den Markt aufteilten. Ihre Direktoren galten als fast so mächtig wie der Präsident der Vereinigten Staaten. Zu den vier Eisenbahn-Baronen hatte sich in den letzten Jahren ein fünfter gesellt, seine Züge fuhren auf den Strecken aller vier anderen, und viele Amerikaner waren überzeugt: Der fünfte Baron war möglicherweise der reichste und mächtigste Mann Amerikas – George Mortimer Pullman.

Sogar der US-Präsident ließ sich im größten Waggon von Pullman, dem berühmten achtachsigen *Pioneer*, durch das Land fahren.[77] Pullman ging beim Präsidenten ein und aus. Seine neuesten Waggons galten als »Hotels auf Schienen«.

Aufgewachsen als eines von zehn Kindern in Brocton im Staat New York, hatte Pullman am Beginn seiner Laufbahn eine sehr soziale Haltung, entwickelte sich aber über die Jahre zum radikalen Kapitalisten. Er presste seine Arbeiter aus, baute sich ein riesiges Privatschloss und verweigerte Verhandlungen mit den Gewerkschaften über faire Arbeitsbedingungen.[78]

Trotzdem bewunderte Nagelmackers die Pullman-Waggons. Georges erfuhr auch von der Waggonfabrik Pullmans im Staat Illinois, nahezu so groß wie eine Stadt, die später als Vorort zu Chicago kam.[79]

Vor allem aber beeindruckten Georges die Plakate von Pullman: Aufwendige, mit vielen Informationen versehene Sehnsuchts-

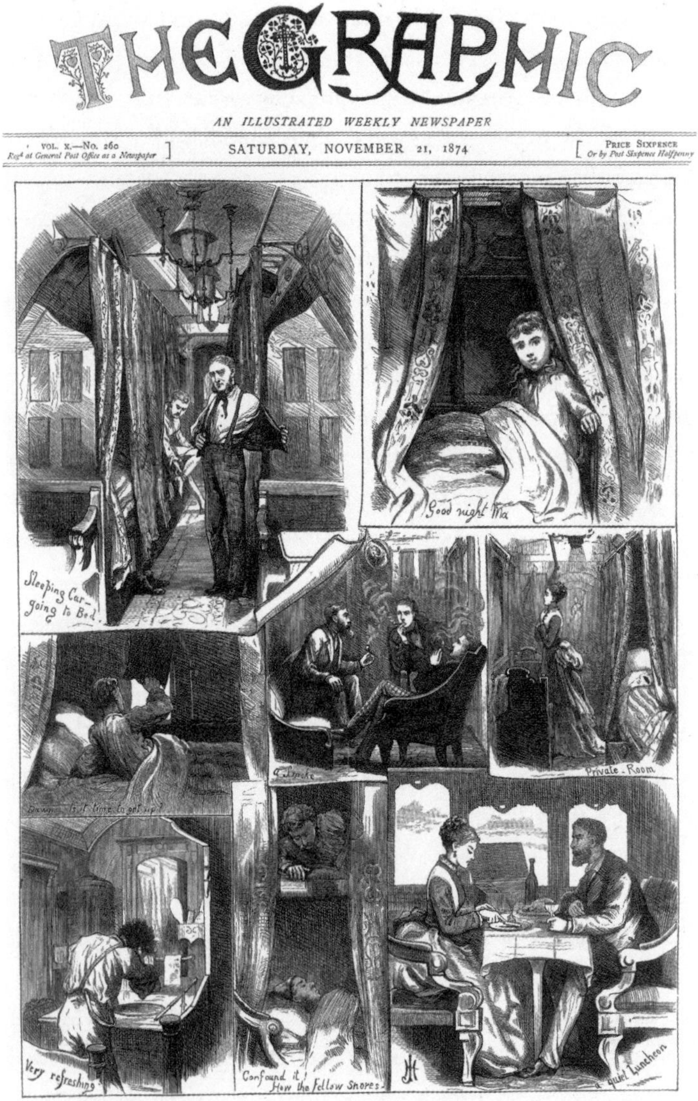

Freud und Leid in amerikanischen Pullman-Wagen um 1874

flächen, die Fernweh hervorriefen und den Kunden eine komfortable Reise in einem Palast auf Schienen versprachen.

Der britische Eisenbahnhistoriker C. Hamilton Ellis bezeichnet Pullman als Verkaufsvirtuosen, der zu einem Prozent Erfinder, zu neun Prozent Geschäftsmann und zu 90 Prozent Werbegenie gewesen sei.[80] Ein geborener PR-Mann, der nie davor zurückschreckte, eine Geschichte in grellen Farben auszuschmücken.[81]

Die Pullman-Waggons waren deutlich länger und komfortabler als die damals in Europa üblichen kurzen Zweiachser. Georges ging durch den Mittelgang, links und rechts befanden sich hinter einem schweren Vorhang je zwei Pritschen. Ohne Bettzeug. Und mit kümmerlicher Kerzenbeleuchtung.[82]

Peu à peu zeigten sich Nachteile: Obwohl Georges die Amerikaner als eher prüde wahrnahm, schliefen hier Frauen und Männer im selben Großraum. Bei Einbruch der Dunkelheit wurden nur Sitze umgeklappt und über den Fenstern Bretter aufgehängt, die als Liegen dienten. Um den Mittelgang von den Betten abzuschirmen, ließen die Schaffner die Vorhänge herunter. Jeder konnte im Vorbeigehen diese Vorhänge beiläufig oder versehentlich zur Seite schieben und die Schlafenden betrachten.

Kaum hatte sich Georges niedergelegt, störte ihn ein Schnarchen. Dann furzte jemand. Ein Baby schrie am Ende des Waggons, er konnte lange kein Auge zutun.

Weil manchen Passagieren das Schuhwerk gestohlen wurde, sammelte der Schaffner die Schuhe am Abend ein und verteilte sie am Morgen wieder. Musste ein Passagier in der Nacht auf die Toilette, so hatte er die Wahl, den Schaffner zu wecken, um an seine Schuhe zu gelangen, oder das Risiko einzugehen, mit nassen Socken zurückzukehren.

»Die Nacht war abscheulich wegen der wenig melodischen Geräusche, die den Wagen erfüllten«, berichtet I. D. Boddham, ein

Reisender aus England, »wenn man sich morgens nicht frühzeitig erhob, musste man in einer langen Schlange vor dem Waschraum warten. War man aber zu früh, musste man draußen auf der offenen Plattform, in Staub und Rauch stehend, ausharren, bis die Betten umgebaut waren.«[83]

Über die mangelnde Intimität beschwerte sich eine Britin beim Schlafwagenschaffner: »Das ist ein Angriff auf die weibliche Ehre!«

Der Schaffner konterte: »97 Prozent der amerikanischen Frauen haben nichts dagegen einzuwenden.«

»Das beweist nur, dass die Amerikanerinnen 97-mal unmoralischer sind, als ich zu denken wagte.«[84]

Sogar Kleidung wurde gestohlen, was – vor allem bei Damen – zu lautstarken Protesten führte.

Die Liegen waren so dicht angeordnet, dass Georges mehrmals die Cowboystiefel seines Nachbarn im Gesicht hatte. Alle paar Stunden wurde an einer Station Halt gemacht; die Reisenden hatten dann fünfzehn Minuten Zeit, eine Toilette aufzusuchen, zu essen und zu trinken. Die Speisen waren teuer, die Auswahl gering, die Qualität miserabel. Meist gab es nur Ham and Eggs, rohes Beefsteak, altbackenes Brot und hochverdünnten Kaffee.[85] Die Wirte kassierten bereits bei der Bestellung ab, oft bestachen sie sogar die Schaffner, damit diese früher zur Abfahrt riefen. Die Reisenden mussten dann sofort zu ihren Waggons und der Wirt konnte das kaum angerührte Menü ein zweites Mal verkaufen.[86]

Mehrtägige Fahrten endeten oft mit Magenbeschwerden und Verdauungsstörungen, manchmal auch mit fieberhaften Erkrankungen. Zusätzlich stritten sich die Passagiere um die Bahnhofstoiletten, selbst Pissoirs waren zumeist nicht ausreichend vorhanden.[87] Georges kannte dieses Problem aus Europa: In manche Expresszüge wurden zwar Toiletten eingebaut, die man aber nur bei einem Halt von außen erreichen konnte. So mussten Fahrgäste manchmal die ganze Zeit von einer Station bis zur nächsten auf der Toilette verbringen, was bei Schnellzügen lange dauern konnte.[88]

Trotz der vielen Nachteile mochte Georges die Pullman-Waggons, denn erstmals konnten die Passagiere über große Entfernungen reisen, ohne umzusteigen, und sich dabei wenigstens ausruhen.

Fünfzehn Jahre später würde er sich in Europa mit dem mächtigen US-Eisenbahnbaron einen erbitterten Zweikampf liefern.

Der sonst so kritische Berlaymont gab sich hingegen völlig angetan. Sofern möglich, buchten die drei Männer nur noch Schlafwagen.

Georges bekam mit, dass die Amerikaner sogar die Nachtfahrten den Tagesfahrten vorzogen. Zwischen New York und Washington hatten sie die Tages-Expresszüge abgeschafft, weil alle Reisenden Nachtzüge nahmen.[89] Dabei entging Georges nicht, dass die Waggons über mehr oder weniger große Spalten rumpelten, denn die amerikanischen Gleise befanden sich über weite Strecken in einem erbärmlichen Zustand, die Fahrgäste wurden gehörig durchgeschüttelt, nur in den Kurven liefen die Waggons ruhiger als die kurzen Wagen in Europa. Woran mochte das liegen?

Während eines Aufenthalts betrachtete Georges den Pullman-Waggon genauer: Jeweils zwei Achsen waren auf ein quadratisches Metallgestell montiert, das über eine Drehscheibe mit dem Wagenkasten verbunden war. In den Kurven drehte sich das Metallgestell mit, passte sich dem Kurvenradius an. Das also war das Geheimnis, warum die amerikanischen Waggons trotz höheren Gewichts und oft schlechteren Gleisen in den Kurven ruhiger und geschmeidiger rollten. Georges war von der Konstruktion des Bogie-Fahrgestells begeistert. Besonders bei Schlafwagen brachten die Bogies mehr Laufruhe.[90]

In den ersten Tagen auf Achse musste Georges oft an seine Cousine denken. Vier Wochen hatte er sie nicht mehr gesehen und noch keinen Brief von ihr erhalten. Hoffentlich hatte ihn Marie Joséphine nicht bereits vergessen. Auf diesen lange Reisen durch Amerika mag er sich oft gefragt haben, wo er am Ende ankommen würde. In welchem Bahnhof. In welcher Stadt. Mit welchem Ziel. Bestand der Sinn der Reise überhaupt im Erreichen eines Ziels? Ist eine Reise nicht erst dann besonders erkenntnisreich, wenn man anders ankommt als erwartet?

7

Die Neue Welt

◆

»Jeweils fünf Männer packten eine Schiene;
250 Schienen pro Kilometer, 30 Nägel für
eine Schiene, drei Hammerschläge pro Nagel.«
— *Bahnbau in Amerika um 1868*[91]

In Chicago ließ ein Lokführer Georges auf dem Führerstand mitfahren. Entlang der Strecke rodeten Einwohner die Wälder, denn die Eisenbahn hungerte nach Energie – amerikanische Dampflokomotiven wurden oft mit Holz befeuert, aus dem Kessel krachte und schoss es, der schwarze Koloss war schmierig und stank nach Öl. Heiße Rußteilchen rieselten vom Himmel und brannten Löcher in die Kleidung. Warum war Georges von diesen Monstern so fasziniert? War es der männliche Jagdinstinkt, der sich hier ausleben durfte? Ein Kampf gegen die Zeit, um Pünktlichkeit und Perfektion, ein moderner Beweis der Stärke, des Sieges über die Natur?

Auf der Reise fiel Georges auf, dass die Schienen über hohe, geschwungene Holzbrücken und manchmal sogar auf der Straße verlegt waren. Der Lokführer zog dann unentwegt die Glocke, um Fuhrwerke und Passanten zu vertreiben.[92]

Der immer neugierige Georges sprach mit diesen und jenen – und erfuhr von den Schattenseiten der Bahn: Die Bahngesellschaften hatten für das Verlegen der Schienen zu wenig amerikanische Arbeiter gefunden. Vor allem wollte kaum jemand in der sengend heißen Sierra Nevada arbeiten. Deshalb warben die Firmen tausende Chinesen aus Hongkong an. Man versprach ihnen hohe Löhne und gute Bedingungen. Ganze Großfamilien kamen, die Chinesen glaubten an das Glück im Westen, mussten dann jedoch für einen Hungerlohn täglich 14 Stunden in brütender Hitze Holzschwellen verlegen. Schlechtes Essen, wenig Schlaf, brüllende Vorgesetzte. Viele begannen »Feuerwasser« zu trinken, wurden krank oder verletzten sich. Im Todesfall zahlten die Bauunternehmer den chinesischen Arbeitern nicht einmal das Begräbnis. Die Eisenbahn machte Satte zu Hungernden, Bauern zu Tagelöhnern, Gesunde zu Kranken. Für viele war das schwarze Ungetüm mit der eisernen Lunge tatsächlich des Teufels!

War Georges am Beginn seiner Reise vom raschen Bau der Bahn in Amerika fasziniert gewesen, so entdeckte er nun Baustellen mit ausgemergelten Körpern, blutenden Händen und traurigen Gesichtern. Unzählige Arbeiter hatte der Bahnbau das Leben gekostet.

»Jede Schwelle ein Chinese«, stichelte eine Mitreisende. Möglicherweise beschloss Georges damals, mit dem Bau von Trassen niemals etwas zu tun haben zu wollen.

Doch Eisenbahner erzählten Georges damals von einer Idee, die ihm später noch oft begegnen würde: der Westinghouse-Bremse. In Europa und auch großen Teilen Amerikas ließen die Eisenbahngesellschaften bis dato auf dem ersten und letzten Waggon Bremser mitfahren – in leicht erhöhten Bremserhäuschen. Wollte der Lokomotivführer den Zug stoppen, so gab er über ein Signal den beiden Männern den Befehl, ihre Bremsen händisch in Betrieb zu setzen. Für eine Notbremsung war das System äußerst ineffektiv. Darüber hinaus froren die Bremser im Winter in ihren zugigen Holzhäuschen erbärmlich und mussten zusätzlich bezahlt werden. Der Tüftler Westinghouse entwickelte in mehreren Schritten eine Druckluftbremse, die über Leitungen mit den Waggons verbunden waren. Damit konnte der Lokführer alle Waggons gleichzeitig bremsen.

Georges muss Amerika als ein Land wahrgenommen haben, in dem er täglich sah, was Fantasie und Unternehmergeist aufzubauen vermochten.[93]

Auf der langen Reise konnten natürlich gravierende Meinungsverschiedenheiten der drei Freunde nicht ausbleiben. In Chicago klagten sowohl Graf Berlaymont als auch Maurice über Zahnschmerzen. Als die beiden endlich einen Termin bei einem Dentisten organisieren konnten, gerieten sie in Streit, wer sich als erster vorstellen dürfe: Berlaymont, der mit zwei Zähnen Probleme hatte, oder Maurice, der sich über heftige Kieferschmerzen beklagte. Berlaymont versuchte Georges auf seine Seite zu ziehen, doch dieser reagierte besonnen, indem er das Streitthema als nicht relevant umschrieb.[94] Was Berlaymont tatsächlich zu beruhigen schien. Diese Besonnenheit half Georges später in zahlreichen Verhandlungen miteinander konkurrierender Bahngesellschaften.

Dank seiner sich stetig verbessernden Englischkenntnisse fiel es Georges immer leichter, mit Amerikanern ins Gespräch zu kommen. Auch mit jungen Damen. So beschwerte sich Berlaymont in seinem Tagebuch: Georges war stark erkältet, seine Reisebegleiter empfahlen ihm dringend, zu Hause zu bleiben und das Bett zu hüten. Doch Georges ließ es sich nicht nehmen, bis spät in die Nacht an einer Tanzveranstaltung teilzunehmen. Und bekam dafür anschließend die Rechnung.[95] Es scheint, als habe Georges die fröhliche Nonchalance, mit der Amerikanerinnen Fremden begegneten, durchaus gefallen.

Die Idee des Vaters, seinen Sohn über eine Reise in die Neue Welt von der Liebe zur Cousine abzubringen, hatte offensichtlich

Erfolg. Vielleicht aber auf ganz andere Weise, als Edmond Nagelmackers es sich gewünscht hatte. Denn für Georges entwickelte sich aus der gescheiterten Liebe zu Marie Joséphine eine viel größere: die Liebe seines Lebens.

8

Luxusschiff auf Rädern

◆

»Mache das Unmögliche möglich, das Mögliche einfach, und das Einfache elegant.«
— *Moshé Feldenkrais*[96]

Als Georges im Sommer 1869 nach Belgien zurückkehrte, hatte sein Vater bereits mehrere berufliche Ideen für den 24-Jährigen.[97]

Georges trug nun einen fein geschnittenen, buschigen Bart, der in dieser Zeit als Sinnbild einer seriösen Geschäftsmentalität galt. Doch die Neue Welt hatte Georges verändert. Erst unmerklich, dann tiefgreifender. Die unendliche Weite, das Gefühl der Freiheit, die Freude am Unternehmertum, all diese Eindrücke wirkten nach.

Die Privatbank seines Vaters war zum Großteil im Kohleabbau und der Eisenindustrie im Lütticher Becken investiert. Edmond Nagelmackers hatte für seinen ältesten Sohn gut dotierte Posten organisiert. Georges sollte entsprechend seiner Ingenieurs-Ausbildung Administrator der Zink-Minen unweit des Schlosses der Großeltern in Angleur werden. Zusätzlich wollte der Vater, dass der Sohn die Aufsicht über die im Lütticher Becken agierenden Vereinigten Kohlezechen von Cheratte und der Luxemburgischen Hochofengesellschaft übernahm. Eine Fülle von Aufgaben!

Unwillig trat Georges seinen Dienst an. Die Arbeit entsprach nicht seinen Vorstellungen. Nahezu jeden Abend setzte er sich an den Schreibtisch und schrieb an einem Konzept: dem »Projekt zur Einführung von Schlafwagen auf den Eisenbahnen des Kontinents«.[98]

Denn in Amerika war Georges klar geworden: Wenn neue Ideen die Menschen voranbringen sollten, dann durfte das Reisen keine Qual mehr sein.

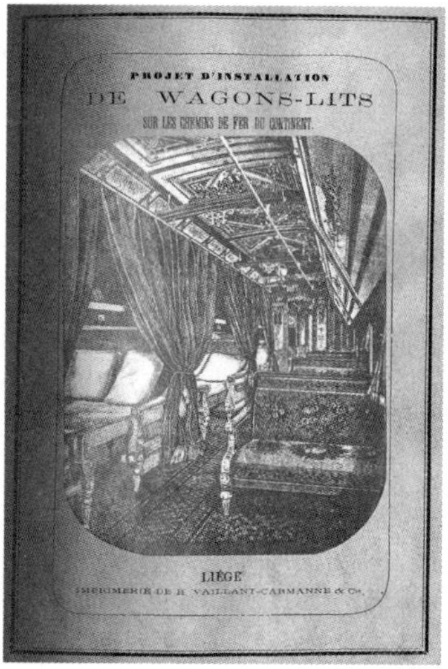

Nächtelang feilte Georges am Konzept

Er hatte in seinem Koffer einen ganzen Stapel mit Notizen und Prospekten mitgebracht. Und er fragte sich, wie es Europa gelingen könnte, was Amerika bereits erreicht hatte – komfortable Züge über Grenzen hinweg rollen zu lassen.

In dem dreißigseitigen Konzept erläuterte der junge Ingenieur die Vorteile eines neuartigen Schlafwagens und ergänzte dies mit detaillierten Konstruktionsplänen. Ihm schwebten Kabinen vor. Wie auf einem Ozeandampfer. Ein Luxusschiff auf Rädern. Denn Georges wusste, dass die Europäer Individualisten waren und nicht in einem Schlafsaal nächtigen wollten.

In seinem Business-Konzept schlug er einen Diener vor, »der sich um die Wagenreinigung, Toiletten, Betreuung der Heizung, das Putzen der Schuhe und das Bürsten der Kleidung kümmert.«[99]

Die neuen Waggons sollten über sechs bis zwölf Schlafplätze verfügen. In jedem würden drei Schlafabteile eingerichtet, sowie ein Compartiment mit Waschgelegenheit, Toilette und Trinkwassertank. In manchen Wagen sollte es ein Damencoupé geben, mit höchstens zwei Betten.[100]

Anhand von schematischen Zeichnungen stellte Georges drei Waggon-Typen vor, inklusive Matratzen, Kissen und anderen Details, die er selbst entwarf, hatte er doch bereits in seinem Ingenieursstudium das Fach »Projektdesign« geliebt, das er mit Bestnote abschloss.[101]

Vor allem pochte er auf einen durchgehenden Korridor, in dem sich die Reisenden und der Schaffner frei bewegen und die Toilette oder den Waschraum aufsuchen konnten, ohne Mitreisende zu belästigen. Im Flur erhielt der Schaffner eine Sitzmöglichkeit, um so die ganze Nacht wachend für die Sicherheit der Fahrgäste zu sorgen und Diebstähle zu verhindern. Ein Sicherheitskonzept, das bis heute in vielen Schlafwagen Gültigkeit hat.

Georges war sich im Klaren, dass er durch sein Privileg, einem vermögenden Haus anzugehören, mehr Möglichkeiten hatte als andere. Er musste sie nur nutzen.

Bald erläuterte er seinem Vater den »Businessplan« und bat ihn um einen Anfangskredit. Der Besitzer der größten Privatbank Belgiens zögerte und verwies auf die politische Lage. Alle Zeichen standen auf Abgrenzung, Nationalismus und Protektionismus.

Doch Georges schwärmte von seinen in Amerika gewonnenen Eindrücken, denn in der Neuen Welt war es der Eisenbahn gelungen, nicht nur Osten und Westen, sondern nahezu das ganze Land zu verbinden.

Sein Vater hatte noch andere Bedenken: Die Wirtschaft Belgiens steckte seit 1860 in einer Krise. Der Anstieg des Preises für wallonische Kohle wirkte sich negativ auf die gesamte Stahlindustrie aus. Der Textilindustrie ging es noch schlechter, es gab kaum noch Exporte, große Teile der Bevölkerung lebten in Armut.[102] Welchen Sinn hatte da ein Luxus-Schlafwagen?

Georges legte Zahlen vor, wie oft und mit wie vielen Personen täglich Postkutschen von Paris nach Berlin unterwegs waren. Von dieser Menge könnte er leicht zehn Fahrgäste für einen komfortablen Schlafwaggon abzweigen.

Nach der Lektüre des »Projekts zur Einführung von Schlafwagen auf den Eisenbahnen des Kontinents« verlangte der Vater Erklärungen: Was, wenn der technisch neuartige Waggon auf der langen Reise einen Defekt hatte? Wo käme ein Ersatzwaggon her? Wie viel würden Werkstätten in den Endbahnhöfen kosten? Hatte Georges all das einkalkuliert? Wie lange würde es im Falle von Zahlungsverzögerungen und Missverständnissen dauern, bis Briefe übersetzt, bearbeitet und beantwortet würden? Was, wenn auch noch die Politiker der zu durchquerenden Länder mitreden wollten, was ja zu erwarten war?

Das Projekt schien ihm komplex und zeitaufwendig. Vor allem aber: viel zu teuer. Die Gleichung, die Georges seinem Vater präsentierte, hatte für diesen zu viele Unbekannte. Der Konflikt zwischen Vater und Sohn drohte zu eskalieren. Bis der Vater vorschlug, Georges möge sein Konzept doch im Lütticher Salon der Stadtoberen präsentieren.

Dieser Idee konnte Georges einiges abgewinnen, denn er glaubte fest, dass die Unternehmer Lüttichs die Qualität seines Konzepts erkennen und ihn unterstützen würden.

Am 20. April 1870 stellte der 25-Jährige im Lütticher Salon seinen kühnen Businessplan vor. Er hatte sowohl Unterlagen aus den Vereinigten Staaten über die Schlafwagen von Pullman mitgebracht als auch eine Statistik über die Buchungen von wichtigen Verbindungen in Europa der Wagen 1. und 2. Klasse zusammengestellt.[103]

Die altehrwürdigen Mitglieder lächelten, stellten Fragen und klopften Georges freundlich auf die Schulter – doch niemand nahm ihn und sein Projekt ernst. Georges müssen die Reaktionen deprimiert haben. Trotzdem sah er hinter jeder Niederlage ein

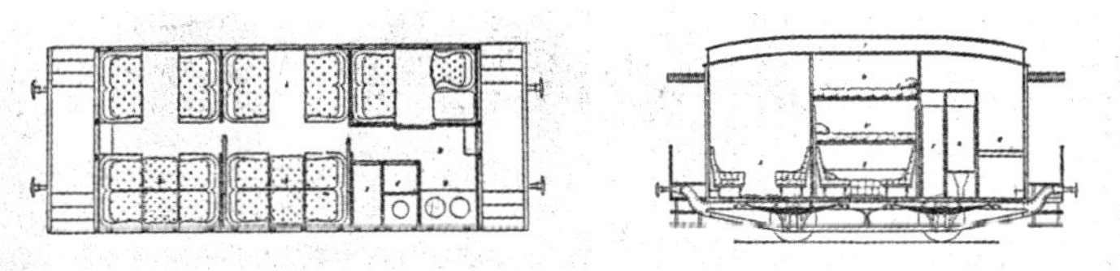

Erste Entwürfe von Georges: einmal zwei Betten übereinander, einmal drei

Kausalgewebe, das es zu entwirren galt. Bald hatte er eine neue Idee: Wenn ihn die Stadtoberen nicht unterstützen wollten, dann vielleicht der Alleroberste – der Souverän.

9

Eisenbahnaufmärsche

◆

»Wenn man genüsslich in dem Gang eines Schlafwagens umherwandert, ist es unmöglich, ihm eine Seele abzusprechen.«
— *Jean des Cars*[104]

Der belgische König galt als Freund der Eisenbahn. Georges' Vater hatte gute Beziehungen zur Krone. Über einen dieser Kontakte gelangte Georges zu einer Audienz bei Leopold II. Der belgische Staat trieb Mitte des 19. Jahrhunderts den Ausbau der Bahn voran. Als erstes Land in Kontinentaleuropa schuf Belgien ein zusammenhängendes Schienennetz. Bis 1842 hatte der Staat sogar selbst die Trassen gebaut, erst danach wurden private Konzessionen vergeben. In Europa existierte bis 1900 in keinem anderen Land ein derart dichtes Streckennetz.

König Leopold II. allerdings war ein widersprüchlicher Charakter. Einerseits sah er sich als Verfechter des Fortschritts, begeisterte sich für technische Entwicklungen und Errungenschaften für sein Volk. Andererseits verursachte er mit seiner leidenschaftlichen Ambition für alles Große Jahrzehnte später ein Massaker im Kongo, das der Schriftsteller Joseph Conrad in seinem Roman »Herz der Finsternis«[105] eindrucksvoll schilderte: die *Kongogräuel*.

Als sich der 25-jährige Nagelmackers 1870 an den zehn Jahre älteren belgischen König wandte, war dieser noch weit entfernt von Gräueltaten. Die Pläne Nagelmackers' und sein flamboyanter Vortrag müssen den Monarchen begeistert haben. Ein Unternehmen, das Belgien mehr Bedeutung in der Welt verleihen könnte, fand bei Leopold sofort Zuspruch. Er beteuerte, sich für Georges bei der belgischen Bahnverwaltung einsetzen zu wollen und versprach sogar, Firmenanteile zu erwerben – bezahlte diese allerdings nie.[106]

Doch für Georges war vor allem die formale Unterstützung wichtig. Nicht umsonst ließ er später das königliche Wappen mit dem doppelten Löwen des belgischen Königshauses ins goldene Firmenzeichen der *Compagnie Internationale des Wagons-Lits* integrieren und an jedem seiner Waggons in einer Messing- oder Kupferfassung anschrauben.

Georges ließ das Wappen mit den Löwen des Königs auf allen Waggons anbringen

Mit der königlichen Empfehlung konnte der junge »Startup-Unternehmer« selbstbewusster auf die französischen, deutschen und österreichischen Bahnverwaltungen zugehen und um Durchfahrgenehmigungen ansuchen.

Georges eröffnete ein Büro in der elterlichen Wohnung in Lüttich, am Boulevard de la Sauvenière 43.[107]

Als Erstes plante er, zweimal pro Woche einen Schlafwagen bei den bereits verkehrenden Expresszügen von Paris nach Wien mitlaufen zu lassen. Zuvor musste er allerdings eine enorme Herausforderung bewältigen, denn in Europa gab es nicht eine Eisenbahn, sondern viele – in jedem Land existierten mehrere kleine Gesellschaften, die zumeist untereinander in Konkurrenz standen. Von einem Bahnunternehmen zum nächsten änderten sich die maximale Länge der Waggons, die Pufferbreite, die Bremssysteme, die Lichtraumprofile und es gab sogar unterschiedliche Kupplungssysteme.[108]

Um von Ostende nach Wien zu reisen, mussten Passagiere achtmal die Bahngesellschaft und den Zug wechseln. Und dabei oft schikanöse Grenzkontrollen über sich ergehen lassen. Die einzige Alternative war die Postkutsche. Doch mit dieser dauerte jede Reise mindestens fünfmal so lange: Von Berlin nach München benötigte die sogenannte »Schnellkutsche« dreieinhalb Tage und bewältigte höchstens 15 Kilometer in der Stunde. Während die Dampflok 100 Kilometer durchfahren konnte, ohne zu verschnaufen, mussten die Pferde alle paar Stunden gewechselt werden, was zusätzlich Zeit kostete.[109]

Außerdem betrugen die Fahrpreise für die Postkutsche mindestens das Vierfache, und im Coupé wurden bis zu sechs Passagiere auf engstem Raum zusammengequetscht und durchgeschüttelt. Alles Gründe, warum die Europäer so wenig reisten! Der allergrößte Teil der Bevölkerung im 19. Jahrhundert entfernte sich das ganze Leben lang nie weiter als zehn Kilometer von seinem Heimatort.

In akribischer Detailarbeit gelang es Georges, einen Schlafwagen zu konstruieren, der all den technischen Anforderungen der unterschiedlichen Bahnverwaltungen entsprach.

Am 23. Juni 1870 sandte er an den Vizepräsidenten der Französischen Nordbahn, Germain Delebecque, einen Brief, in dem er die beiden wichtigsten Argumente für sein Projekt darlegte:[110] In seinem Schlafwagen garantierte er höchste Sicherheit durch einen permanent anwesenden Schaffner. Dies hatte große Bedeutung, war doch 1860 ein Richter in einem Abteil eines Basler Schnellzuges ermordet worden. Der zuständige Minister hatte daraufhin die Anweisung gegeben, alle Zugabteile ständig zu überwachen.

Ein gut gemeinter, aber katastrophaler Befehl, denn die meisten Züge hatten keinen inneren Durchgang. So mussten die Schaffner während der Fahrt ständig von einem äußeren Trittbrett zum nächsten klettern, was zahlreiche Unfälle zur Folge hatte.

Ein noch bedeutenderes Argument: Nagelmackers würde die Schlafwaggons selbst finanzieren, was er mit Bankzusagen belegen konnte. Da die Bahngesellschaften über zu wenig Eigenkapital für neue Waggons verfügten, sprach diese Finanzierung für ihn.

Ähnliche Briefe schickte Georges an alle Bahngesellschaften auf der Strecke Paris–Wien. Nach langen Wochen des Wartens und Nachhakens bekam er vorsichtige Zusagen für einen Probebetrieb.[111]

Georges jubelte. Damit konnte er seine erste Verbindung verwirklichen. Jetzt musste er nur noch, wie vorbereitet, eine Firma gründen und den Bau von Schlafwagen in Auftrag geben. Mit zwei Achsen, für zwölf Passagiere und ebenso viele Betten.[112]

Er trat mit einigen Waggonfabriken in Kontakt, übermittelte seine Pläne und holte Angebote ein. Schließlich beauftragte er die Simmeringer Waggonfabrik in Wien. Inmitten seiner zahlreichen Aktivitäten fiel sein Blick eher zufällig auf die Tageszeitung »La Liberté«. Bei der Lektüre stockte ihm der Atem. Der Journalist forderte, der französische Kaiser möge im Konflikt mit den Preußen hart vorgehen: »Man muss der Sache ein Ende machen und ihnen den Rhein wegnehmen!«[113]

Wenige Tage später, am 19. Juli 1870, erklärte Kaiser Napoleon III. den Preußen den Krieg. Georges hatte die herannahenden Zeichen völlig ausgeblendet, vielleicht, weil er sie nicht sehen wollte. Oder nicht glauben konnte, dass die Beteiligten es auf Krieg anlegten.

Entgegen der Einschätzung des französischen Kaisers sprangen Bayern, Württemberg, Hessen-Darmstadt und Baden den Preußen mit Truppen bei. Die Deutschen besiegten die Franzosen bei Sedan, nahmen Napoleon III. gefangen und besetzten Paris. Fast 190 000 Soldaten starben.

Mit dem Fortschreiten der Industrialisierung war es zu einer neuen Form der Kriegsführung gekommen: Die Machthaber nutzten die Eisenbahn für rasche Truppenverschiebungen und zur Versorgung der Armeen. Personen-Waggons wurden gnadenlos konfisziert. Zum ersten Mal kam es zu Eisenbahnaufmärschen, zivile Züge wurden als Störung empfunden.

Plötzlich erschien eine neue Verbindung zwischen den verfeindeten Nationen unmöglich. Das Projekt Paris–München–Wien war gescheitert, bevor es noch begonnen hatte. Nagelmackers' Idee wurde ein Opfer des Krieges.

Verzweifelt sagte Georges die Waggon-Bestellung ab und musste sich fragen, ob sein Vater vielleicht doch Recht hatte. Vielleicht war es verrückt, in einem zerstrittenen Europa eine internationale Zugverbindung verwirklichen zu wollen.

10

Queen's Messenger

◆

»Die Staatsgewalt Englands, in Pakete abgefüllt, verließ in einem Höllenzug London, um über unendliche Entfernungen zu regieren und die Welt der englischen Kolonien in Bewegung zu halten.«
— *Aus der Pariser »Illustration«*[114]

Hartnäckig suchte Georges im nun bereits über 13 000 Kilometer umfassenden europäischen Eisenbahnnetz nach einer neuen Chance. Statt West-Ost lieber Nord-Süd?

Er fand heraus, dass die Briten es leid waren, über den langwierigen Seeweg ihre Kolonien zu besuchen. Diplomaten, Militärs und Teehändler benötigten mit dem Schiff durch die stürmische Biscaya und entlang der spanischen Küste zumeist mehrere Wochen, um von England nach Indien zu gelangen.

Deshalb änderte Georges während des etwa einjährigen Deutsch-Französischen Krieges seine Strategie. Er setzte alles daran, einen Schlafwagen mit dem britischen Postzug *Indian Mail* von Ostende im neutralen Belgien über Frankreich, den Brenner, durch ganz Italien bis nach Brindisi mitlaufen zu lassen. Diese Route würde den Engländern Reisezeit sparen.

Im 19. Jahrhundert war Großbritannien weltweit die größte Handelsmacht. Die Engländer bezogen ihre Einkünfte hauptsächlich aus Indien, das als »Perle in der Krone des Imperiums« galt.[115] Darum war der *Indian Mail* die wirtschaftlich wichtigste Verbindung; der Postzug brachte sämtliche Nachrichten des Empire von London nach Marseille oder Brindisi, wo die Kisten voller Briefe mit Schiffen weiter durch den Suezkanal zu den britischen Kolonien nach Indien, Südostasien und Australien transportiert wurden. Allerdings war die Strecke Calais–Brindisi mehr als 1500 Kilometer lang.

Für den »Startup-Unternehmer« Georges stellte es sich als durchaus riskant dar, mit einem unerprobten Schlafwagen eine so lange Strecke zu wählen. Der Waggon wäre in einer Richtung volle drei Tage ohne Unterbrechung unterwegs, was im Fall auch nur der kleinsten technischen Panne zu einem Totalausfall führen könnte.

Trotzdem ließ sich Georges nicht abschrecken, denn er empfand die Idee als frappierend: Ein Zug, der – ohne an einer einzigen Station zu halten – von Calais in Nordfrankreich bis nach Brindisi in Süditalien quer über den Kontinent raste. Nur die Lok musste ein paarmal gewechselt werden, auf dem Fahrplan stand kein Halt zum Aus- oder Einsteigen. Es handelte sich definitiv um den schnellsten Zug Europas!

In den nächsten Monaten unternahm Georges alles, um dieses Ziel zu erreichen. Im Erfolgsfall wäre sein Express-Schlafwagen in den Zeitungen ein Thema. Sein Vater, seine Familie und alle Bahnexperten würden davon erfahren. Kurzum, es könnte sein Ritterschlag werden.

»La Malle des Indes«, wie ihn die Franzosen nannten, bestand nur aus zwei bis drei Postwaggons und einer Lokomotive. Die Fahrgäste waren ausschließlich Postbeamte. Genug freie Dampfkraft also für einen weiteren Schlafwagen. Trotzdem zögerten die Bahngesellschaften.

Nagelmackers argumentierte: Offiziere der britischen Armee, Agenten und Diplomaten, die sich bisher in Marseille einschifften,

Komfortabel für Agenten: speisend und schlafend rasant durch Europa

um nach Bombay zu gelangen, könnten bis zu zehn Tage Reisezeit sparen, wenn sie mit seinem Schlafwagen den Postzug von Ostende über den Brenner bis Brindisi an die Spitze des italienischen Stiefels nahmen und von dort weiter mit dem Schiff durch den Suezkanal nach Indien reisten.

Trotzdem gab es Bedenken. Bis Georges sein gewichtigstes Argument vorbrachte: Die englische Regierung sandte geheime Dokumente und Diplomatenpost mit ihren eigenen Agenten – den Queen's Messengers! Die Kuriere Ihrer Majestät hatten Diplomatenstatus, ihre Koffer durften an keiner Grenze geöffnet werden, sie reisten immer 1. Klasse und nahmen nur die schnellsten Verkehrsmittel. Transportkosten spielten keine Rolle. Sie wären Nagelmackers' ideale Kunden.

Er trug seine Argumente bei der 1871 in Mainz stattfindenden Bahn-Konferenz vor, konnte überzeugen und schloss entsprechende Verträge ab.[116] Anschließend reaktivierte Georges die Bestellung für seinen ersten Schlafwagen bei der Firma Simmering in Wien.[117]

Für internationale Bahnlinien stellten Alpen und Pyrenäen erhebliche Hindernisse dar. In den letzten Jahren waren einige

Staaten zögerlich übereingekommen, Tunnelbauten zu finanzieren, um schnellere Bahnverbindungen zu ermöglichen.

Dann jedoch passierte etwas, womit niemand gerechnet hatte. Frankreich hatte trotz des Krieges von 1870 mit hohem Tempo an dem Eisenbahn-Tunnel Mont Cenis quer durch die Alpen weitergebaut. Es sollte der längste Tunnel der Welt werden. Über zwölf Kilometer. Der erste große Alpendurchstich.

Statt der geplanten Bauzeit von 25 Jahren schafften es die Franzosen mit neuen pneumatischen Bohrhämmern sowie elektrisch gezündeten Sprengungen in nur 14 Jahren. Niemand hatte damit gerechnet, dass der Tunnel tatsächlich elf Jahre früher fertig werden würde. Auch Georges nicht. Bereits am 17. September 1871 eröffneten die Franzosen die kürzere Strecke nach Italien, die im Vergleich zur Fahrt über den Brenner eine Zeitersparnis von 18 Stunden bedeutete.

Über Nacht waren somit alle Verträge von Georges obsolet. Die französischen Bahnen gaben seiner *Compagnie* für die neue Strecke keine Lizenz mehr.

Nach dem Deutsch-Französischen Krieg musste Georges nun zum zweiten Mal die Bestellung von Schlafwagen stornieren. Was für ein Rückschlag! Wieder stand er mit leeren Händen da, die Briten wechselten in den schnelleren Zug und Nagelmackers' Finanziers zogen sich zurück.

Die bescheidenen Reserven von Georges' *Compagnie* waren so gut wie aufgebraucht. Sein Vater wollte kein frisches Geld nachschießen, im Gegenteil, er überschüttete seinen Sohn mit Vorwürfen: Georges habe Technik studiert und keine Ahnung von Ökonomie. Für Verhandlungen mit den deutschen, österreichischen und französischen Bahngesellschaften fehlten ihm schlicht die geschäftlichen und kulturellen Erfahrungen.

Die tektonischen Platten zwischen Vater und Sohn hatten

sich nicht nur wegen der verhinderten Liebe zu Georges' Cousine noch weiter verschoben. Georges beherrschte zwar Niederländisch, Französisch, Englisch und Deutsch, aber tatsächlich hatte er wenig geschäftliche Erfahrung mit deutschen und österreichischen Gesellschaften, was jedoch für gewinnbringende Verbindungen notwendig gewesen wäre, insbesondere für die Strecken Paris–Wien und Ostende–Köln. Auf gewisse Weise hatte sein Vater also Recht. Und bekanntlich schmerzt ein Vorwurf am schlimmsten, wenn er stimmt.

Kaum Geld, komplizierte Geschäftspartner, einander misstrauende europäische Regierungen. Erneut war Georges verzweifelt. Die Familie forderte ihn auf, die Hände von diesem, wie sie meinten, »verrückten Spiel« zu lassen.

Alle Nagelmackers' hatten dem Bankgeschäft die Treue gehalten; nun schon in der fünften Generation, niemand scherte aus: Der Ururgroßvater Pierre als Gründer, der Urgroßvater Gérard und der Großvater Gérard-Théodore sowie natürlich Georges' Vater Edmond, alle waren Bankdirektoren, die sich auch im Bergbau engagierten. Auch der Onkel von Georges, seine Cousins und andere Verwandte arbeiteten in verschiedenen Positionen im Bankhaus.[118]

Georges war der Erste, der sich widersetzte. Die Ereignisse der letzten Monate ließen für ihn nur einen Schluss zu: Wenn er sein »verrücktes Spiel« noch gewinnen wollte, musste er einiges ändern. Vor allem seine Strategie.

11

Supplément de wagons-lits

◆

»Sturheit ist die Religion der Pioniere.«
— *Jean des Cars*[119]

Wenn die Bahn nicht zu ihm kam, musste er zu ihr.

Im Laufe der Jahre entwickelte der ambitionierte Jungunternehmer ein Sensorium dafür, was politisch durchsetzbar war. Hindernisse versuchte er mit Fantasie zu überwinden. Und er überlegte sich, mit welchen Verlockungen er Politiker und hohe Beamte der Bahnverwaltungen auf seine Seite ziehen konnte.

Minister überzeugte er, indem er ihnen schmackhaft machte, dass Staatsbesuche fortan nicht mehr mit der Postkutsche, sondern in seinem Luxusschlafwaggon in durchschnittlich einem Drittel der Reisezeit zu bewältigen seien.

Den Bahndirektoren, die in Nagelmackers' *Compagnie* eine Konkurrenz sahen und um ihre Einnahmen durch Fahrkarten bangten, unterbreitete er ein außergewöhnliches Angebot: Er verzichtete vollends auf den Fahrpreis, ja er garantierte sogar, dass jeder seiner Fahrgäste ein Ticket *1. Klasse* zu lösen habe und dieses Geld zur Gänze die Bahngesellschaften erhalten sollten. Nagelmackers beschränkte sich auf den Schlafwagenzuschlag.

Und Regierungsbeamten erleichterte er die Zustimmung, indem er ihnen vertraglich fixierte Freikarten für seine Luxus-Schlafwagen schenkte. Später sogar für Reisen mit dem Orient-Express.[120]

Um offiziell mit Bahnverwaltungen verhandeln zu können, bedurfte es allerdings einer Firma. Am 1. Oktober 1872 gründete er die Kommanditgesellschaft »*Georges Nagelmackers et Compagnie – Compagnie Internationale de Wagon-Lits*«, die »Internationale Schlafwagen-Gesellschaft«.[121]

Das Ziel definierte er im Artikel 6 der Firmensatzung: Es lag ausschließlich im Betrieb von Schlafwagen, die an europäische Züge angehängt werden sollten. Noch war weder von Speisewagen oder gar eigenen Zügen die Rede.[122]

Darüber hinaus benötigte Georges wenigstens einen Mitarbeiter. Er sah sich nach einem Betriebsleiter mit internationaler Expertise um. Diese Person sollte – wie von seinem Vater empfohlen – über geschäftliche und kulturelle Erfahrung im deutschsprachigen Raum verfügen. Und vielleicht deutlich älter und erfahrener sein als der 27-Jährige. Doch von dem Lohn, den Georges bezahlen konnte, bekam er keinen erfahrenen Manager. In seiner Not engagierte Georges einen Volontär, frisch von der Kölner Gewerbeschule: August Franz Napoléon Schroeder war gerade einmal 17 Jahre alt, als Nagelmackers ihn 1872 unter Vertrag nahm.[123] Schroeder sprach fließend Deutsch, Englisch und Französisch – und das war es, was Georges jetzt dringend benötigte. Der junge Mann stammte aus dem kleinen Bergarbeiterdorf Pannesheide an der deutsch-niederländischen Grenze in der Nähe von Herzogenrath bei Aachen, wo er 1855 geboren wurde.[124]

Georges' Vater schüttelte über den jugendlichen Mitarbeiter nur den Kopf. Rückblickend jedoch hatte sich Georges intuitiv richtig entschieden, denn in Napoléon Schroeder fand er einen äußerst fähigen Vertrauten, der über Jahrzehnte nahezu alle wichtigen Verträge mitverhandelte. Nun musste sich Georges nicht mehr um jedes Detail selbst kümmern, das Einstellen der Schaffner, den Kartenverkauf und weitere Betriebsabläufe übernahm Schroeder.

Für Georges' neues Ziel war Schroeder unabdingbar. Die beiden verhandelten 1872 in einem Marathon mit jenen Bahngesellschaften, die dem Anhängen eines Schlafwagens auf der Route Paris–Wien zustimmen mussten: Die französische Chemin de Fer de l'Est, die Reichseisenbahn von Elsaß-Lothringen, die Großherzogliche Badische, die Königlich Württembergische, die Königlich Bayerische Staatseisenbahn und die Österreichische Kaiserin Elisabeth-Bahn.

Wie an dem umfangreichen Vertragswerk zu erkennen ist, müssen die Verhandlungen – trotz Empfehlung des belgischen Königs – extrem kompliziert gewesen sein.[125]

Denn die Bahnverwaltungen zeichneten sich in dieser Zeit durch Bürokratie, schwerfällige Entscheidungsabläufe und große Vorsicht aus. Aufgrund des gerade zu Ende gegangenen Deutsch-Französischen Kriegs hatten die Regierungen Sicherheitsbedenken, »ausländische Waggons« auf ihren Schienen verkehren zu lassen.

Politische Kontroversen, konkurrierende Netze, Eifersüchteleien – Georges beschloss, um politisch »neutral« zu bleiben, den Firmensitz nicht nach Paris zu verlegen, sondern in Brüssel zu belassen.

Nach langwierigen Verhandlungen gelang es ihm und Schroeder, am 22. Oktober 1872 einen Vertrag für das Anhängen eines Waggons auf den Strecken Ostende–Köln und Ostende–Berlin zu unterzeichnen. Ein erster Erfolg![126]

Diese Vereinbarung sollte ein Jahr später, am 15. Juni 1873, in Kraft treten.[127] Bis dahin benötigte Georges mindestens fünf Schlafwagen.

Sofort gab er bei der *Waggon-Fabriks-Aktiengesellschaft* in Wien-Simmering und bei der *Hernalser Waggon-Fabrik* die Wagen in Auftrag. Die Zweiachser mit vier Coupés[128] hatten den Wert von etwa 20 000 belgischen Francs.[129] Finanziert über Kredite.

Doch die Banken verlangten Sicherheiten. Bei der Prüfung durch Investoren musste Georges zerknirscht zugeben: In Wahrheit waren alle Verträge mit den Bahngesellschaften lediglich »Verabredungen«. Unverbindliche Genehmigungen zum Probelauf. Befristet auf ein Jahr. Jederzeit widerrufbar.[130] Denn im Artikel 12 des Vertrags hieß es: »Die Bahngesellschaft behält sich vor, den Schlafwagen-Verkehr jederzeit – auch vor Ablauf der einjährigen Probezeit – einzustellen. Dagegen gibt es keinen Rechtsweg.«[131]

Trotzdem stand Georges kurz vor dem Ziel; in wenigen Monaten sollte sein erster Schlafwaggon von Wien nach München mitlaufen, er hatte sogar schon Anfragen von Fahrgästen. Doch das half nicht. Die Banken monierten, dass er mit den Waggons maximal 12 Fahrgäste würde transportieren können, und seine einzige Einnahmequelle – das »supplément de wagons-lits« – pro Bett nur zwischen 7,5 und 10 Francs betrage. Die Waggons müssten immer zu 100 Prozent ausgelastet sein, um die Schlafwagenschaffner, die Reinhaltung der Waggons, die Reparaturen, die Versorgung der Heizungen und auch die Übernachtungen des Personals an den Zielbahnhöfen sowie sein Büro bezahlen zu können. Seine Kalkulation sei unrealistisch.

Die Banken wollten kein weiteres Geld leihen. In Lüttich, Brüssel und Paris versuchte Nagelmackers, neue Kredite zu erhalten. Doch alle reagierten ablehnend.

Wenige Monate nach der Gründung der *Compagnie* und kurz vor der Premiere seiner ersten Verbindung stand Georges vor dem Bankrott.

Auch Georges' Vater sprang nicht ein. Es schien, als hätte Edmond Nagelmackers mit dieser Entwicklung gerechnet. Der Bankier war viel in der Welt herumgekommen. Für ihn konnte ein Unternehmen, das auf internationalem Austausch beruhte, in einem zersplitterten Europa nicht funktionieren. Sein Sohn hatte einfach die falsche Idee zur falschen Zeit!

Die Haltung des Vaters verletzte Georges. Er musste die Not wenden, er benötigte einen neuen Investor, einen Partner. Jemanden, der an seine Vision glaubte. Und der Geld hatte. Er hörte sich um. In der Welt der Waggonbauer, der Bankiers und Investoren. Schließlich stieß er auf einen Mann, der ihm Waggons verkaufen wollte und über viel Geld verfügte. Er kam aus Amerika. Ein vermeintlicher Multimillionär.

Plötzlich setzte Georges alle Hoffnungen in eine Person, die eine höchst dubiose Vergangenheit hatte: Colonel William d'Alton Mann.

12

Der Retter

◆

»Der Zufall ist die in Schleier gehüllte Notwendigkeit.«
— *Marie von Ebner-Eschenbach*[132]

Skrupellos, cholerisch, wendig. Der zumeist unfrisierte, vollbärtige William d'Alton Mann galt als einer der unhöflichsten Menschen seiner Zeit. Trotzdem schwärmten viele von seinem Charme und seiner Intelligenz. Ein Paradoxon.[133]

Mann war um sechs Jahre älter als Georges und wurde als eines von dreizehn Kindern 1839 in Ohio geboren. Er studierte Technik und wechselte schon nach drei Monaten anlässlich des Sezessionskrieges zur Armee.

Um nicht zur Infanterie und damit zu Fuß Mann gegen Mann kämpfen zu müssen, besorgte sich der drahtige Bursche ein Offizierspatent als Kavallerie-Kapitän, was damals relativ leicht möglich war, umso mehr, weil William d'Alton Mann schon als Kind hoch zu Ross brillieren konnte. Berittene Einheiten fand man in dieser Zeit kaum in der Nähe von Kampflinien, sie wurden hauptsächlich für den Kurierdienst und zur Aufklärung eingesetzt. Ein kugelsicherer und ruhiger Job schien Manns Ziel gewesen zu sein, denn schon damals ging der Spruch um: »Wer hat schon je einen toten Kavalleristen gesehen?«

Mann tat sich besonders hervor, als er mit wenigen Reitern,

die größtenteils nur mit Jagdgewehren und Vogelflinten bewaffnet waren, hinter die Linien der Feinde vordrang und plünderte, Hinterhalte legte und Munitionslager sprengte. Das Vorgehen erinnert an seine spätere Geschäftstaktik: Flüchtige Aufklärung, Fixierung auf ein Ziel, gefolgt von einer spontanen Attacke im Galopp.[134]

Aufgrund seiner Erfolge wurde William d'Alton Mann zum Colonel befördert. Ein Titel, auf den er ein Leben lang stolz gewesen sein muss, denn er schrieb ihn bis zum Tod auf seine Visitenkarten und ließ sich damit ansprechen.

Weil die Soldaten schlecht ausgestattet waren, entwickelte Colonel Mann einen raffinierten Tornister, der komfortabel auf Bauch und Rücken geschnallt werden konnte. Diesen Spezialrucksack ließ er patentieren. Der Generalstab der Union war von Manns Erfindung so angetan, dass er das Patent für 50 000 Dollar erwarb.[135] Auf die Idee, mit einer Verbesserung des Komforts Geld zu verdienen, kam Colonel Mann noch öfter in seinem Leben.

Nun aber gründete er die »United Service Petroleum Co.« und druckte Anteilsscheine, auf die er »US-Petroleum« schrieb. So entstand der Eindruck, es handle sich um Aktien der amerikanischen Regierung.

Seit Edwin Drake im August 1859 in Pennsylvania in nur 21 Metern Tiefe auf das schwarze Gold gestoßen war, hatte sich der Staat in ein Eldorado für Investoren verwandelt.

Colonel Mann nutzte die Gier der neuen Rohstoff-Spekulanten: Er besorgte sich in einem Laden eine Kanne mit Schmieröl, verfasste aufwendig gestaltete Prospekte und behauptete, Land mit großen Ölreserven zu besitzen – in Wirklichkeit hatte er in der Nähe eines pennsylvanischen Förderturms bloß ein paar Hektar Ackerland erworben.

Er fuhr nach Washington und mietete eine Suite in einem noblen Hotel. Jeden Nachmittag lud er Armeeangehörige und

Geschäftsleute zum Tee und versprach: »Bohrungen werden innerhalb von sechzig Tagen ausgeführt. Verluste sind ausgeschlossen. Dafür garantiert der Ruf aller Beteiligten!«[136]

Es gelang Colonel Mann, den bekannten Kavalleriegeneral Scott Hancock als Präsidenten für seine neue Gesellschaft zu gewinnen und ihn auch noch um 1 000 Dollar für Anteilsscheine zu erleichtern.[137]

Als Colonel Mann die Phiole mit Schmieröl reihum gehen ließ, machte er den Offizieren der Unionsarmee ein weiteres Offert: Er wolle hunderttausend Aktien zu je drei Dollar ausgeben und habe schon zahlreiche Anfragen. Für Angehörige der Armee aber, der er sich immer noch verpflichtet fühle, würde er nur einen Dollar pro Aktie verlangen. Ein Deal unter Kameraden!

Auf diese Weise sammelte Colonel Mann mit wertlosen Anteilsscheinen 57 000 Dollar ein, brachte viele ehemalige Offiziere um ihre Abgangsentschädigungen und zahlreiche Geschäftsleute um ihre Ersparnisse.

Monate später wollten die Aktionäre Geld oder Öl sehen. Der Betrug flog auf, William d'Alton Mann wurde angeklagt und kam ins Gefängnis.[138]

Mit seinen Gewinnen engagierte er zu seiner Verteidigung den teuersten Anwalt seiner Zeit, Mr. David Dudley Field. Dem Advokaten gelang es mit raffinierten Tricks, den Prozess über mehrere Monate in die Länge zu ziehen, bis dem Richter die Sache so lästig wurde, dass er sich für nicht mehr zuständig erklärte.[139]

Colonel Mann kam frei, allerdings hatte er nahezu seine gesamten Reserven zur Bezahlung des Advokaten ausgeben müssen. Ohne lange zu überlegen, reiste Mann mit seinem letzten Geld nach Washington. Dort stellte er sich bei den Behörden als arbeitsloser Kriegsveteran vor und erhielt prompt einen Posten als Steuereintreiber in der Stadt Mobile (Alabama).

Diese Stelle nutzte Mann, indem er beim Einziehen der Steuern heimlich Geld für sich abzweigte. Womit er rasch eine ansehnliche Summe ergaunerte, mit der er mehrere Zeitungen kaufte, die er fusionierte. Dank seiner Medienmacht kandidierte er auf der demokratischen Liste zum Kongress 1869 in Alabama. Um ein Haar wäre Colonel Mann als Sieger aus der Wahl hervorgegangen, wenn nicht Washington nach dem Urnengang zahlreiche Unregelmäßigkeiten festgestellt hätte.[140]

Bald darauf entdeckte er das Geschäft mit der Eisenbahn. In ganz Amerika wurden neue Linien gebaut und Aktien ausgegeben. Viele Investoren erhofften sich rasche Gewinne, ein regelrechtes Eisenbahnfieber hatte eingesetzt.

Neuerlich sammelte Colonel Mann Geld mit Anteilsscheinen ein und begann tatsächlich eine Bahnlinie zwischen New Orleans und Mobile zu bauen. Stolz nannte er seine Firma »New Orleans, Mobile & Chattanooga Railroad«. Doch die Strecke führte durch ein Sumpfgebiet und Colonel Mann und seine Ingenieure scheiterten kläglich.

Daraufhin besann er sich auf das Geldverdienen durch Verbesserung des Komforts, wie es ihm schon bei der Armee mit seinen neuartigen Rucksäcken gelungen war.

Er entwickelte den dreiachsigen »Mann Boudoir Car« – einen bequemen Schlafwagen, der im Gegensatz zu Pullmans Waggon über Abteile verfügte. Diesen Waggon ließ er unter der U. S.-Nummer 122 622 patentieren.[141] Damit wollte er George Mortimer Pullman erst in Amerika und dann in England Konkurrenz machen. Doch der mächtige Eisenbahnbaron hatte bereits Verträge mit den wichtigsten englischen Bahngesellschaften in der Tasche. Und England war zu klein, um dort zwei Unternehmen mit Schlafwagen-Verbindungen lukrativ betreiben zu können.

Als Colonel Mann erkannte, dass er gegen George Pullman in

England verlieren würde, versuchte er, seinen Waggon in Kontinentaleuropa zu verkaufen.

Er ließ einen Boudoir-Schlafwagen auf ein Abstellgleis in den Hafen von London bringen, wo ihn Interessenten besichtigen konnten. Dann lud er mögliche Kunden ins Langham Hotel in der noblen Regent Street ein. Auf seine Visitenkarten schrieb er:

COLONEL WILLIAM D'ALTON MANN

Bürgerkriegsveteran – Zivilingenieur – Zeitungsbesitzer
Eisenbahndirektor

Großzügig bewirtete er in dem Luxus-Appartement seine Gäste. So Ende 1872 auch Georges Nagelmackers. Eine tief hängende Lampe tauchte Colonel Manns wild wuchernden Bart und das bis in den Nacken reichende Haar in ein warmes Licht. Keiner der eingeladenen Bahndirektoren wollte den teuren Waggon kaufen, nur Nagelmackers witterte eine Chance.[142]

Er ließ sich von Colonel Mann zum Hafengelände führen und begutachtete Manns »Boudoir Car«.

Der elf Meter lange und 16 Tonnen schwere Schlafwagen verfügte im Gegensatz zu den Pullman-Wagen über vier Abteile, die durch feste Wände getrennt waren. Als Nagelmackers das Bett sah, wollte er von Colonel Mann wissen, woraus dessen Inneres bestehe. Der Colonel wich aus, oder hatte ihn nicht verstanden, auf jeden Fall dachte Georges, dass die Betten nur aus einem Gerippe und billigen Decken bestünden. Abrupt ließ er sich darauf fallen – und landete weich. Er hob die Decke an und war überrascht: Die Betten bestanden aus hochqualitativen Rosshaarmatratzen. Der Colonel verdrehte nur die Augen und deutete auf Kupferrohre: Jedes Abteil wurde mit einer Warmwasserheizung versorgt und es lagen auf den Böden drei schallschützende Spezialstoffe übereinander, um Stöße und Lärm zu vermindern.

Lässig zündete sich der Colonel eine Zigarre an und malte Nebelkringel in die Luft, dann zeigte er an die Decke des Waggons: Dort befand sich eine intelligente Glaskonstruktion, die eine fortwährende Luftzirkulation ermöglichte. Selbst wenn im Abteil permanent geraucht wurde, hatten Fahrgäste also keinen Grund, über schlechte Luft zu klagen, denn die Ventilation funktionierte exzellent – wie später die *Illustrierte Zeitung* bestätigte.[143]

Georges erkannte die Qualität des Waggons und war durchaus an einem Kauf interessiert. Er hatte bloß kein Geld. Kurzerhand drehte Colonel Mann den Spieß um: Er bot Nagelmackers an, dessen Firma zu erwerben, stellte aber harte Bedingungen. So verlangte er, dass die Firma in »Mann's Railway Sleeping Carriage Company Limited« umbenannt würde und Nagelmackers die Geschäftsführung abzugeben hätte.

In der Tat konnte Georges frisches Kapital dringend gebrauchen, doch verfügte der Colonel wirklich über Millionen, wie er mehrfach versicherte? Und woher hatte er das Geld?

Vielleicht hat sich Georges damit beruhigt, dass ihm Colonel Mann erzählte, er hätte mit dem Verkauf von Zeitungen und einer Bahnlinie in Amerika viel Geld verdient. Vielleicht dachte Georges aber auch, dass es ihn nichts anginge, Hauptsache, der Amerikaner würde eine größere Summe in eine gemeinsame Firma investieren.

Der auch in Europa gerne in Armeeuniform auftretende Colonel verhandelte über Monate ziemlich ausgebufft. Aufgrund seiner Patente bestand er darauf, die Firma in eine Gesellschaft englischen Rechts umzuwandeln.[144] So einfach gab sich Georges jedoch nicht geschlagen: Weder war er von der Umbenennung begeistert, noch mochte er sich die Geschäftsführung nehmen lassen, schließlich hatte er seit über fünf Jahren an dem Projekt gearbeitet.

Neben den nervenaufreibenden Verhandlungen mit Colonel Mann trieb er hartnäckig die Organisation der Verbindung Wien–München voran. Ein Tanz auf dem Drahtseil. Dann stellte sich ein erster Erfolg ein: Mitten in den Verhandlungen mit Colonel Mann gelang es Georges, seinen ersten Waggon in der Nacht vom 12. auf 13. Mai 1873 zwischen Wien und München fahren zu lassen.[145]

In seiner weltoffenen Art lud Georges auch Colonel Mann auf diese Jungfernfahrt ein, was sich als Fehler herausstellen sollte. Denn Colonel Mann nutzte die Fahrt, um sich in Szene zu setzen.

So sehr Georges sich auch über das Misstrauen der Banken und Bahngesellschaften gegrämt hatte, so sehr konnte er sich über die ersten Pressereaktionen freuen: »Die Welt verdankt Ingenieur Nagelmackers die amerikanische Art zu reisen, verbessert durch das pragmatische, europäische Denken.«[146] Die *Münchner Neuesten Nachrichten* meldeten am 17. Mai 1873 euphorisch: »Vollbesetzt!«[147]

Kaum hatte Georges mit seinem Team die erfolgreiche Premiere gefeiert, musste er jedoch eine heftige Demütigung hinnehmen. An einem der nächsten Tage las er in einem amerikanischen Journal:

> »Am vergangenen Montag wurden die Deutschen und Österreicher von einem amerikanischen Unternehmen überrascht. Der erste öffentliche Schlafwagen, der jemals auf diesem Kontinent eingesetzt wurde, fuhr von Wien nach München. Und zwar mit Colonel Manns neuem ›Wagon-Boudoir‹, einem der modernsten und kompaktesten Vehikel, die man sich vorstellen kann. Mit großer Genugtuung nehmen wir dieses Beispiel amerikanischen Unternehmertums zur Kenntnis.«[148]

Ganz offensichtlich hatte Colonel Mann gegenüber dem Journalisten den Eindruck erweckt, er sei allein für die erfolgreiche Premiere verantwortlich. Colonel Mann musste sogar behauptet haben, es handle sich um seinen Waggon. Eine glatte Lüge! Die Veröffentlichung traf Georges ins Herz, was für ein Affront. Nach Jahren der harten Arbeit, Klinkenputzen und dem Verfassen von Konstruktionsplänen stellte sich sein möglicher neuer Partner und Retter vor die Presse und behauptete, das ganze Projekt wäre seine Idee gewesen!

Statt sich zu grämen, wandte sich Georges direkt an den Chefredakteur, der seinen Brief tatsächlich am 24.5.1873 veröffentlichte:

Sehr geehrter Herr,
ich habe nicht ohne Überraschung Ihren Artikel in der Samstagsausgabe gelesen, der auf Ihren Korrespondenten in Wien zurückgeht. Die am Montag auf der Strecke Wien–München eingeweihten Schlafwagen von Colonel Mann, die der »Compagnie Internationale de Wagons-Lits« gehören, deren Geschäftsführer ich bin, wurden nach meinen Plänen und unter meiner Leitung gebaut. Die Einrichtung der Schlafwagen geht auf meine Initiative zurück …[149]

Georges verlängerte die Linie rasch, bereits am 1. Juni 1873 meldete der *Figaro* die Eröffnung der Schlafwagenverbindung Paris–München.[150] Ein Waggon wurde bis nach Wien weitergeführt. Ab 26. Juli verkehrte dann ein durchgehender Schlafwagen Paris–Wien.

Trotzdem ging der Streit zwischen Georges und Colonel Mann weiter. Die Verhandlungen über eine gemeinsame Firma machte das nicht einfacher.

Am Ende musste Georges die Geschäftsführung zwar nicht völlig abgeben, aber seine *Compagnie* im Sommer des Jahres 1873 schweren Herzens in »Mann's Railway Sleeping Carriage Company Limited« umbenennen.[151] Die Firma wurde nun in eine Gesellschaft englischen Rechts umgewandelt.[152]

Die beiden so unterschiedlichen Unternehmer vor dem Waggon Nr. 15, 1873

Georges bestand darauf, dass sich auch freie Aktionäre daran beteiligen konnten, um die Mehrheitsverhältnisse zu seinen Gunsten zu verbessern. Am 12. Juli 1873 wurde schließlich im *American Register* die Gründung und das Aktien-Verkaufsprospekt der »Mann's Railway Sleeping Carriage Company« mit einem Stammkaptal von 200 000 Pfund veröffentlicht.[153]

Bisher hatte Nagelmackers fünf zweiachsige Waggons in Wien bestellt. Mit dem zusätzlichen Kapital konnten die beiden Männer die Wagen Nr. sechs bis vierzehn in Auftrag geben.[154] Colonel Mann brachte seine Nummer 15 in die Firma ein. Von dem Dreiachser existiert ein berühmtes Foto, auf dem die beiden Unternehmer vor dem neuen Hochglanz-Vehikel posieren. Es handelt sich um das älteste fotografische Dokument der *Compagnie*.[155]

Auf dem Bild sind die Charaktere der beiden Männer zu erahnen: Georges Nagelmackers, im Gehrock, mit fein geschnittenem Bart und Zylinder, sitzt auf dem Trittbrett, die Hände bescheiden in den Schoß gelegt, nach vorn blickend.

Colonel William d'Alton Mann steht mit wildem Bart und in herausfordernder Pose lässig vor »seinem Waggon«. Der Stolz über den Firmen-Schriftzug, in dem an erster Stelle sein Name steht, ist ihm anzusehen. Zusätzlich hat er in jede Abteiltür ein »M« gravieren lassen.

Colonel Mann und Georges Nagelmackers waren wie Feuer und Wasser: der eine emotional, geltungssüchtig und ungeduldig, der andere diplomatisch, hartnäckig und manchmal allzu gutmütig. Trotzdem waren die beiden in dieser Krise ein vielversprechendes Team.

Der 34-jährige Colonel Mann stellte frisches Geld zur Verfügung, orderte neue Waggons und verstand es, Bahnverwaltungen unter Druck zu setzen. Der 28-jährige Georges kümmerte sich zusammen mit Napoléon Schroeder um Verhandlungsdetails und Betriebsabläufe.

Mit seiner direkten Art brachte Colonel Mann die Schlafwagengesellschaft wieder auf die Gleise, es ging voran, geradezu furios. Georges jedoch zweifelte: Hatte er zu vorsichtig agiert? Und vor allem: Hatte er sich von Colonel Mann über den Tisch ziehen lassen?

Es stellte sich ein Erfolg nach dem anderen ein. Dank Nagelmackers' geschickter Verhandlungsmethode rollten ab 15. Juni 1873 die dreiachsigen Waggons Nummer sechs bis zehn und die Nummer 15 auf den Strecken Ostende–Berlin, Paris–Köln und Ostende–Köln.[156]

Zugute kam den beiden, dass seit 1872 alljährlich eine internationale Fahrplankonferenz tagte, auf der die Staaten versuchten, ihre Zugverbindungen über die Grenzen hinweg abzustimmen.[157] Nagelmackers durfte daran teilnehmen und seine Ansinnen vortragen.

Trotzdem stellte sich Colonel Mann weiterhin gegenüber der

Presse und wichtigen Geschäftspartnern als der große Macher dar. Was Nagelmackers, der im Hintergrund fleißig organisierte, zusehends gedemütigt haben muss. So schaffte es Colonel Mann, dass dieselbe amerikanische Zeitung bereits im August 1873 unter dem Titel »Mann's Schlafwagen« schrieb:

> *»Der erste Schlafwagen von Mann's Boudoir-Patent hat heute die Fabrik verlassen. Es ist die schönste Karosserie, die je in Europa gebaut wurde. Sie hat fast 60 000 Francs gekostet. Die erste Strecke, die damit bedient wird, ist Paris–Calais. Die Gesellschaft, der diese Wagen gehören, heißt ›Mann's Railway Sleeping Carrier Companie‹ und betreibt jetzt Nagelmackers' Waggons von Paris nach Wien sowie von Berlin nach Ostende und Köln. Das ist ein weiterer, großer amerikanischer Erfolg!«*[158]

Der Verfasser lobte die stilsichere Ausstattung der Waggons und betonte, dass sich in jedem Compartiment ausreichend Kissen befänden, die alle das Monogramm »M« trügen.[159]

Gegenüber Dritten ließ es Colonel Mann so aussehen, als wäre Nagelmackers mit seinen Ideen gescheitert. Nur er habe mit seinen Patenten, seinen Ideen und seinem Geld die Firma aus dem Dreck gezogen. Wegen dieser unfairen Veröffentlichungen schwand das Vertrauen von Nagelmackers zu Mann rapide. Auch wurde der cholerische Colonel gegenüber zögernden Verhandlungspartnern immer öfter laut. Georges konnte durch seine vertrauenswürdige Art das Schlimmste verhindern. Manche Bahndirektoren hielten zwar auch Nagelmackers für verrückt, doch sie hatten nie den Eindruck, er wolle sie über den Tisch ziehen.

Seit 1. Mai 1873 hatte die Wiener Weltausstellung ihre Pforten geöffnet. Ein Ereignis, das nicht nur in Unternehmerkreisen für Enthusiasmus sorgte. Nagelmackers erkannte die Möglichkeit, sein Projekt in Wien zu präsentieren, wo alles anreisen würde, was Rang und Namen hatte und sich für die Eisenbahn interessierte. Angekündigt hatten sich sämtliche wichtigen Lokomotiv- und Waggonhersteller, sowie auch alle europäischen Bahndirektionen.

Georges hoffte, dass Wien der *Compagnie* zum Durchbruch verhelfen könnte. Insbesondere wollten er und Colonel Mann auf der Weltausstellung die neue Verbindung Paris–Wien prominent bewerben und zusammen mit den Wiener Waggonfabriken Simmering und Hernals die Schlafwaggons Nr. 2 und Nr. 3 präsentieren.[160]

Aufgrund vieler Gespräche mit Reisenden und Journalisten war Georges sicher: Die Weltausstellungsbesucher würden seine Schlafwaggons als Neuheit wahrnehmen. Denn erstmals konnten Reisende auf Schienen einen ganzen Raum mieten, dessen dicke Holztüren den Lärm und die Widrigkeiten der Welt abhielten. Eine fahrende Oase jenseits des Alltags.

13

Der schwarze Freitag

◆

»Als ich die Ereignisse in meinem vergangenen
Leben überprüfte, merkte ich, wie subtil die
Einflüsse sind, die unser Schicksal prägen.«
— Nikola Tesla, Erfinder und Physiker[161]

Nicht nur Georges setzte große Hoffnungen auf die Weltausstellung 1873. Der österreichische Kaiser Franz Joseph beabsichtigte mit dem Ereignis, Wien in den Rang einer Weltmetropole an der Schnittstelle zwischen Okzident und Orient zu hieven.[162] Erwartet wurden 20 Millionen Besucher und die gesamte europäische Presse.

Besondere Bedeutung für die Ausstellung hatte die Eisenbahn als Motor der Erneuerung. Neue Waggons, Lokomotiven und Signalanlagen wurden in der Maschinenhalle nahe dem Wiener Prater gezeigt. In den fünf Jahren vor der Weltausstellung hatte sich die Gesamtlänge der österreichischen Bahnstrecken mehr als verdoppelt. Wien entwickelte sich zu einer der größten Eisenbahn-Drehscheiben im Europa des 19. Jahrhunderts.[163] Hier trafen sich die Linien aus Nord, Süd, Ost und West – und damit die Sprachen, Gebräuche und Gedanken der Reisenden. Was auch bald an der vielfältigen Wiener Küche zu erschmecken war. Vom ungarischen Paprikahuhn über die böhmischen Knödel bis zum slowakischen Schnitzel paniert in Kartoffelpuffer sowie Palatschinken in allen Variationen wurde in Bahnhofsnähe alles angeboten, was die Donaumonarchie zu bieten hatte. Es gab Speisen aus Prag, Triest, Meran, Lemberg und vielen anderen k. u. k. Regionen.

Die sechs aus allen Himmelsrichtungen in Wien einmündenden Bahnlinien schufen die Grundlage für den ungehinderten Zustrom von Besuchern und Ausstellungsobjekten. Sowohl die deutsche als auch die österreichische Regierung hofften auf einen weiteren Wirtschaftsaufschwung durch die Weltausstellung. Viele Unternehmen wurden neu gegründet, noble Hotels und Restaurants im Umfeld des Ausstellungsgeländes gebaut und umfangreiche Kredite vergeben.

Neben der berühmten Rotunde am Eingang des Areals, mit der größten bis dahin gebauten Kuppel der Welt, sollten vier riesige Hallen die Besucher mit zeitgenössischer Kunst sowie Exponaten und Errungenschaften aus Industrie und Landwirtschaft begeistern. Die österreichische Regierung investierte statt der ursprünglich geplanten und »unter keinerlei Vorwand zu überschreitenden Kreditsumme« von sechs Millionen Gulden nach mehreren Überschreitungen insgesamt über 19 Millionen in das Ausstellungsgelände.[164]

Auch Georges Nagelmackers und Colonel Mann nahmen für ihre Verhältnisse viel Geld in die Hand. Stellten sie doch ihre zwei neuen Schlafwagen für die gesamte Zeit der Weltausstellung von 1. Mai bis 31. Oktober aus und konnten diese deshalb nicht im laufenden Betrieb einsetzen.

Colonel Mann wehrte sich gegen den Aufwand, doch Georges fand das Motto des österreichischen Kaisers, Wien als Verbindung zum Orient zu präsentieren, ideal für seine Strecke von Paris nach Wien – und vielleicht später sogar darüber hinaus.

Tatsächlich führten die Ausstellungsexponate aus dem Orient zu einer Modewelle; der »Perserteppich« hielt Einzug im bürgerlichen Wohnzimmer und die köstlichen Speisen des Orients erfreuten sich großer Beliebtheit. Bei den Wienern erwachte die Neugierde auf eine fremde Welt. Was Georges zugutekam. Er freute sich über das starke Interesse an seinem Schlafwagen und hoffte auf breiten Zuspruch beim Fahrkartenverkauf.

Doch plötzlich schlug die Stimmung um: Die Kosten für Übernachtungen in den neuen Wiener Hotels stiegen exorbitant, die Preise in den Restaurants ebenso, eine allgemeine Teuerungswelle setzte ein. Rasch sprachen sich die hohen Preise herum und viele Besucher blieben der Weltausstellung fern.

Der Stimmungsumschwung entfachte eine Eigendynamik, die schließlich am 9. Mai 1873 – dem sogenannten »Schwarzen Freitag« – zum Börsencrash führte. Über 120 österreichische Betriebe gingen allein an diesem Tag in Insolvenz. Es war der Beginn einer Wirtschaftskrise, die sich schon länger angekündigt hatte, aber deren finaler Auslöser möglicherweise die Weltausstellung war.[165]

Für Georges und Colonel Mann entpuppte sich die Besucherflaute als Katastrophe. Trotzdem versuchten die beiden, für ihre neue Art des Reisens bei der Presse zu werben. Was auch gelang. Die Journalisten reagierten auf die neuen Schlafwaggons unterschiedlich. Viele Gazetten berichteten zwar, dass neue Zugverbindungen mithelfen könnten, Distanzen schwinden zu lassen und den kulturellen Austausch zu fördern, doch in dieser Zeit begann sich auch die Arbeiterbewegung zu internationalisieren. Sie nutzte die Weltausstellung, um auf ihr Thema aufmerksam zu machen. Nur wenige würden sich die Reise mit einem Luxuszug von Paris nach Wien leisten können. Das von den Bahngesellschaften verlangte Ticket *1. Klasse* zusammen mit Nagelmackers' *Supplément* entspreche dem Jahresgehalt eines Arbeiters. Nagelmackers' Schlafwagen würden vielleicht staatliche Grenzen überwinden, nicht aber soziale!

Georges hielt dagegen: Dies sei bloß eine Frage der Zeit. In den letzten Jahrzenten hätten sich die Zugfahrpreise verbilligt, das Reisen mit der Postkutsche sei um ein Vielfaches teurer. Und er plädierte dafür, der Eisenbahn eine Chance zu geben, denn die neuen Reisemöglichkeiten hätten die Menschen einander nähergebracht, ja sogar die deutschen Revolutionäre von 1848 seien zum Großteil mit der Bahn angereist. So habe die Eisenbahn dazu beigetragen, die Idee einer geeinten Nation voranzubringen. Was für Preußen gelte, könne bald auch für ganz Europa zutreffen!

Dann aber passierte etwas, womit niemand gerechnet hatte: Die überwunden geglaubte Cholera brach erneut aus. Ausstellungsbesucher steckten sich ausgerechnet im neuen »Weltausstellungshotel Donau« nahe dem Pratergelände in der Nordbahnstraße 50 an. Von dreizehn Erkrankten starben acht. Anfangs versuchten die österreichischen Behörden, den Ausbruch zu vertuschen, um keine Weltausstellungsgäste zu verschrecken. Doch als die gebürtige Britin Anna-Maria Brewster, die sich ebenso in dem imposanten Hotel angesteckt hatte, plötzlich starb und die *Times* in London über den Todesfall ausführlich berichtete, konnten auch die Regierenden nicht mehr verheimlichen, dass sich die Cholera in Wien rasant ausbreitete.[166]

Fluchtartig verließen viele Besucher die Hauptstadt, andere stornierten ihre Buchungen. Von Juli bis Oktober starben nahezu 3000 Menschen in Wien. Die österreichisch-ungarische Monarchie hatte infolge der Infektionskrankheit fast eine halbe Million Tote zu beklagen.[167]

Statt der erwarteten 20 Millionen Besucher kamen nur sieben zur Weltausstellung.[168] Auch Georges und Colonel Mann waren enttäuscht und reisten ab.

14

Der übermächtige Gegner

◆

»Erfolg ist ein Gesetz der Serie und Misserfolge sind Zwischenergebnisse. Wer weitermacht, kann gar nicht verhindern, dass er irgendwann auch Erfolg hat.«
— *Thomas A. Edison*[169]

Die Cholera entwickelte sich zur »Angstkrankheit« Wiens. Die Betroffenen litten an Durchfallinfektionen, die unter Bauch- und Muskelkrämpfen zum Tod durch Austrocknung führten. Die Ursachen waren verseuchtes Trinkwasser oder Lebensmittel. Ein gebrochenes Abflussrohr soll der Grund für den Ausbruch im neuen Weltausstellungshotel gewesen sein. Die Choleraepidemie wäre vermeidbar gewesen, wenn man auf die Wissenschaftler gehört hätte, die damals seit Jahren ein Großprojekt verwirklichen wollten: den Bau einer Hochquellenwasserleitung vom Semmering nach Wien. Aufgrund der hohen Baukosten liefen Politiker, Geschäftsleute und Vertreter der Medien über mehrere Jahre gegen das Projekt Sturm. Die 90 Kilometer lange Wasserleitung konnte erst nach dem Höhepunkt des Cholera-Ausbruchs am 24. Oktober 1873 fertiggestellt werden. Eine Woche vor Ende der Weltausstellung.[170]

Wie aus den Eintragungen im Register des Wiener *Grand Hotels* zu ersehen ist, besuchte Georges im August und danach mehrmals die Stadt an der Donau.[171] Zwar lief seine erste Schlafwagenverbindung Wien–Paris gut an, doch hatte sich die gesamtwirtschaftliche Situation eingetrübt. Der Wiener Börsenkrach im Frühjahr führte zum Ende des Wirtschaftsbooms der Gründerzeit, im September 1873 stürzte die Börse in New York ab, im Oktober zerplatzte die Spekulationsblase in Berlin.

Die Nationalstaaten begannen wieder, die eigene Wirtschaft durch Zölle zu schützen und sich nach außen abzugrenzen. Eine Hiobsbotschaft für Georges und Colonel Mann.

Obwohl die Waggons gut ausgelastet waren, nahmen die beiden Herren mit dem »Supplément« zu wenig ein. Georges versuchte, den Schlafwagen-Zuschlag zu erhöhen. Dafür mussten die Bahngesellschaften zustimmen. Mit Verweis auf die schlechte wirtschaftliche Situation verweigerten alle eine Preiserhöhung. Oder waren diese Gründe nur vorgeschoben?

Bei seinem neuerlichen Besuch in der Maschinenhalle der Wiener Weltausstellung musste Georges erschüttert feststellen, dass weitere Waggonfabriken Schlafwagen anboten. Eine Firma Carl Schubersky aus St. Petersburg.[172] Eine Firma Kramer & Klett für die Kaiser Ferdinand-Nordbahn.[173] Und ein gewisser Ringhoffer aus Prag,[174] den Georges bereits von Vorgesprächen kannte.

Sie alle stellten Pläne, Modelle und Waggons aus. Exemplare mit allem Komfort. Nahezu exakt sein Design. Hatten sie abgekupfert?

Es kam noch schlimmer, denn Georges erfuhr, dass die Österreichische, die Königlich Württembergische und eine französische Bahngesellschaft schon neue Schlafwagen bestellt hatten.

Plötzlich fiel es ihm wie Schuppen von den Augen. Die Bahngesellschaften wollten ihm weder einen höheren Schlafwagenzuschlag genehmigen noch mehrjährige Verträge zur Benutzung ihrer Schienen geben, weil sie beobachtet hatten, dass sein Schlafwagen auf der Strecke Wien–München höchst erfolgreich war.

Jetzt beabsichtigten sie, das Geschäft selbst zu machen. Und sie saßen am längeren Hebel. Offensichtlich hatten sie ihn als Versuchskaninchen benutzt. Es kam Georges vor wie eine Verschwörung!

Doch was sollte er dagegen unternehmen? Nächtelang konnte er nicht schlafen. Ärger belebt. Ärger weckt auf. Ärger bringt Impulse. Er beschloss, neuerlich den Umweg zu wählen. Wenn mit internationalen Tickets kein Geld zu verdienen war, dann eben national. Georges baute seine Verbindungen innerhalb Frankreichs aus, denn er hoffte, komfortable Schlafwagen würden gut betuchte Kundschaft anlocken, die im Winter aus England und Paris in den milderen Süden flüchten wollten.

Am 5. Dezember 1875 unterzeichnete er eine neue Vereinbarung mit der Bahngesellschaft von Orléans über eine Verbindung Paris–Bordeaux, weitere folgten.[175] Die Winterverbindungen in den französischen Süden wurden stark nachgefragt und brachten endlich Geld, das Georges umgehend investierte. Bereits in den Jahren 1874 und 1875 lieferten ihm die Waggonfabriken mehr als 30 neue Schlafwagen.

Mit Colonel Mann jedoch hatte Georges zunehmend Probleme. Der Retter hatte ein zweites Gesicht. Der ehemalige Colonel trank nun schon morgens Champagner und neigte immer öfter zu cholerischen Anfällen, sogar gegenüber Vertragspartnern. Zwischen Georges und Mann drohte der Disput zu eskalieren.

Mitten in diesen heftigen Streitigkeiten tauchte eine Person auf, deren Macht Georges bereits kennengelernt und die in Amerika alle anderen Bahnunternehmer das Fürchten gelehrt hatte. Der neue Feind verfügte über ein umfangreiches Arsenal an hochklassigen Schlafwagen, und seine Kassen waren gefüllt. Vor allem beherrschte er das Spiel mit der Macht und hatte exzellente Beziehungen zu amerikanischen und europäischen Politikern. Ein

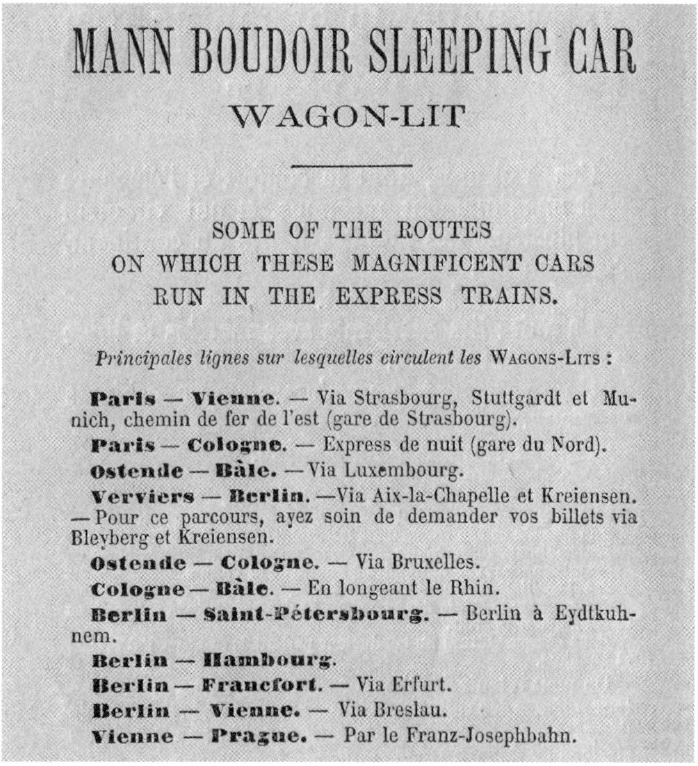

MANN BOUDOIR SLEEPING CAR

WAGON-LIT

SOME OF THE ROUTES
ON WHICH THESE MAGNIFICENT CARS
RUN IN THE EXPRESS TRAINS.

Principales lignes sur lesquelles circulent les WAGONS-LITS :

Paris — Vienne. — Via Strasbourg, Stuttgardt et Munich, chemin de fer de l'est (gare de Strasbourg).

Paris — Cologne. — Express de nuit (gare du Nord).

Ostende — Bâle. — Via Luxembourg.

Verviers — Berlin. —Via Aix-la-Chapelle et Kreiensen. — Pour ce parcours, ayez soin de demander vos billets via Bleyberg et Kreiensen.

Ostende — Cologne. — Via Bruxelles.

Cologne — Bâle. — En longeant le Rhin.

Berlin — Saint-Pétersbourg. — Berlin à Eydtkuhnem.

Berlin — Hambourg.

Berlin — Francfort. — Via Erfurt.

Berlin — Vienne. — Via Breslau.

Vienne — Prague. — Par le Franz-Josephbahn.

Der Beginn eines europäischen Netzes: Paris, Ostende, Hamburg, Prag usw.

übermächtiger Gegner. Mit dem Ziel, Nagelmackers und Colonel Mann aus dem Feld zu schlagen. Ohne Kompromisse und so rasch wie möglich.

15

Der Schlafwagenkrieg

◆

»Die Hauptsache ist nicht, wo du geboren wurdest, sondern was von dir kam!«
— *George Mortimer Pullman*[176]

George Pullman hatte in Amerika mit seinen Schlafwagen bereits alle Ziele erreicht, jetzt suchte er ein neues Jagdgebiet. Bereits 1871 hatte er in London die »English Pullman Company« gegründet, die Nachtzüge auf britischen Gleisen betrieb.[177]

Ab 1872 expandierte der US-Eisenbahnbaron nach Italien, wo er in Mailand eine Schlafwagenfabrik bauen ließ. Bereits zwei Jahre später versuchte er Relationen nach Deutschland und Frankreich zu organisieren – was einer direkten Kriegserklärung an Nagelmackers und Colonel Mann gleichkam!

Er prahlte in der europäischen Presse mit seinen 2000 Mitarbeitern und über 100 Zugverbindungen in Amerika; stolz vermeldete Pullman, dass er pro Woche drei neue Schlafwagen produzieren lasse. Die Vorzüge seiner Waggons bestünden in der Laufruhe, der großen Betten-Kapazität sowie in einer perfekten Heizung und Ventilation. In Europa existiere bis dato nichts Vergleichbares.[178]

Zur Wiener Weltausstellung hatte er im Vorfeld angekündigt, vier seiner US-Schlafwaggons nach Wien kommen zu lassen, um die »Thierquälerei einer europäischen Eisenbahnfahrt bei Nacht in ein Vergnügen zu verwandeln.«[179] Doch die Waggons erreichten Wien nie.

Gegenüber den Bahnverwaltungen wies Pullman trotzdem darauf hin, mit Nachtverbindungen weitaus mehr Erfahrungen gesammelt zu haben als Nagelmackers und Mann zusammen.[180] Auf diese Weise versuchte er seine Gegner zu desavouieren.

Der noch nicht einmal 30-jährige Nagelmackers hatte mit hohem Einsatz daran gearbeitet, Vertrauen bei der Französischen Nordbahn aufzubauen. Nach zahlreichen Gesprächen, Vorlagen von Konstruktionsplänen und Bankgarantien hatte man ihm unter vielen Auflagen endlich einen Einjahresvertrag zugestanden. Obwohl Verträge mit so kurzer Laufzeit für die Banken kaum akzeptabel waren, denn Nagelmackers' teure Waggons mussten mindestens zehn Jahre im Einsatz bleiben, bis Kredit und Zinsen abbezahlt sein würden.

Deshalb hatte Nagelmackers den Chef der Französischen Nordbahn, Félix Mathias, mit eindringlichen Worten am 27. März 1874 um einen Zehnjahresvertrag gebeten: »Sie verzeihen, dass ich Sie ernsthaft anflehe, uns eine Entscheidung so rasch wie möglich bezüglich des längeren Zeitraums mitzuteilen!«[181]

Geholfen hat es nicht.

Und Georges musste verstehen: Im Geschäftsleben ging es nicht nur um Zahlen, Fakten und Ideen, sondern auch um Angst, Geltungsdrang und Vorurteile. Konnte ein so junger Mann überhaupt verlässlich und seriös ein Unternehmen führen?

Der ausschlaggebende Grund für die Ablehnung eines längeren Vertrags war höchstwahrscheinlich Pullman. Dieser protzte nicht nur mit vollen Dollar-Kassen und angeblich sofort bereitstehenden Schlafwagen, sondern sein »Europa-Manager« hatte dem Chef der Nordbahn kurz zuvor, am 3. Februar 1874, einen Brief geschrieben und vor Nagelmackers und Colonel Mann gewarnt:

»Ein junges Unternehmen ohne Erfahrung kann zu großen Enttäuschungen aller Interessierten führen, sodass sie unweigerlich eine lange Reihe von unangenehmen Erfahrungen durchmachen müssen.«[182]

Pullman hatte Erfolg: Der Chef der Nordbahn gewährte Nagelmackers neuerlich nur einen Vertrag für zwölf Monate.

Der Kampf um Marktanteile zwischen Pullman und Georges wuchs sich zum »Schlafwagenkrieg« aus. Wer von den beiden konnte schneller, besser, günstiger anbieten?

Neigte Nagelmackers dazu, seinen Kunden höchsten Komfort zu bieten, was sich auch im Wagengewicht niederschlug, so wurde dies von den Bahnverwaltungen negativ bewertet. Nagelmackers' Waggons wogen zwölf Tonnen und boten für nur zwölf schlafende Passagiere Platz. Pullmans Waggons hingegen brachten 18 Tonnen auf die Waage und transportierten 24 Passagiere, benötigten also pro Passagier deutlich weniger Gewicht und waren damit wirtschaftlicher. Deshalb konnte Pullman billigere Schlafwagen-Tickets anbieten, was Nagelmackers und Mann unter Druck setzte.

Doch nicht nur Pullman schoss scharf, auch Colonel Mann konterte: Er lancierte einen Artikel mit dem Titel »Zum Mord im Eisenbahncoupé« im *Neuen Wiener Tagblatt*. Darin wurde behauptet, nur die Fahrt mit einem Schlafwagen von Mann & Nagelmackers sei nicht lebensgefährlich:

> »*Nach einem vor kurzem stattgefundenen Mord in einem Eisenbahn-Coupé macht die Compagnie darauf aufmerksam, dass man im ›Mann Boudoir Sleeping Car‹ gegen eine geringe Aufzahlung nicht nur bequem reist, sondern auch ein eigener Kondukteur im Wagen Platz nimmt und für die Sicherheit der Fahrgäste sorgt.*«[183]

Colonel Mann ging noch einen Schritt weiter und polterte gegenüber der Presse: Durch Pullman-Schlafwagen ohne abschließbare Abteile würde es in Europa zu einem Sittenverfall sondergleichen kommen. Er behauptete, in manchen Pullman-Wagen würden Prostituierte mitreisen, um ihre Dienste allein reisenden Ehemännern anzubieten. Im Pullman-Schlafsaal, in dem Fahrgäste beiderlei Geschlechts nur durch dünne Vorhänge getrennt waren, seien spätestens beim Umziehen weder Frau noch Mann vor unmoralischen Blicken sicher. Anständige Damen wären so schutzlos Wüstlingen ausgesetzt. Und unverheiratete Liebespaare nutzten den Schlafsaal, um unter der Decke ungehörige Dinge zu tun.[184]

Dies führte dazu, dass sich viele Geschäftsmänner in England nicht mehr zu sagen trauten, dass sie mit einem Pullman-Waggon reisten. Am Ende konnte Colonel Mann mit seiner wilden These überzeugen, denn die Presse verurteilte die »amoralischen Waggons aus der Neuen Welt«.

Eine Welle der Entrüstung war die Folge: Der Direktor der *Chemins de Fer du Nord*, verantwortlich für den nördlichen Teil Frankreichs, antwortete empört auf das Ansuchen Pullmans: »Amerikanische Familien mag es nicht stören, in einem Schlafwagen mitten unter zwanzig Fremden zu sein. Unsere Moralbegriffe aber haben diesen Grad der Zivilisation noch nicht erreicht.«

Die *Chemins de Fer du Nord* lehnten Pullmans Ansinnen ab und gaben Nagelmackers und Mann schließlich einen Vertrag.[185]

Allerdings schienen weder der Bahndirektor noch die Presse Colonel Manns Behauptung ernsthaft überprüft zu haben, denn Manns Boudoir-Waggons mit von innen verschließbaren Abteilen boten für den vierfachen Zuschlag ein ganzes Schlafcoupé, ohne dass jemand Fragen stellte. Für manches Liebespaar waren die Waggons fahrende Stundenhotels.[186]

Anlässlich der Expo 1878 kursierten auch weniger realistische Darstellungen

In einigen Bahnhöfen soll es sogar Damen gegeben haben, die bereit waren, für entsprechende Entlohnung vermögende Herren von einer Stadt zur nächsten zu begleiten, um die einsamen Reisen der Geschäftsmänner zu versüßen.[187]

Viele Jahre später hat der Schriftsteller D. H. Lawrence in seinem berühmten Roman »Lady Chatterley's Lover« die Protagonistin sagen lassen: »Im Orient-Express herrscht eine Atmosphäre roher Begierde.«[188] Damenbesuche in Schlafwagen wurden sogar Jahrzehnte danach in Filmen wie »Madonna of the Sleeping Cars« thematisiert.

Indes verschlang der »Schlafwagenkrieg« immer größere Ressourcen. Colonel Mann reagierte von Mal zu Mal ungehobelter und machte damit alles noch schlimmer, vor allem ging ihm das Wachstum »seiner Compagnie« zu langsam. Manns brüsker Umgang mit beamteten Vertragspartnern schreckte zusehends ab. Der Amerikaner war das Gegenteil von Georges: William d'Alton Mann machte nie einen Umweg!

Über die konträre Art, mit Geschäftspartnern umzugehen, gerieten sich Georges und Colonel Mann zunehmend in die Haare. Das »umständliche Europa« behagte William d'Alton Mann nicht. Er besuchte nur noch selten das Büro und hielt sich zumeist in London auf, wo er am liebsten an der Bar des Hotel Langham die Zeit totschlug und sich mit amerikanischen Landsleuten wehmütig an seine Monate bei der Armee erinnerte.[189] Statt wie früher dem Champagner sprach er nun dem Scotch zu.[190]

Georges ertrug die Situation kaum. Wie aber sich mit einem Mann einigen, der vor jeder Aussprache flüchtete? Im Sommer 1875 reiste Georges nach England und stellte seinen Partner zur Rede. Er schlug Colonel Mann vor, seine Anteile für eine Million belgische Francs zu übernehmen. Der Colonel verlangte das Dreifache. Diese Summe hätte Georges sofort in die Insolvenz getrieben, er konnte unmöglich zustimmen.

Der Amerikaner aber bestand darauf.

Nach langen Verhandlungen bot ihm Nagelmackers schließlich 2,2 Millionen, obwohl er noch nicht wusste, wie er diesen Betrag aufbringen sollte.

Zur allgemeinen Überraschung gab William d'Alton Mann nach und stimmte einer Trennung zu. Nagelmackers gelang es, weitere Kredite aufzunehmen; davon bezahlte er schließlich 2 206 457 belgische Francs an Mann.[191] Dieser ging zurück nach Amerika, wo er das Geld in ein Klatschmagazin investierte, dessen Journalisten hauptsächlich das Privatleben von Prominenten ausspionierten, um hohe Summen für das Nichtveröffentlichen ihrer intimen Recherchen zu erpressen.

16

Neugründung

◆

»Er beurteilt alles mit einem wachen Blick,
erkennt rasch Hindernisse, um diese
ohne sichtbaren Kampf und ohne sichtbare
Anstrengung zu überwinden.«
— Henri Stephan Opper de Blowitz
über Georges Nagelmackers[192]

Georges übernahm allein die Geschäftsführung, musste aber nach einem Kassensturz schockiert feststellen: Der Laden war so gut wie pleite. Er benötigte Geld. Rasch! Um Investoren zu begeistern, hatte er die Idee, die Firma neu zu gründen.

Am 4. Dezember 1876 lud er fünfzehn Männer in die Brüsseler Kanzlei des renommierten Notars Von Halteren, um seine Idee in die Tat umzusetzen:[193] Nahezu unter dem alten Namen gründete Georges die »*Compagnie Internationale des Wagons-Lits*«.[194]

Doch es gab einen entscheidenden Unterschied; er hatte den Artikel »de« durch »des« ersetzt.[195] Damit wollte er sein Ziel zum Ausdruck bringen, die *einzige* große Schlafwagengesellschaft in Europa zu werden.

Die Neugründung erfolgte im Stammhaus der Banque Nagelmackers in Lüttich, Rue des Dominicains. Den Hauptgeschäftssitz beließ Georges in Brüssel, in der Rue Marie de Bourgogne 22.[196]

Um Menschen zu überzeugen und Geld aufzutreiben, ging der gerade 31 Jahre alt gewordene Jungunternehmer auf Reisen.

Georges war stets elegant gekleidet, verfügte über eine Sammlung von englischen Gehröcken und maßgeschneiderten Hemden. Sein mehrsprachiges, kosmopolitisches Auftreten erleichterte es ihm, mit Investoren, Bahnverwaltungen und Regierungen zu verhandeln. Die Unbequemlichkeiten in den meisten Bahnen und das oftmalige Umsteigen spornten ihn noch mehr an, durchgehende Verbindungen mit komfortablen Waggons zu schaffen.[197]

Die kultiviert-einfühlsame Art von Georges stellte sich besonders dort als hilfreich heraus, wo Colonel Mann unsensibel vorgeprescht war. Mit Bravour gelang es Georges, frische Investoren zu überzeugen, unter denen neuerlich auch sein Vater und der belgische König Leopold II. waren.[198] Dieser besuchte sogar mit seinen Offizieren am Brüsseler Nordbahnhof einen Schlafwaggon, um sich vier Stunden lang jedes Detail von Georges erklären zu lassen.[199]

Geschickt sammelte Georges ein Stammkapital von vier Millionen belgischen Francs ein. Ein kluger Schachzug war es, den Aufsichtsrat peu à peu mit angesehenen Finanzleuten zu besetzen. Georges holte den Chef der Pariser Omnibusse, den Präsidenten der Eisenbahn Neufundlands, den Direktor der Lemberg-Czernowitzer Bahn, den Chef der Méditerranée-Italie-Bahn, sowie den Direktor der Generalbank von Mailand in den Aufsichtsrat.[200] Dank der Empfehlungen solch renommierter Finanzleute konnte er leichter neue Obligationen platzieren und an Kredite gelangen.

Bald darauf eröffnete er einen Sitz in Paris, wo er in der Rue de Dunkerque 24 residierte. Georges entsandte Napoléon Schroeder nach Brüssel.

Indes kam es in Europa zu einem langsamen wirtschaftlichen Aufschwung und einem größeren Bedarf an internationalen Reisen, sogar der französische *Figaro* veröffentlichte schon 1876 einen Appell:

»Die Bequemlichkeit des Reisens macht jeden Tag immense Fortschritte. Uns liegen drei Petitionen von namhaften Persönlichkeiten aus Bombay, Kalkutta und Shimla vor, gerichtet an Herrn Nagelmackers, mit der Bitte um die Wiedereinführung der Schlafwagenverbindung zwischen Calais und Brindisi.«[201]

Damit sollte der *Indian Mail* reaktiviert werden. Die französischen Bahngesellschaften hatten Nagelmackers die Verbindung nicht zugestanden und sich an einer Kopie versucht. Doch sie brachten in Komfort und Schnelligkeit kein vergleichbares Angebot zustande.

Georges nahm den Impuls auf und versuchte es ein zweites Mal. Die Französische Nordbahn allerdings erlaubte Georges erst am 31. Mai 1879, einen Schlafwagen an den »Malle des Indes« von Calais über Paris nach Brindisi anzuhängen.[202]

Dieser Schlafwaggon erfreute sich bald großer Beliebtheit, denn es war vorwiegend ein besonderer Berufsstand, der die Verbindung nutzte, wie dem viktorianischen Autor G. W. Steevens auffiel: »Es gab keinen einzigen Passagier, der nicht Brite war. Und es fiel nicht schwer, ihre Berufe zu erraten. Blond, blauäugig, breitschultrig, mit energischem Kinn, gefurchter Stirn und festem Blick, der nach außen und innen zugleich gerichtet schien, verschlossen, selbstbeherrscht und selbstsicher. Stützen des britischen Empire.«[203]

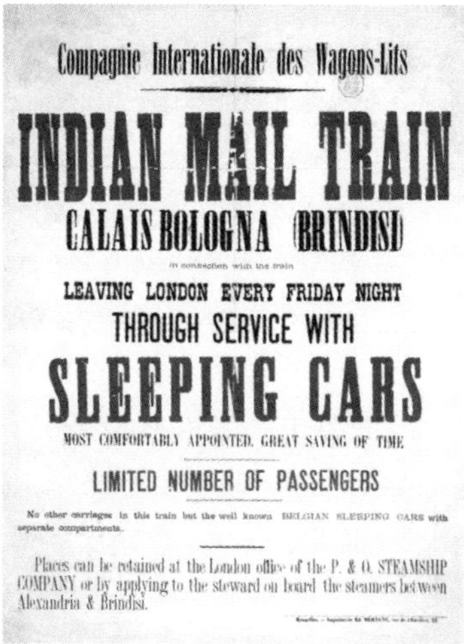

Georges' erste Annonce für den Postzug

Derweil kämpften Pullman und Georges im »Schlafwagenkrieg« mit heftigen Bandagen, der Preiswettbewerb wurde ruinöser und kostete beide Substanz. Deshalb bot Nagelmackers eine Fusion an. Schließlich waren die zwei Unternehmer die einzigen Anbieter von internationalen Schlafwagen in ganz Europa. Zusammen könnten sie ein Monopol aufbauen und die Preise bestimmen. Die Verhandlungen gestalteten sich anfangs konstruktiv, die neuzugründende Gesellschaft sollte den Namen »*Compagnie Internationale des Wagons-Lits et de Wagons-Salons*« führen. Starten wollten die beiden mit einem Stammsitz in Paris und einem Kapital von elf Millionen Francs.[204]

Pullman bestand darauf, die Waggons ausschließlich in Chicago bauen zu lassen, außerdem sollte die gemeinsame Firma ihren Hauptsitz in England haben. Beide Forderungen lehnte Georges ab. Vermutlich hatten ihn die Erfahrungen mit Colonel Mann bezüglich der Umwandlung in eine englische Firma vorsichtig werden lassen.

Pullman gelang es 1882, in Italien eine neue Verbindung zwischen Mailand und Venedig zu eröffnen, obwohl diese durch Verträge bereits Georges zugesprochen war. Der Amerikaner nützte seine vollen Kassen, um damit »gute Verbindungen« zu den italienischen Bahndirektoren und Verbindungsbeamten zu etablieren. Nagelmackers ließ sich nicht beirren, intervenierte beim zuständigen italienischen Minister und bekam Recht.[205]

Entnervt überließ Pullman daraufhin dem Konkurrenten Europa und zog sich nach Amerika zurück.

Endlich konnte Georges allein loslegen. Und wie!

Unabhängig vom Renditedenken eines Geschäftspartners konnte er nun seine Ideen verwirklichen. Die Obsession, mit der Georges das Qualitätsniveau seiner Waggons hob, führte zu einem Innovationsschub. Permanent überlegte Georges, wie er seine Waggons verbessern, die Mitarbeiter zu höherer Leistung motivieren und den Gesamtablauf optimieren konnte.

Der dreiachsige Schlafwagen Nr. 60 wurde auf der Expo 1878 ausgestellt

Von seiner Detailversessenheit zeugen unzählige Handbücher. Darin empfahl er seinen Schlafwagenschaffnern, Köchen, Kellnern, Kontrolleuren und dem Reinigungspersonal, wie der Dienst am besten abzulaufen habe.[206] Er entwarf das Geschirr selbst und ließ es in den besten Manufakturen Europas herstellen, von der Weinkaraffe bis zum Suppenteller. Sogar so einfache Dinge wie eine Trittleiter, um auf das Hochbett zu klettern, kreierte der gelernte Ingenieur persönlich; exakt ins Compartiment passend und mit einem raffinierten Klappmechanismus.[207]

Nagelmackers durfte sich nun freuen, von mehreren Regierungen geadelt zu werden: Einige europäische Ministerien übertrugen ihm die Beförderung von Poststücken in Expresszügen.[208] Ein zusätzliches Geschäft und frische Kontakte, die ihm halfen, 22 neue Verträge mit Bahnverwaltungen abzuschließen.[209] Er bediente nun 16 Verbindungen in Europa und verfügte 1876 über 53 Schlafwagen, die sechs bis zwanzig Reisende jede Nacht transportierten.[210]

Vom Erfolg beflügelt stellte Georges einen Antrag nach dem anderen, er kaufte Schlafwaggon um Schlafwaggon und verband

Paris mit Rom und Genf, Calais mit Bologna sowie Wien mit dem in Rumänien gelegenen Orşova, sodass er stolz war, um 1877 erstmals einen europäischen Gesamtfahrplan im Faltformat veröffentlichen zu können.[211]

Nicht alle, aber viele seiner Prognosen erfüllten sich. Die meisten Menschen nahmen seine Angebote begeistert an. Und endlich gelang es ihm, die *Compagnie Internationale des Wagons-Lits* zu einem profitablen Unternehmen zu machen. Der Jahresumsatz betrug 1876 bereits über 541 000 belgische Francs[212] – ein Erfolg, der Georges von seinem Vater eigentlich Anerkennung hätte einbringen sollen.

Doch es kam anders. Dem 57-jährigen Bankier passte es nicht, dass ausgerechnet jetzt sein Primus drohte, dem Ruf der Familie massiv zu schaden, wie er meinte. Edmond Nagelmackers hatte plötzlich neue Vorbehalte gegen seinen Sohn und brachte die ganze Familie gegen Georges auf. Der Grund: die neue Liebe von Georges!

17

Der Umweg

◆

> »Die Befindlichkeit des Menschen ist gekennzeichnet durch das Gefangensein inmitten unauflösbarer Spannungen.«
> — *Sören Kierkegaard*[213]

Privat überschlugen sich bei Georges die Ereignisse. Um 1877 hatte er die gutaussehende Sophie Françoise Marguerite Mermet kennengelernt. Eine lebenslustige, willensstarke Frau. Er verliebte sich in die drei Jahre jüngere, schwarzhaarige Genferin.

Schon bald darauf schenkte ihm Marguerite einen gesunden Sohn, der am 13. Juli 1878 in Paris das Licht der Welt erblickte. Die Eltern nannten ihn René Nagelmackers.[214]

Marguerite und Georges wollten heiraten, doch diese Absicht stellte das Paar vor eine unerwartete Herausforderung. Georges' Vater Edmond hatte einiges gegen die junge Schweizerin einzuwenden, wie schon bei Georges' erster großen Liebe, seiner Cousine Marie Joséphine.

Hatte der Vater seine Zustimmung bei Marie wegen des Verwandtschaftsgrades versagt, so fand er bei Marguerite Mermet andere Gründe. Edmond Nagelmackers ließ seine politischen Beziehungen spielen und erteilte einem belgischen Gesandten den Auftrag, Marguerite Mermet durch die Pariser Polizei observieren zu lassen – »streng vertraulich«, wie auf dem Polizeireport vom 8. April 1880 handschriftlich vermerkt wurde.[215]

Für einen zweiten ausführlichen Bericht der Pariser Polizeipräfektur wurden mehrere Hausmeister befragt. Der Polizist kam aufgrund der Zeugenaussagen zu dem Schluss, dass Marguerite Mermet neben ihrer Beziehung zu einem gewissen *Mr. Wright* in ihrer Wohnung mehrfach Herrenbesuch empfangen hatte.[216]

Auf jeden Fall wollte Georges' Vater die Geliebte seines Sohnes nach Lektüre dieser Berichte nicht mehr treffen.

Laut Geburtsurkunde stammte Marguerite Mermet aus bescheidenen Verhältnissen, sie war die Tochter zweier Hausangestellter.[217] Schlimmer noch: Marguerite war offiziell geschieden. Da sie dem römisch-katholischen Glauben angehörte, wäre somit eine kirchliche Hochzeit gar nicht möglich gewesen.[218] In gehobenen Kreisen galt die Ehe mit einer Geschiedenen als völlig inakzeptabel.

Kurzum, Marguerite entsprach nicht dem Bild einer standesgemäßen Schwiegertochter einer belgischen Bankiersfamilie.

Georges muss dies nicht nur geärgert, sondern auch beunruhigt haben. Denn sein Vater war immer noch mit viel Geld an der *Compagnie* beteiligt und hatte auf vielen Ebenen Einfluss; nahezu sein ganzes Leben kämpfte der Sohn damit, sich der subtilen Regie des Vaters zu entziehen.

Trotz des gemeinsamen Kindes zog es der 33-jährige Georges vor, erst einmal mit seiner Geliebten in wilder Ehe zu leben. Denn Marguerite Mermet verfügte über ein sehr bewegtes Vorleben, von dem Georges' Vater vermutlich erfahren hatte. Mit gerade mal siebzehneinhalb Jahren hatte Marguerite in Genf dem Schweizer Handelsgehilfen Paul Kohler das Jawort gegeben.[219]

Die noch nicht volljährige Frau gebar dem um elf Jahre älteren Mann zwei Kinder. Das erste, eine Tochter, starb bereits nach 13 Tagen.[220] Vom zweiten ist nur bekannt, dass sich der Vater Paul Kohler kurz nach der Geburt von Marguerite scheiden ließ.[221]

Höchstwahrscheinlich gegen Marguerites Willen, denn sie erschien nicht zum Scheidungstermin im Genfer Rathaus; die Trennung wurde trotzdem amtlich vollzogen.[222]

Kurz darauf heiratete Paul Kohler eine um dreizehn Jahre jüngere Frau.

Nur elf Monate nach der Scheidung und weniger als acht Monate nach der Hochzeit wurde Kohler erneut Vater, dieses Mal von Zwillingen. Marguerite muss das herzlose Vorgehen ihres Ex-Mannes tief getroffen haben, denn kurz nach der Scheidung ließ sie sich 1871 in Genf einen Pass ausstellen und kehrte der Schweiz den Rücken.[223]

Vom Schicksal gebeutelt entschied sie, nach Paris zu gehen. Sich in dieser Zeit als junge Frau allein auf eine Reise in ein fremdes Land zu begeben, erforderte enormen Mut. In Paris lernte Marguerite den um sechs Jahre älteren, englischen Buchmacher William Thomas Wright kennen und hatte eine Liaison mit ihm. Sie erlitt mehrere Fehlgeburten.[224]

Wright trieb sich auf der Pariser Trabrennbahn herum und versuchte, sein Geld mit Pferdewetten zu verdienen. Belegt ist: Er hatte mit Kollegen zusammen einen raffinierten Betrug organisiert. Dafür wurde Wright verurteilt und musste eine Strafe von 4 000 Francs bezahlen.[225]

Auch Georges Nagelmackers war ein guter Reiter, er besaß zeitweise Pferde, die auch einige Rennen gewonnen hatten.[226] Ab 1877 muss Georges oft die Rennbahn besucht haben, wo er hoffte, weitere Geldgeber für seine *Compagnie* zu finden. Nicht jeder durfte die Trabrennbahn betreten, sie war einer bestimmten Oberschicht vorbehalten; viele Bankleute und Investoren ließen sich auf der Tribüne blicken, stets in feiner Garderobe.

Georges könnte bei solch einem Besuch Marguerite Mermet kennengelernt haben, die sich gerade von dem verurteilten Betrü-

Beim Ausflug in Paris: Marguerite und Georges am Bois de Boulogne

ger Thomas Wright getrennt hatte. Wahrscheinlich beeindruckte Georges nicht nur ihr Aussehen, sondern auch, dass sich Marguerite trotz harter Schicksalsschläge allein nach Paris durchgeschlagen hatte und ihren Weg konsequent gegangen war.

Die Abneigung der Familie Nagelmackers gegen die neue Liebe von Georges verstärkte sich, als der Vater erfuhr, dass Marguerite gerne auf großem Fuß lebte und vier Monate im Jahr in Nizza verbrachte.[227] Dort organisierte sie Feste, die Georges helfen sollten, neue Investoren für seine expandierende Firma zu finden.

Die Vorbehalte des Vaters gegen die geschiedene Schweizerin waren wohl der Hauptgrund, warum Georges sich entschlossen hatte, nahezu zehn Jahre in wilder Ehe zu leben und mit der Hochzeit zu warten. Er ließ sich Zeit, bis sein Sohn René den neunten Geburtstag feierte. Im katholischen Lüttich wäre die Vermählung mit der geschiedenen Marguerite ein Skandal geworden und hätte die Familie Nagelmackers gespalten. Um sein Ziel dennoch zu erreichen und möglichst wenig verbrannte Erde zu hinterlassen, wählte Georges statt einer opulenten Hochzeit in Belgien eine Trauung in kleinem Rahmen in London, wie die Eintragungen vom Sommer 1887 im englischen Heiratsregister belegen.[228]

Diese Vorgehensweise zeigt eine Strategie, die Georges oftmals wählte: Nicht nur beruflich entschied er sich bei kaum lösbaren Dilemmata für den Umweg – geografisch, diplomatisch und menschlich. Am Ende konnte er mit dieser Strategie seine Ziele zumeist erreichen.

Dass Georges seine Marguerite wirklich innig geliebt hat, bestätigt auch das über ein Jahrzehnt später verfasste Testament: darin überschreibt er Marguerite zusammen mit seinem Sohn René nicht nur sein gesamtes Erbe, sondern er bezeichnet sie gegenüber dem Notar als »meine geliebte Frau Marguerite«.[229]

Obwohl Marguerite einen steinigen Lebensweg hinter sich hatte, muss sie eine großherzige Frau gewesen sein, denn ab 1877 und viele Jahre danach spendete sie generös Geld an die Hungerhilfen für Armenien, die Mandschurei, China und andere Länder, wie in den Eintragungen des Registers der Katholischen Mission zu lesen ist.[230]

In all den folgenden Ehejahren nahm Georges seine Frau oft mit zu großen Firmenfesten, auch auf Reisen begleitete ihn die selbstbewusste Marguerite regelmäßig.[231] Ihre Anwesenheit und ihre Nähe schienen ihm wichtig zu sein.

Auch ist davon auszugehen, dass Georges ziemlich stolz war auf seinen einzigen Sohn René. Der Knabe entwickelte sich prächtig, arbeitete bereits als Jugendlicher in der *Compagnie* mit und übernahm nach dem Ableben von Georges einen Direktionsposten.

18

Speisen auf Reisen

◆

»Dort war alles Glanz, Bewegung, Luxus,
Sinnenwärme und Heiterkeit, und das
ganze Leben des Zuges schien sich nun auf
diesem Raum konzentriert zu haben.«
— *Thomas Wolfe, amerikanischer Schriftsteller*[232]

Bisher hatte Georges nur Schlafwagen an Züge anderer Gesellschaften angehängt. Nun aber trieb ihn eine neue Idee um: *Zu zweit in feiner Garderobe in einem noblen Restaurant auf weich gepolsterten Lederstühlen zu sitzen und exklusiven Wein sowie beste Küche in sechs Gängen zu genießen. Dieses außergewöhnliche Restaurant sollte sich bewegen. Von einem Ende Europas zum anderen.*

Eine solche Vorstellung dürften die Menschen im Jahr 1880 nur mit einem ungläubigen Kopfschütteln quittiert haben. Wie sollte sich ein Luxus-Restaurant durch die Landschaft bewegen?

Auch die Mitglieder des Aufsichtsrats der *Compagnie* reagierten skeptisch: Die meisten Fahrgäste von Personen- und Expresszügen brachten Reiseproviant und Getränke selbst mit. Warum sollten sie plötzlich viel Geld dafür ausgeben?

Trotzdem mietete Georges von der Berlin-Anhaltischen Eisenbahn einen Personen- und einen Gepäckwaggon. Im ersten ließ er Tische und Stühle aufstellen, im zweiten baute er eine Küche ein. Die Kellner mussten mit Tellern samt Speisen während der Fahrt über eine offene Plattform von einem Waggon zum nächs-

Plötzlich in Mode: »Mittagsbrot im Restaurationswagen« in *Daheim* Nr. 50, 1880

ten balancieren. Bei jedem Wetter. Die Waggons verkehrten zwischen Berlin und Bebra im Nordosten von Hessen.

Schon nach drei Monaten hatten über 7 000 Fahrgäste in den Waggons gespeist.[233] Ein fulminanter Erfolg, sodass Georges 1881 bei der Münchner Waggonfabrik Joseph Rathgeber den ersten Speisewagen Europas mit der Nummer 107 beauftragte – einen 24 Tonnen schweren Dreiachser, in dem 24 Gäste Platz fanden und in dem sich in der Wagenmitte die Küche befand. Auf der einen

Seite gab es den Gastraum für Nichtraucher und Damen, auf der anderen für Raucher und Herren.[234]

Erst wurde auf einem Kohleofen gekocht, später auf einem dreiflammigen Herd, den man »Le Piano« nannte. Auf diesem komponierte der *Maître de cuisine* die Mahlzeiten.[235] Die Logistik in der nur vier Quadratmeter großen Küche war komplex, die Ausmaße geradezu »mikroskopisch«.[236] Der Koch musste genau wissen, was um ihn herum passierte, die Kellner sollten im Auge behalten, wann das Essen fertig wurde und serviert werden durfte. Das vierköpfige Team leistete bei sechs Gängen und 24 Gästen Präzisionsarbeit.[237] Das Küchengeschirr war so sicher befestigt, dass es selbst durch das stärkste Schütteln des Waggons nicht aus seiner Lage gebracht wurde.[238]

Nagelmackers versuchte, immer die besten Köche zu engagieren.[239] Die Mahlzeiten waren oft so exzellent, dass manche Gäste nur zustiegen, um die Feinheiten der Küche zu genießen und Nagelmackers' ausgezeichnete Weine zu verkosten. Und den Zug im nächsten Bahnhof bereits wieder verließen.[240]

Der Waggon Nummer 107 ging als erster europäischer Speisewagen in die Geschichte ein und verkehrte bereits am 10. und 14. Oktober 1882 zwischen Paris und Wien.[241]

Der enorme Zuspruch ermutigte Georges. Vor allem erkannte er die Gunst der Stunde, denn die Politiker mussten nach Jahren des Hinausschiebens ein Ergebnis des Berliner Kongresses von 1878 endlich umsetzen: Im Abschlussprotokoll hatten sich die Balkanstaaten zum Ausbau der Bahnstrecken und zur Einführung einer durchgehenden Verbindung von Wien nach Konstantinopel verpflichtet.

Dafür änderte Georges 1883 erneut den Firmennamen: *Compagnie Internationale des Wagons-Lits et des Grands Express Européens.*[242]

Georges verfügte mittlerweile über 180 Waggons, die er an

Einer der ersten Speisewagen der CIWL von der Firma Rathgeber, 1883

viele Züge quer durch Europa ankuppeln ließ.[243] Nun wollte er jenes Projekt in Angriff nehmen, das ihm am meisten am Herzen lag. Eine Idee, von der ihm nicht nur sein Vater abgeraten hatte: Einen eigenen, vollständigen Zug. Dieser sollte Morgen- und Abendland verbinden. Von Paris nach Konstantinopel. Der *Train Express d'Orient*!

19

Eine Revolution: Paris–Konstantinopel

◆

»Die meisten Menschen versäumen die beste Chance, weil sie im Overall kommt und nach Arbeit aussieht.«
— *Thomas A. Edison*[244]

Georges wusste, dass Baron Maurice de Hirsch seit über vierzehn Jahren an einer »Orient-Bahn« arbeitete. Der bayerische Adelige stammte aus einer jüdischen Bankiersfamilie, er hatte viel Geld in das Projekt investiert und verfügte über gute politische Beziehungen. Am 17. April 1869 hatte er mit dem osmanischen Sultan eine Vereinbarung unterzeichnet, die ihm ermöglichte, die erste Eisenbahnlinie nach Konstantinopel zu bauen.

Doch Georges hatte auch von den enormen Problemen erfahren. Das Unternehmen, von Wien aus über Belgrad und Sofia bis nach Konstantinopel Schienen zu legen, kam trotz des außergewöhnlich hohen finanziellen Einsatzes kaum voran. Zwar betrieb die *Compagnie des Chemins de fer Orientaux* von Baron Hirsch bereits Teilstrecken, doch es fehlten auch 1883 noch erhebliche Abschnitte. Das lag an politischen Schwierigkeiten, aber auch an der Umsetzung vor Ort, denn Baron Hirsch musste sich mit Politikern und Regionalfürsten sowie vielen Grundbesitzern einigen. Die Kommunikation gestaltete sich schwierig, die kulturellen Unterschiede waren gravierend.

Auch Georges' Vater Edmond und der Aufsichtsrat der neuen *Compagnie Internationale des Wagons-Lits* hatten große Bedenken gegen die neue Bahnverbindung in den Orient. Zu befürchten war, dass die Fertigstellung der Strecke von Baron Hirsch über Serbien und Bulgarien noch mehrere Jahre dauern würde.

Wie es Georges' Art war, suchte er einen Umweg. Für seinen neuen Zug wäre eine Verbindung ab Wien weiter über Budapest und Bukarest bis nach Varna in Bulgarien möglich. Doch von dort existierte kein durchgehender Schienenstrang nach Konstantinopel. Es fehlten über 500 Kilometer. Einen Weitertransport ab dem rumänischen Giurgiu mit Postkutschen wollte er seinen anspruchsvollen Fahrgästen nicht zumuten. So musste er eine andere Lösung finden.

Für die Umsetzung seines neuen Ziels engagierte Georges einen Mann, von dem er wusste, dass er im Orient bereits über weitreichende Erfahrungen verfügte: Albert Lechat. Mit dem Belgier war Georges seit seinem Studium in Lüttich befreundet. Während Georges nach Amerika gegangen war, folgte Lechat dem Ruf von Baron Hirsch. Mehrere Jahre hatte Lechat als einer der führenden Köpfe das Projekt der Orient-Bahn betreut. Vor allem am Balkan. Georges fand in seinem ehemaligen Studienkollegen einen erfahrenen Verhandler, der ihn nun tatkräftig unterstützte.[245]

Indes hatten andere Gesellschaften bereits Schlafwagen in Betrieb genommen, doch bisher hatte es keine gewagt, einen Zug über acht Grenzen hinweg verkehren zu lassen. Dies galt technisch und politisch als nicht durchsetzbar. Georges war bewusst, dass seine Vision nicht nur eine technische Revolution darstellte, sie war auch eine politische.[246] Denn er musste Verträge mit folgenden Gesellschaften abschließen:

- Der Direktion der französischen Ostbahn zu Paris;
- der Kaiserlichen Generaldirektion der Eisenbahnen in Elsaß-Lothringen zu Straßburg;
- der Generaldirektion der Königlich württembergischen Staatseisenbahnen zu Stuttgart;
- der Generaldirektion der Königlich bayerischen Staatseisenbahnen zu München;
- der K. K. Generaldirektion der österreichischen Staatsbahnen zu Wien;
- der Direktion des österreichischen Netzes der privilegierten österreichisch-ungarischen Staatseisenbahn-Gesellschaft zu Wien;
- der Direktion des ungarischen Netzes der privilegierten österreichisch-ungarischen Staatseisenbahn zu Budapest;
- und mit der Generaldirektion der Königlichen rumänischen Staatseisenbahn zu Bukarest.[247]

All diese Bahnverwaltungen strebten an, ihre Schienennetze permanent zu vergrößern. Es mussten Berge und Schluchten überwunden, Sümpfe trockengelegt und neue Brücken gebaut werden. Oft kämpften die Direktoren jahrelang um Finanzierungen und es galt als Herausforderung, kompetente Ingenieure und eine ausreichende Zahl an Bauarbeitern zu akquirieren.

Umso mehr waren die Verantwortlichen stolz auf ihre Gleisanlagen und es schien ihnen nahezu unerträglich, einer fremden *Compagnie* den Zutritt zu ihrem hart erarbeiteten Heiligtum zu gewähren.

Nicht nur deshalb stellten die Bahngesellschaften kaum erfüllbare Forderungen an Georges. So verlangten die Franzosen Druckluftbremsen, die Deutschen Handbremsen und die Österreicher ab dem Grenzbahnhof Simbach Vakuumbremsen.[248]

Georges löste das Problem salomonisch; er ließ alle drei Bremssysteme in seine Waggons einbauen. Technisch war der Streitfall damit erledigt, die Kosten schlugen jedoch zu Buche. Noch grotesker war das Verlangen der Bahnunternehmen, dass der Schaffner in der Region, durch die der Orient-Express gerade fuhr, jeweils die Uniform der lokalen Bahnverwaltung zu tragen habe. Zwischen Straßburg und Kehl einen schwarzen Waffenrock und eine Mütze mit roter Biese, in Württemberg einen grünen Waffenrock und eine grüne Mütze und in Bayern mussten Rock und Kleidung hellblau sein.[249]

Viele Bahnverwaltungen bestanden zusätzlich auf einer beträchtlichen Anzahl an Freifahrten für ihre leitenden Mitarbeiter.[250] Manchmal zweifelte Georges, ob er alle Forderungen erfüllen können würde, deren Details sich oft gegenseitig im Wege standen. Er hatte nur noch wenige Monate bis zur geplanten Jungfernfahrt im Mai 1883.

Die immer höheren Ansprüche ärgerten Georges: Warum musste er sich in allen Belangen anpassen und nicht umgekehrt? Die meisten Bahnverwaltungen konnten doch froh sein, dass er seine komfortablen Waggons auf ihren Strecken einsetzte und anspruchsvolle Fahrgäste nicht mehr durchgeschüttelt wurden und auf harten Holzbänken mit beschlagenen Scheiben in stickigen Abteilen froren; in Abteilen, die sich anfühlten wie mobile Gefängniszellen![251] Warum also all diese Schikanen?

Darüber hinaus musste Georges ein weiteres Problem bewältigen: Der Orient-Express würde von Paris bis Konstantinopel durch acht verschiedene Zeitzonen fahren, drei davon allein in Deutschland.[252] Bei manchen Bahnlinien richteten sich die Fahrpläne nach der Sonnenzeit, die von Stadt zu Stadt unterschiedlich war. Reine Willkür. Wie sollte Nagelmackers für den Orient-Express einen verlässlichen, länderübergreifenden Fahrplan komponieren?

Seit Jahren wurde eine internationale Meridiankonferenz gefordert, doch eine Lösung schien 1883 nicht in Sicht.

Erst am 13. Oktober 1884 einigten sich 26 Nationen in Washington D.C., den Längengrad von Greenwich zum weltweiten Nullmeridian zu erklären. Dieser sollte durch das Fadenkreuz des Meridianfernrohrs in Greenwich laufen. Auch die darauf beruhenden Zeitzonen und eine Weltstandardzeit wurden in der Abschlussresolution am 22. Oktober unterzeichnet.

Allein Frankreich enthielt sich der Stimme, denn die Franzosen beharrten bis 1911 auf dem Meridian ihres Pariser Observatoriums. Sogar nach 1911 erkannten sie Greenwich nicht an, sondern sprachen stattdessen von »Mittlerer Zeit von Paris, verspätet um neun Minuten und einundzwanzig Sekunden.«

Erst mit der Weltstandardzeit konnte Nagelmackers ab Herbst 1884 einen internationalen Fahrplan verbindlich festlegen und auf Plakate drucken lassen. Wie aber sollte er jetzt das Problem lösen und für alle Länder, die sein Zug durchfuhr, gültige Fahrpläne erstellen?

20

Alles oder nichts

◆

»Große Abenteuer bestehen aus
kleinen Einzelheiten.«
— *Jean des Cars*[253]

In knapp einem halben Jahr gelang Georges ein diplomatisches Meisterwerk.[254] Er konnte sämtliche Forderungen aller neun Bahngesellschaften erfüllen und verbindliche Fahrpläne komponieren. So etwas hatte vor ihm niemand zustande gebracht.[255]

Am 2. Mai 1883 sollte der erste Orient-Express vom Pariser Gare de l'Est abfahren.[256] Georges hatte die Premiere überall angekündigt und über zwanzig internationale Journalisten zur Jungfernfahrt eingeladen.

Fünf Tage vor der Abfahrt hatte seine Frau Marguerite einige Freunde zu einem Sommerfest gebeten. Als er das Haus betrat, erzählte Marguerite mit irritierter Miene, dass ein stämmiger Kerl im ölverschmierten Overall nach Georges gefragt habe. Der Mann habe ihr nicht sagen wollen warum, sondern stattdessen versprochen wiederzukommen.

Georges wunderte sich: Was wollte sein Mechaniker an einem Samstag um 19 Uhr privat von ihm? Die Nachricht machte ihn unruhig. Gravierendes musste passiert sein.

Georges überlegte, den Mechaniker zu suchen, doch Marguerite zog ihn in den Salon. Denn heute erfüllte Georges seiner Frau einen langgehegten Wunsch. Der Nachbar spielte mit seinem Kammerorchester auf, die Familie hatte das Wohnzimmer zum Tanzen freigeräumt und ein Koch bereitete ein opulentes Mahl.

Im schwarzen Frack saß Georges neben Marguerite am Kopf der Tafel. Seine Frau trug ein weinrotes Samtkleid und hatte ihr langes schwarzes Haar zu einem Dutt hochgebunden. Ihr blasser Teint und ihre roten Lippen gaben ihrem fein geschnittenen Gesicht etwas Anmutiges.

Er wusste, wie wichtig ihr das Fest war. Sie wollte ihren Freunden zeigen, dass ihr Mann nicht nur seinen Zügen hinterherjagte. Paris, Wien, Ostende – er war nicht da, wenn ihr fünfjähriger Sohn René krank wurde,[257] wenn es Geburtstage zu feiern gab oder wenn ihre Freundinnen sie zum Essen einluden und mit ihren Männern prahlten. Er wusste das.

Ein Mann setzte sich ans Klavier und begann zu spielen. Geige, Bratsche und Cello setzten ein. Marguerite sah Georges erwartungsvoll an, sie liebte es zu tanzen. Wiener Walzer.

Georges zog sie auf das Parkett und drängte sich zwischen die anderen Gäste. Die Männer aus der Nachbarschaft hatten Tanzkurse belegt und brillierten mit einstudierten Walzerfiguren. Georges jedoch hatte keine Tanzkurse besucht, dafür war er zu selten in der Stadt. Er beherrschte nur wenige Schrittfolgen, die aber baute er aus, drehte und wendete Marguerite, hob ihren Arm, wirbelte sie im Kreis, riss sein Bein hoch, als wäre es ein Cancan, dirigierte sie in eine Walzer-Schrittfolge und wechselte zu einem Polka-Sprung.

Marguerite musste lachen, denn Georges demonstrierte seine selbstgestrickten Variationen mit einer Souveränität, als wüsste er als Einziger, wie man den *richtigen* Walzer zu tanzen hatte.

Plötzlich stand der Mechaniker im ölverschmierten Overall in der Tür. Marguerites Gesicht verfinsterte sich. Sofort schritt

René, der einzige Sohn von Marguerite und Georges, mit dem Hund des Hauses

Georges auf den Mann zu, der ihm etwas ins Ohr flüsterte. Mit einem entschuldigenden Lächeln drehte sich Georges zu seiner Frau: Bin gleich wieder da.

Obwohl Georges wusste, dass René eine Schattenspiel-Szene einstudiert hatte. Er sah auf die Uhr, es war Viertel nach acht. Um neun wollte René mit dem Schauspiel beginnen.

Georges hoffte, bis zum Beginn der Aufführung zurück zu sein. Er küsste Marguerite auf die Stirn und folgte dem Mechaniker.

Es begann zu regnen. Die Straßen von Paris verwandelten sich in rutschiges Kopfsteinpflaster. Die Kutsche hielt an der Remise neben einem kleinen Vorstadtbahnhof.

Noch immer war Georges nicht klar, warum der Mechaniker ihn vom Fest geholt hatte. Der Mann erzählte von einem schwerwiegenden Problem, doch der Chefmechaniker habe ihm verboten, Genaueres zu berichten.

Neben der Remise, an der kleinen Bahnstation, hielt soeben ein Personenzug. In den unbeleuchteten Waggons saßen Menschen eng zusammengepfercht auf Holzbrettern, einige hatten lebendes Geflügel, andere Fisch und Gemüse dabei, der Wind wehte Richtung Georges, er konnte die Ausdünstungen von Mensch und Tier wahrnehmen. Rüde beschimpfte der Schaffner die Fahrgäste, weil sie zu langsam ausstiegen, drängelten oder zu viel Gepäck dabei hatten. In völliger Dunkelheit setzte sich der Zug erneut in Bewegung.

Georges wunderte sich oft, warum nicht mehr Diebe die unbeleuchteten Waggons nutzten. Vielleicht sahen die Geschädigten es längst als sinnlos an, jedes Mal zur Polizei zu laufen.

Indes näherte sich Georges einem großen Backsteingebäude. In der Dunkelheit musste er darauf achten, nicht über Achslager, Radsätze oder Holzbalken zu stolpern, die vom geschäftigen Treiben der letzten Tage zeugten.

Er klopfte an die Holztür der Remise. Mit einer Öllaterne in der Hand öffnete der Mechaniker. Georges betrachtete das besorgte, faltige Gesicht des alten Mannes. Der Chefmechaniker hatte in den letzten Wochen jeden Tag zwölf Stunden in dieser Baracke zugebracht, in der es nach Schmieröl und Sägemehl roch, er hatte die finale Bereitstellung und die Instandhaltung der Schlafwagen und des neuen Restaurantwaggons beaufsichtigt und die zuliefernden Firmen kontrolliert.

Der Chefmechaniker führte Georges zu dem Restaurantwaggon, zeigte auf den mit Teak verkleideten Wagenkasten. Georges hatte auf dem exotischen Holz aus Indien bestanden, da es Klimaschwankungen besonders gut standhielt. Sie kletterten auf die nur mit Gittern gesicherte offene Plattform, dank der die Reisenden erstmalig während der Fahrt von einem Waggon zum anderen wechseln konnten.[258] Georges fragte nach dem Problem.

Statt zu antworten, führte der Chefmechaniker durch den Wagen. Die Ausstattung war vom Feinsten: Die Wände mit Gobelins tapeziert, die Vorhänge aus Genfer Velours, Georges hatte sie in einem Pariser Atelier in Auftrag gegeben. Die gesamte Inneneinrichtung, das Geschirr, ja sogar die Tischtücher hatte Georges nach seinen Entwürfen in den besten Manufakturen produzieren lassen, die Waggons selbst in der Rathgeber'schen Werkstätte in München.[259] Bei der kunstvollen Gestaltung der Hutablagen und der Türknäufe schienen die Handwerker alles zuvor Produzierte übertroffen zu haben, so wie Georges es gewünscht hatte.[260]

Zwei in den Boden eingelassene Reservegasbehälter zu je 950 Litern versorgten die Gaskronleuchter und illuminierten so ab Einbruch der Dunkelheit das rollende Restaurant.

Stolz versicherte der Chefmechaniker, er habe die Leuchter bereits geprüft und sei auf eine Brenndauer von über 26 Stunden gekommen.

Georges sah auf die Uhr und erkundigte sich erneut nach dem Problem. Er wusste, dass er seinem besten Techniker nun etwas Zeit geben musste, die Arbeiten der letzten Tage vorzuführen, bevor er eine Niederlage ansprach. Der Mann war klug, ehrgeizig und sensibel. Er wies auf die eben eingetroffenen, mit Cordoba-Leder bezogenen Stühle. Und auf das bereits funktionierende Heizungssystem. Es sei tatsächlich in jedem Abteil regulierbar.

Die beiden stiegen vom Wagenkasten.

»Das Problem?«, insistierte Georges.

Der Chefmechaniker hielt die flackernde Öllampe unter das Drehgestell am Waggonausstieg. Die neuen Wagen waren fast doppelt so lang wie die dreiachsigen, deshalb hatten die Mechaniker erstmals je zwei Achsen auf ein rundes Drehgestell montiert, dass sich in den Kurven mitdrehte und so den langen Wagen schnellere Kurvenfahrten ermöglichte. Georges war der Erste, der diese Konstruktion mit deutlich höherer Laufruhe in Kontinentaleuropa einführte – eine zentrale Neuerung für den Orient-Express. Zusätzlich hatte er in der Auflagerung des Wagenkastens 20 Stahlfedern einbauen lassen.[261] Insbesondere über dem Drehgestell befand sich ein Blattfederpaket, das Schienenunebenheiten milderte. Und sich jetzt durchbog. Zu stark durchbog!

Georges erkannte es auf den ersten Blick. Das Gesamtgewicht des Wagenkastens war zu groß geworden, die Federn zu schwach dimensioniert. Sie mussten durch stärkere ersetzt werden. Maßanfertigungen! Die Mechaniker würden den Wagenkasten neuerlich von den Drehgestellen heben müssen, um die Blattfedern auszutauschen. Ein gigantisches Unterfangen.

»Wie lange?«

»Zwei, drei Wochen.«

Für Georges brach eine Welt zusammen.

Er trat rasch aus der Remise hinaus, der Geruch von Schmieröl und Sägespänen war ihm jetzt plötzlich zuwider.

Schweigend folgte ihm der Mechaniker zur Kutsche, die neben dem kleinen Bahnsteig wartete. Auch dort hing eines seiner Plakate. Auf allen waren die neuen, vierachsigen Wagen abgebildet, das Herzstück seines Projekts. *Modern, komfortabel und so schnell wie nie zuvor in den Orient.* Unmöglich, mit den alten, dreiachsigen Waggons dieses Gefühl zu vermitteln!

In Europa würde er so schnell keine vierachsigen Ersatzwaggons auftreiben können. Der Chefmechaniker meinte, man könne die Reparatur mit Eilboten und Nachtschichten vielleicht in zehn Tagen schaffen. Auch das war zu spät, Georges hatte die Premierenfahrt für Freitag der kommenden Woche angekündigt, die Einladungen an die Journalisten und die Verkehrsminister waren längst versandt. Während Georges mit dem Chefmechaniker redete, sah er auf die Uhr. Es war neun, er musste zurück zu seinen Gästen.

Marguerite stand am Fenster. Georges kannte diesen Gesichtsausdruck: schmale Lippen, zerrauftes Haar, entrückter Blick. Sie sah aus, als hätte sie eben vom Tod eines geliebten Freundes erfahren.

Die Gäste applaudierten, René kroch hinter den Scherenschnitten hervor und verbeugte sich. Seine Frau umarmte den Jungen, er lächelte stolz.

Georges musste an seine eigene Kindheit denken. Für Theater und Spiele hatten seine Eltern nichts übrig. Sein Vater hatte ihn lieber motiviert, Mathematik zu pauken. Wenn Georges die väterliche Enge nicht mehr ertrug, rannte er heimlich zum Bahnhof. Als kleiner Junge beneidete er Lokführer und Reisende: Eben noch standen sie auf dem Bahnsteig in der Provinz und morgen schon besuchten sie ein Café in einer großen Stadt.

Georges gratulierte seinem Sohn und entschuldigte sich, dass er nicht die ganze Aufführung gesehen hatte. Aufmunternd lächelte er René zu – und doch war ihm zum Heulen. Was sollte er tun? Die Premierenfahrt absagen, die Plakate abhängen, die Ehrengäste und Pressevertreter ausladen und damit zugeben, dass er mit seinem größten Projekt gescheitert war?

Das Kammerquartett spielte Johann Strauß, die Gäste tanzten.

Georges machte einen Schritt hinaus auf die Avenue d'Eylau 79,[262] setzte sich auf einen Randstein und starrte in den bewölkten Himmel. Er musste sich entscheiden: Die Eröffnungsfahrt abzusagen wäre eine Blamage. Vor der Presse, den Verkehrsministern, seiner Familie, und auch vor seinem Vater.

Die Fahrt mit den alten dreiachsigen Waggons riskieren? Sie waren schlecht gefedert und noch schlechter beleuchtet. Er hatte die Presse neugierig auf die Vierachser gemacht, hatte von der »neuen Art des Reisens« geschwärmt.[263] Die Journalisten würden sein Projekt dem Spott preisgeben und damit Aktionäre und solvente Kunden abschrecken. Jene Kunden, auf die er angewiesen war. Niemand wäre bereit, das Jahreseinkommen eines Handwerkers für eine Holperfahrt quer durch Europa auszugeben. Georges hatte alle seine Reserven in das Projekt des *Trains Express d'Orient* investiert und nun, Ende April1883, eine Woche vor der Premiere, wusste er nicht weiter.

21

Der König der Züge

◆

»Vierzig Arme von der einen Seite strecken sich hundert Händen von der anderen entgegen.«
— Henri Stephan Opper de Blowitz[264]
über die Abfahrt des Orient-Express

Fünf Monate später, am Abend des 4. Oktober 1883, hatte Georges es endgültig geschafft. Sein neuer Zug stand auf dem Gare de l'Est bereit.[265]

Bereits fünf Stunden vor der geplanten Abfahrt strich Georges seinem Sohn René liebevoll über das Haar und verabschiedete sich.

Obwohl Marguerite es gewohnt war, dass Georges sich oft auf Reisen befand, mochte sie Abschiede nicht. Dieses Mal sorgte sie sich besonders, weil Georges weiter fahren und länger unterwegs sein würde als sonst. Wenn er nach Brüssel, Wien oder Zürich reiste, kannte sie die Strecken, die Bahnhöfe, die Hotels. Vom Orient wusste sie wenig. Marguerite hatte das Gefühl, Georges verreiste an einen unbekannten Ort, in eine andere Welt und zu Menschen, die vielleicht anders dachten als sie. Ganz anders. Und dieses Gefühl verunsicherte sie.

Marguerite lehnte ihren Kopf an seine Schulter. Hin- und hergerissen entschuldigte er sich; er wollte ein paar Stunden vor Abfahrt am Bahnhof sein, um noch alle Details kontrollieren zu können. Marguerite fiel es schwer, seine Hand loszulassen.

Der Bau des Suezkanals hatte zehn Jahre in Anspruch genommen. Georges Nagelmackers' Projekt dauerte von der Niederschrift seines ersten Geschäftsplans in Lüttich bis zur Verwirklichung des Orient-Express nahezu dreizehn Jahre.

Auf die fünf Monate von Mai bis Oktober war es ihm jetzt auch nicht mehr angekommen; deshalb hatte Georges im Mai in aller Eile einen improvisierten Zug mit Dreiachsern zusammengestellt, die Journalisten wieder ausgeladen und die ersten Fahrten ab 5. Juni als »Versuchsfahrten« bezeichnet.[266]

Diese erste Fahrt des »Train d'Essay« verlief allerdings problematisch. Von den in Paris eingestiegenen 32 Fahrgästen verließen bereits 21 am Wiener Westbahnhof vorzeitig die Waggons, nur elf hatten den Mut, bis Konstantinopel zu reisen.[267]

Für viele europäische Fahrgäste hatte der Orient zwar einen magischen Klang, doch bei den meisten löste der Gedanke Angst aus. In der Tat hatte man in den letzten Jahren in den Zeitungen immer wieder von Überfällen in Zügen gelesen, die Richtung Balkan unterwegs gewesen waren. Sogar Expresszüge wurden an Stationen von Banden an der Weiterfahrt gehindert, Passagiere ausgeraubt oder gar als Geiseln genommen, um Lösegeld zu erpressen.

Georges hatte deshalb alle Fahrgäste gebeten, bei der Jungfernfahrt ihre Pistolen mitzunehmen. Pässe waren nicht von Bedeutung, Georges hatte mit den zu durchfahrenden Staaten vereinbaren können, dass seine Passagiere an den Grenzen nicht kontrolliert wurden.

Doch für die Sicherheit ab Wien wollte niemand die Verantwortung übernehmen. Vorsorglich hatte der Perfektionist Nagelmackers seinen Arzt Dr. Harzé aus Lüttich gebeten, sich mit auf die Premierenfahrt zu begeben.[268]

Die warme Herbstsonne schien Georges ins Gesicht, als er

durch das 10. Arrondissement auf den Gare de l'Est zuging, der wie ein pulsierendes Herz im Zentrum des Bezirks lag. Unentwegt war das Pfeifen von Lokomotiven zu hören. Reisende kamen und gingen. Rangierer, Kohleträger und Bauarbeiter versahen ihren Dienst. Über allem schwebte ein schwarzer Dunst, der aus den Schornsteinen der Lokomotiven quoll. Ladenbesitzer reinigten mit nassen Tüchern ihre Auslagenscheiben, um sie vom Kohlestaub zu befreien.

Georges betrat einen Kiosk und kaufte sich die wichtigsten Tageszeitungen. Seine Augen überflogen die Seiten auf der Suche nach Meldungen über den Orient-Express. Was nützten ihm komfortable Waggons und internationale Durchfahrtgenehmigungen, wenn nicht genug Menschen Fahrkarten buchten, weil sie von der »neuen Art des Reisens« nichts erfahren hatten? Denn die Fahrt mit dem Orient-Express war teuer, ein Normalverdiener konnte sich die Reise kaum leisten. Doch es gab immer mehr Geschäftsleute, Industrielle und Politiker, die unbequeme Postkutschen mieden. Georges wollte gezielt diese Klientel ansprechen. Für seinen wöchentlichen Zug nach Konstantinopel bedurfte es nur 30 bis 40 Fahrgästen, die er – so seine Hoffnung – in einer Millionenstadt wie Paris wohl finden würde. Insbesondere, da er einen Anschlusszug nach London anbot, denn die Briten hatten schon mit dem *Indian Mail* gute Erfahrungen gemacht. Wochenlang hatte Georges die Werbetrommel gerührt und darauf hingewirkt, dass über seinen neuen Zug in Paris, München, Wien und Konstantinopel berichtet wurde.[269]

Die Presse kündigte ein »Luxusschiff zu Land« an, ein »Grandhotel auf Rädern«; eine andere Zeitung titelte: »Mit dem fliegenden Teppich in den Orient«.[270]

Die Meldungen führten dazu, dass viele Pariser zum Bahnhof kamen, um den neuen Zug wenigstens zu sehen, wenn sie sich

Der Orient-Express startete 1883 in Paris am vielfrequentierten Gare de l'Est

schon keine Fahrkarte leisten konnten. Georges marschierte durch die Empfangshalle auf die sechs Gleise zu. Schon von Weitem hörte er das Atmen der Dampflok. Der zweite Bahnsteig schien eine besondere Anziehungskraft auszuüben, denn viele Neugierige sammelten sich vor seinen neuen Waggons.

Während Georges näherkam, bemerkte er, wie seine livrierten Schaffner in braunen Uniformen die Schaulustigen zurückdrängten, um die ersten Fahrgäste zu begrüßen. Es waren Männer in modisch geschnittenen Mänteln mit hohen, gebürsteten Hüten, manche hatten Diener dabei, die schwere Lederkoffer schleppten.

Napoléon Schroeder und Albert Lechat empfingen die Gäste und führten sie zu den bereitstehenden Waggons. In breiten Goldlettern glänzte auf dem Teakholz »Orient-Express«, darüber der türkische Halbmond auf rotem Grund. Der Zug bestand aus drei neuen Vierachsern, strahlend schön wie Diven auf Schienen. Die beiden Schlafwagen verfügten über je 20 Betten, aufgeteilt in drei Vier- und vier Doppelbett-Compartiments,[271] mit einem Raum für die Warmwasserheizung und einem Gang mit Klappsitzen.[272] An beiden Enden befanden sich jeweils eine Toilette und ein Waschraum vom Feinsten.

In der Mitte des Zuges stand ein Speisewagen mit strahlend hellen Gaslampen. Am Anfang und Ende des Zuges hatte Georges jeweils einen zweiachsigen Gepäckwaggon für Proviant, Koffer und Personal ankuppeln lassen.

Aufkleber kennzeichneten das Gepäck

Vor den Waggon-Eingängen ließ Georges rote Teppiche ausrollen. Er wollte, dass die Passagiere sich wie Könige fühlten. Jeder erhielt sein eigenes Reich!

Die Schaffner beklebten die Gepäckstücke der Reisenden mit »Orient-Express«-Plaketten und über allem wehte der Hauch von exotischer Ferne.[273]

Georges kontrollierte jedes Detail. Mit einem weißen Handschuh streifte er über die Messinggriffe an den Waggon-Einstiegen. Weil sich der Handschuh grau färbte, bat er die Schaffner, bei jeder Station vor dem Ein- und Aussteigen der Passagiere alle Griffe nebelfeucht abzuwischen, damit sich kein Fahrgast mit Ruß beschmutzte.[274]

Zwar empfing Georges die Ehrengäste mit einem Lächeln, doch seine gehobenen Augenbrauen und die Falten an der Stirn erzählten von Sorgen – noch konnte er nicht sicher sein, ob die Bahnorganisationen aller Länder den Premierenzug wirklich so unterstützen würden, wie er das monatelang organisiert hatte. Nur dann könnte er sein Rennen gegen die Zeit gewinnen, denn der Orient-Express sollte von Paris nach Konstantinopel maximal zweiundachtzig Stunden benötigen und von London nach Konstantinopel zweiundneunzig.[275] Dies stellte zu dieser Zeit den absoluten Geschwindigkeitsrekord dar.

Georges hatte die neuen Waggons mit hohen Krediten finanziert, die Verschiebung um fünf Monate hatte die Finanziers aufgeschreckt. Einige Bankdirektoren begleiteten die Fahrt, angeblich aus Neugierde; in Wahrheit hatten sie Angst um ihr Geld.

Noch mehr bedrückte Georges, dass viele Menschen *gegen* das Gelingen der Premierenfahrt gewettet hatten. Mit hohen Einsätzen! Höchstwahrscheinlich auch einige der Journalisten, die Georges auf die Reise eingeladen hatte. Darunter das Kritiker-Schwergewicht Edmond About, seines Zeichens Mitglied der Französischen Akademie und Bestsellerautor. Der 55-Jährige betrachtete mit kritischem Blick den Waggon und kletterte ungelenk auf die Plattform.

»En Voiture«, brüllte ein Schaffner um 18 Uhr 28.

Noch immer nicht erschienen, obwohl bereits zwei Minuten vor Abfahrt, war der *Times*-Chef-Korrespondent Henri Stephan Opper de Blowitz.

Für Georges war dessen Reportage entscheidend, denn neben drei Franzosen, acht Deutschen und sieben Ungarn sollte Blowitz als einziger Journalist für den englischsprachigen Raum berichten.[276] Die Briten erreichten den Orient-Express mit einem Verbindungszug aus London. Wie schon beim *Indian Mail* könnten das für Georges die entscheidenden Kunden sein: Diplomaten, Kolonialhändler und Queen's Messengers. Für diese Klientel spielte die Höhe des Fahrpreises keine Rolle. Deshalb hoffte Georges, dass die *Times* den Zug gutheißen würde, dann hätte er vermutlich gewonnen.

Georges war nicht nur ein Visionär; eine seiner größten Qualitäten bestand darin, ein Zielpublikum zu finden, das bereit

Bestseller-Autor Edmond About & Henri Stephan Opper de Blowitz von der *Times*

war, komfortables Reisen wertzuschätzen und ihm die Treue zu halten.

Die letzten Reisenden bestiegen die Waggons, während sie den Geruch von verbrannter Kohle atmeten. Doch Blowitz tauchte nicht auf.

Schon gab Nagelmackers dem Lokführer das Zeichen, noch ein paar Minuten zu warten, der *Times*-Reporter war für sein Zuspätkommen bekannt und Georges hatte erfahren, dass der blitzgescheite und äußerst gebildete Blowitz[277] dem Projekt reserviert gegenüberstand, wenn auch mit ironischer Skepsis, wie es seine Art war.[278]

Die plötzliche Verschiebung der Premierenfahrt um fünf Monate hatte einige Journalisten verärgert. Für die kritische Haltung mancher Zeitgenossen gab es allerdings auch handfeste Gründe. Wie sollte ein Zug auf den Schienen von neun Bahngesellschaften und durch acht Staaten laufen, die alle mehr oder weniger miteinander im Streit lagen?[279] Eindringlich warnten einige Zeitungen vor dem Durchqueren der Krisenländer am Balkan, Korrespondenten berichteten von gefährlichen Unruhen in Bulgarien und Rumänien.[280]

Vor allem existierten in dieser Zeit keine Kommunikationsmittel, um Dinge zu improvisieren.

Am meisten sorgte sich Georges um ein Detail, er hatte es nicht verheimlicht, aber auch nicht an die große Glocke gehängt: Die Fahrgäste würden die letzten 500 Kilometer vom rumänischen Giurgiu bis Konstantinopel nicht in seinen neuen Luxuswaggons zurücklegen.[281] Ab Giurgiu mussten die Passagiere mehrmals umsteigen – und Georges fürchtete, dass die Journalisten ihm dies übel nehmen könnten. Deshalb die Reise allerdings noch einmal zu verschieben, stellte für Georges keine Lösung dar, denn vermutlich hätte er mehrere Jahre warten müssen, bis durchgehend Gleise verlegt wären.

Es musste Georges also gelingen, durch den hohen Komfort seiner Waggons bis Giurgiu sowie ein anregendes Unterhaltungsprogramm die Journalisten zu überzeugen. Nicht nur deshalb begleitete er die Reise persönlich.

Der Lokführer ließ das Signalhorn ertönen und sah vorwurfsvoll zu Georges: Was ist los, der Zug hätte bereits vor sieben Minuten abfahren sollen? Immer noch fixierte Georges den Bahnhofseingang, er hoffte auf Blowitz und nahm nun die Geräusche der Lok wahr: das Atmen des Kessels, das Klimpern der Gestänge, das Pfeifen der Ventile – es hörte sich an, als würde ein Riesentier mit den Hufen scharren.

Da bemerkte Georges, wie ein Mann mit schweren Koffern auf den Zug zurannte. Beim Näherkommen erkannte er den Chefsekretär der Osmanischen Botschaft in Paris, Missak Effendi, der sich ebenfalls zur Reise angemeldet hatte. Und dann endlich, mit wehendem Haar und zehn Minuten zu spät, tauchte Opper de

Der vierachsige Restaurantwaggon und die erste Darstellung des Orient-Express von 1883

Blowitz auf. George half dem korpulenten *Times*-Journalisten die Treppe herauf und gab das Zeichen zur Abfahrt. Ein letzter Pfiff, Hebel wurden umgelegt, Ruß schoss aus dem Schornstein, der Zug setzte sich in Bewegung.

Für den Orient-Express hatte Georges eine der stärksten Maschinen organisiert, die es in Europa damals gab: Die *505*, eine dreiachsige Dampflok mit Schlepptender aus der Baureihe 120, zur Verfügung gestellt von der Französischen Ostbahn.[282]

Georges begleitete Opper de Blowitz in sein Coupé und lud den berühmten Journalisten ein, auf dem dick gepolsterten Diwan Platz zu nehmen. Schwere Samtvorhänge schirmten das Abteil von der Außenwelt ab. Georges demonstrierte das kleine, vor dem Fenster montierte Tischchen, auf dem Passagiere auch während der Fahrt dank der guten Federung schreiben konnten. Georges hatte es selbst mehrmals getestet.[283]

Auf diesem »Richtertisch« würde Opper de Blowitz über den

Die 503, baugleich der 505: eine der schnellsten Loks für den Orient-Express

Orient-Express urteilen. Bis auf Nagelmackers, seinen Orientexperten Albert Lechat, Missak Effendi und Edmond About reisten alle zum ersten Mal in den Orient, auch die meisten Journalisten.

Bedauerlich fand Georges, dass zwar sämtliche französische, ungarische, belgische, österreichische und sogar rumänische Chefingenieure und Bahnverantwortliche seine Einladung angenommen hatten, nicht jedoch die Deutschen, durch deren Gebiet die Fahrt ging. Immer wieder musste Georges erleben, wie deutsche Bahndirektoren den Orient-Express zu verhindern versuchten. Er vermutete politische Vorbehalte, doch dies erklärte nicht deren Rigorosität.[284] Erst im letzten Moment hatten die deutschen Bahnverwaltungen die Durchfahrt genehmigt.

Im Flur des Waggons traf Georges auf Edmond About, bewaffnet mit Stift und Notizblock. Finsteren Blickes schlug sich About zum Speisewagen durch. Nicht nur Georges wusste, dass About bereits in vielen Veröffentlichungen über Züge gelästert hatte: »Bisher waren alle Waggons auf längeren Reisen eng und ruckelten dermaßen, dass man sich fühlte wie eine herumgeschleuderte

Erbse in der Bratpfanne. Die Luft war schlecht, die Heizung nicht regulierbar und die Toilette dreckig.« Der 55-jährige About erwartete auch jetzt einen »staubigen Krankenwaggon – unbequem und voller Ruß.«[285]

Georges befürchtete, dass sich About nun fragte, warum gerade dem 38 Jahre jungen Nagelmackers etwas Besseres gelingen sollte.

22

Straßburg–München

◆

»Du genießt die Schönheit der Welt
durch dein Abteilfenster.«
— *Orhan Pamuk über den Orient-Express*[286]

Morgennebel an den Fenstern, vorbeihuschende Bahnsteige, Gesichter von Wartenden, die von der Liebe oder dem Verreisen träumten.

Wegen der verzögerten Abfahrt hatte der Orient-Express über eine halbe Stunde Verspätung. Der Lokführer kämpfte um jede Minute, mit 65 km/h zog die 505 den Zug über die Gleise der französischen Ostbahn, bei voll aufgedrehten Reglern erreichte der Orient-Express nahezu 100 km/h.[287]

In Avricourt musste die Lok zum ersten Mal gewechselt werden. Wie auch in Straßburg, Stuttgart, Ulm, alle paar hundert Kilometer: abkuppeln. Wegfahren. Heranrollen der neuen Lok mit aufgefülltem Kohletender und frischem Wasser. Ankuppeln. Währenddessen Ein- und Aussteigen von Reisenden sowie Verladen von frischen Lebensmitteln. Freigabe. Abfahrt.

All das durfte höchstens fünf Minuten dauern, um den eng geknüpften Fahrplan von Nagelmackers einzuhalten.

Die Gesamtreisezeit Paris–Konstantinopel von etwa 80 Stunden erreichte Georges nicht allein durch schnelle Lokomotiven, sondern auch durch kurze und möglichst wenige Stopps. So hielt

Eine CIWL-Tradition für weitere Jahrzehnte: frische Lebensmittel an den Stationen

der Orient-Express zwischen München und Wien nur in Simbach an der Grenze und in Wels, das war völlig neu.

Überdies hatte Georges Vereinbarungen mit dem Zoll getroffen, um zeitaufwendige Kontrollen der Fahrgäste, des Personals und des Proviants zu vermeiden.[288]

Während der Zug Richtung Wien fuhr, saß Georges zusammen mit seinem Mitarbeiter Napoléon Schroeder im Speisewagen nahe der Küche und unterhielt sich mit den Gästen. Später beschrieb Georges Boyer, der mitreisende Journalist des *Figaro*, Nagelmackers als einen »sehr jungen, sehr intelligenten und sehr sympathischen Ingenieur.«[289] Auch andere Reporter beeindruckte die freundlich-mondäne Art des 38-Jährigen. Georges wusste jedoch: Diese Sympathiepunkte würde er im Fall einer Verspätung oder anderer Unannehmlichkeiten rasch wieder verlieren. Journalisten waren kritische Zeitgenossen und änderten ihre Meinung von einer Minute zur nächsten.

Die Kellner offerierten den Reisenden eine Fülle von Getränken: Kaffee, Tee, französische Weiß- und Rotweine verschiedener

Jahrgänge, Whiskey, Gin; Georges hatte im Proviantwagen die besten Flaschen einlagern lassen. Die Passagiere begannen, Wein zu verkosten. Von einem Tisch zum anderen bauten sich Beziehungen auf.[290] Nach ein paar Gläsern wurden einige Passagiere ehrlich und erzählten nicht mehr nur von ihren Triumphen, sondern auch von Verletzungen, Niederlagen und Kränkungen. Eine Gruppentherapie vor beruhigender, vorbeiziehender Landschaft.

Besorgt sah Schroeder hin und wieder auf seine Taschenuhr. Nagelmackers gegenüber hatte der CIWL-Aufsichtsratspräsident Octave Neef-Orban Platz genommen. Der 47-jährige Bürokrat wirkte unruhig und sah noch öfter auf die Uhr als Schroeder, denn die Verspätung war seit Paris kaum geringer geworden. Mitglieder der österreichischen Polit-Prominenz, wichtige Verkehrsbeauftragte und neue Fahrgäste warteten am Wiener Westbahnhof auf das pünktliche Eintreffen des Orient-Express. Wie lange würden die Herrschaften in dieser Oktobernacht auf dem zugigen Bahnsteig ausharren?

Weil Neef-Orban mit Georges' Vater gut befreundet und mit seiner Mutter verwandt war, wurde Georges das Gefühl nicht los, dass dieser Mann, der auch Gemeinderatsmitglied, Vorsitzender der Handelskammer und ein Vereinsmeier sondergleichen war, ihm im Auftrag seines Vaters auf die Finger schauen sollte. Die Blicke auf die Uhr von Neef-Orban alle paar Minuten fand Georges enervierend. Natürlich hatte Georges mit dem bayerischen Lokführer gesprochen und um Eile gebeten.

Ab und an blickte er aus dem Fenster, auch seine Fahrgäste nahmen wahr, wie sich Landschaft, Orte und Menschen veränderten. Am Vormittag spielende Kinder an einem See. Stunden später grüne Wiesen mit Kühen. Und dann, weit entfernt, sanfte Hügel am Fuße von schneebedeckten Bergen.

Gegen Mittag kitzelte der Duft von frisch gerösteten Zwiebeln und Speck die Nasen der Reisenden. Irgendetwas an dem Geruch empfand Georges als eigenartig, doch er konnte die Ursache zunächst nicht ermitteln.

»Messieurs les voyageurs, le diner est servi.«[291] Die Kellner empfingen die Gäste in brauner Livree mit goldenen Epauletten, der Oberkellner trug einen Frack.

Weil vierzig Passagiere an Bord waren, teilte Georges die Gäste in zwei Gruppen, denn der neue Restaurantwagen bestand aus einem Boudoir für sechs Damen, einem Lese-, Spiel- und Rauchsalon für zwölf Personen mit kleiner Bibliothek und neben der Küche einem Speisesaal für 24 Reisende.[292]

Georges gab ein Zeichen und die Kellner servierten mit weißen Glacéhandschuhen den ersten Gang. Aus den Augenwinkeln beobachtete er die Reaktionen der Kritiker-Schwergewichte: Opper de Blowitz und Edmond About saßen am Wagenende einander gegenüber. About zückte sein dickes Notizbuch und kritzelte los. Blowitz dozierte lautstark und mit ausladenden Handbewegungen, an welchen Merkmalen man einen exzellenten Koch und eine gute Bedienung erkenne, zur Freude der Umsitzenden.

Gerne hätte Georges gewusst, was About in sein Buch schrieb, wie er über Menü und Interieur urteilte. Davon könnte die Zukunft des Orient-Express abhängen. Andererseits wollte sich Georges nicht von der Meinung Dritter abhängig machen, musste seinen eigenen Weg gehen, was bedeutete: höchste Qualität in allen Bereichen.

Lange hatte Georges mit dem schwarzen Chefkoch aus dem Burgund an der Menüfolge gefeilt. Er wollte nur frische Zutaten verwenden und die vorbeiziehende Landschaft sollte eine tragende Rolle bei der Speisen- und Weinauswahl spielen.

Die Hühner ließ er lebend im Bahnhof von Straßburg an Bord holen, alle Zutaten sollten frisch sein. Im Waggon verfügte

Georges über keine echte Kühlmöglichkeit, er hatte nur ein Fach mit Eisklumpen unter dem Waggonboden installieren lassen, das der Fahrtwind auf niedriger Temperatur hielt. Das Gemüse wurde ohnehin tourniert und »à la minute« zubereitet.

In der Küche jonglierte der Maître mit einer Batterie von Kasserollen und Saucieren, er befeuerte den Kohleofen und bediente nach Fertigstellung der Teller die Glocke. Überliefert ist eine Menüfolge, die im Orient-Express oft serviert wurde:[293]

Huîtres
Potage aux Pâtes d'Italie
Turbot Sauce Verte
Poulet Chasseur
Filet de Bœuf
Pommes Chateau
Chaud-froid de Gibier
Salade
Crême Chocolat[294]

Der Fahrtwind kühlte den Weißwein im Waggon-Boden

Edmond About hielt fest: »Es fehlte weder an frischer Butter aus Isigny noch an Wein aus Bordeaux, frischen Früchten oder edlen Zigarren.«[295]

Unerwartet tauchte nach dem Genuss des Menüs der Koch im Speisesaal auf. Mit schnellen Blicken kontrollierte der prächtige Burgunder mit seinem schwarzen Vollbart, ob sein Essen den Gästen auch gemundet hatte.[296] Spontan applaudierten die Reisenden und Blowitz schrieb in sein Notizbuch: »Keiner hatte den Mann zuvor gesehen. Er hat uns mit seiner Kochkunst von Überraschung zu Überraschung geführt. Seine Schürze aus weißem Zwillich weist die Spuren jenes glorreichen Kampfes auf, den er seit Stunden für uns führt und der ihm nur Triumphe beschert!«[297]

Auch die Liebenswürdigkeit des Personals wurde gelobt.[298] Indes bat Nagelmackers die zweite Gästegruppe, Platz zu nehmen.

Kurz vor Augsburg registrierte er plötzlich die skeptischen Blicke der Bankiers; einige Eisenbahn-Direktoren rümpften die Nase – und dann bemerkte er es auch selbst: Der eigenartige Geruch von vorhin hatte sich verstärkt. Es stank nach Öl. Nicht aus der Küche, sondern von einem Radlager. Ein Heißläufer!

Georges musste jetzt schnell herausfinden, welches Lager betroffen war.[299] Und natürlich wusste er, dass ein Heißläufer von den Bahnverantwortlichen als betriebsgefährlich eingestuft wurde. Im Extremfall konnten im Achslager bis zu 1000 Grad entstehen. Die Folgen: Brandgefahr, Achsbruch und Entgleisung. Der defekte Waggon musste abgehängt und aus dem Betrieb genommen werden. Sofort!

An der nächsten Station in Augsburg sprang Georges aus dem Zug und inspizierte die Achsen. Tatsächlich handelte es sich um ein Radlager des Speisewagens. Ein Desaster! Wie sollten die Premierengäste nun auf der weiteren Reise versorgt werden? Seine Kritiker würden ihn in der Luft zerreißen. Er bat die Gäste zurück in ihre Abteile und ließ den Speiswaggon abhängen.[300] Für ihn war es die schlimmstmögliche Katastrophe, abgesehen von einem Unfall.

Dank seines Improvisationstalents gelang es Georges, in München einen bayerischen Salonwagen als Ersatz zu leihen und anzukuppeln. In diesem konnten seine Köche nun weiter ihres Amtes walten.

Ein Heißläufer machte Georges arge Probleme am Münchner Centralbahnhof

Das Rangiermanöver kostete allerdings wertvolle Zeit. Ab München hatte der Orient-Express bereits eine Stunde Verspätung. Würden die prominenten Gäste in Wien auf dem Bahnsteig so lange Geduld haben?

Über Simbach erreichte der Zug Österreich. Das Ensemble rollte vorbei an den Bahnhöfen der k. u. k. Monarchie, die zumeist in »Schönbrunner Gelb« gehalten waren, wohl um an den imperialen Anspruch Wiens zu erinnern. Wobei das sonnige Gelb des Schlosses Schönbrunn in Wahrheit von Versailles inspiriert war; der österreichische Kaiser wollte – in Nachahmung des Sonnenkönigs Ludwig XIV. – seine Macht mittels Eisenbahn bis ins letzte Dorf manifestieren.

Hinter Linz konnte Georges im Ersatz-Waggon seinen Fahrgästen ein Diner offerieren. Und er appellierte an den Lokführer, der Maschine alles abzuverlangen, denn am Westbahnhof warteten bereits der General-Inspecteur der Direction für Staatseisenbahnbetrieb, der deutsche General-Consul Ritter von Mallmann und weitere wichtige Vertreter der Politik.[301]

Inständig hoffte Georges, dass der Zug im Verlauf der Weiterfahrt den Großteil der Verspätung noch aufholen würde.

23

Wien–Budapest

◆

»Diejenigen, die nicht aufbrechen, die den geheimnisvollen und immer wieder verführerischen Reiz des Unbekannten und Neuen nicht vor sich haben, erleben eine tiefgreifende Melancholie, wenn sie die Reisenden in der Nacht verschwinden sehen.«
— *Henri Stephan Opper de Blowitz*[302]

Mit nur wenigen Minuten Verspätung fuhr der Orient-Express um 23 Uhr 15 am Wiener Westbahnhof ein.[303] Die Polit-Prominenz hatte geduldig gewartet, wenn auch manche Gesichter Müdigkeit erkennen ließen. Sogar einige Neugierige waren so lange wach geblieben und bestaunten nun die von Kronleuchtern mit jeweils drei Gasflammen illuminierten Waggons.[304] Die mit Teakholz verkleideten Vehikel erschienen auf dem Bahnhof wie geheimnisvolle Gäste aus einer anderen Welt, die dem einförmigen Alltag der Menschen eine sinnlich-exotische Note hinzufügten.

In Paris hatten sich nur Männer auf die Reise gewagt, in Wien aber stiegen zum ersten Mal Frauen zu: Der österreichische Bahndirektor vertraute Nagelmackers seine hübsche Gattin, Frau von Scala, und deren jüngere Schwester Léonie an. Worüber sich Edmond About zu freuen schien, denn er notierte in sein Tagebuch: »In Wien tauchen außergewöhnliche Erscheinungen auf. Sie kommen, um die Starrsinnigkeit von Männergesprächen zu durchbrechen.«[305] Er konnte nicht umhin, das Aussehen der Damen auf

Wichtige Gäste warteten im Hauptgebäude des Wiener Westbahnhofs auf den Orient-Express

seine spezielle Weise zu beschreiben: »Frau von Scala ist wunderschön, verfügt über den englischen Typus, belebt von der Wiener Physiognomie. Ihre Schwester, Miss Léonie Pohl, ist das genaue Gegenteil, aber sie hat soviel Witz, so viel Anmut und so gute Laune, dass man von ihr auf den zweiten Blick völlig fasziniert ist.«[306]

Auf dem Bahnsteig konnte sich Frau von Scala nur schweren Herzens von ihrem Mann trennen. Auch die schrillen Pfiffe des Schaffners, die zur Abfahrt mahnten, halfen ihr nicht, sich aus der Umarmung ihres Ehemannes zu lösen.

Erst als die Frauen den Speisewagen betraten und an einem gedeckten Tisch Platz nahmen, hellten sich ihre Mienen auf. Was den *Times*-Journalisten Blowitz veranlasste festzuhalten: »Abschiednehmende sollten ihren Liebsten niemals zum Bahnhof begleiten. Denn der vornehm gedeckte Tisch, der Duft des Essens und der silberne Champagnerdeckel lenken alle Aufmerksamkeit auf die Fahrgäste im Speisewagen – und lassen die Traurigkeit der Hinfortziehenden auf das Schnellste vergessen.«[307]

Nach Mitternacht erinnerte Georges die neu zugestiegenen Fahrgäste daran, ab Wien ihre Pistolen bei sich zu tragen und die Abteile immer abzuschließen. Er hoffte, niemand würde aus Angst vor dem Orient in Budapest den Zug vorzeitig verlassen, denn es war Georges wichtig, dass die Journalisten von einer sicheren Reise bis Konstantinopel berichteten und nicht nur bis Wien oder Budapest. Vor allem finanziell hatte das Bedeutung: Bis Wien kostete der Platz 257 Francs plus 20 Prozent Zuschlag für die Verköstigung, bis Konstantinopel 457 Francs.[308] Nur, wenn der Zug bis Konstantinopel zu zwei Drittel gebucht wäre, hatte Georges eine Chance, wirtschaftlich zu reüssieren. Schon spekulierten kritische Zeitgenossen, dass der Orient-Express nicht funktionieren und sich nur die Strecke Paris–Wien lohnen würde.

Indes waren About und Blowitz vom neuen, vierachsigen Schlafwagen durchaus angetan, der *Times*-Reporter meinte: »Nagelmackers' Wagen rollen so sanft auf Schienen, dass ich mich bei 80 km/h rasieren kann.«[309] Zum Beweis präsentierte der korpulente Opper de Blowitz nach der Rasur ein rosiges, glattes Gesicht ohne Schnittwunde. Und er lobte die Drehgestelle, die eine exzellente Laufruhe ergäben; das Fahrgeräusch sei nur ein verschwommener, monotoner Singsang, der ihm als Wiegenlied diene.[310]

»Die Matratzen und die Kissen sind genau richtig, nicht zu hart und nicht zu weich«, notierte About, »der Perfektionist Nagelmackers lässt sogar jede Nacht das Bettzeug wechseln; ein unbekannter Luxus, der selbst in den reichsten Familien kaum stattfindet«.[311] Auch die Toiletten seien luxuriös, reichlich mit Seife, heißem und kaltem Wasser ausgestattet und würden von Dienern makellos sauber gehalten.[312]

Ganz ohne Kritik ging es natürlich nicht, denn About bemängelte, dass es nur zwei Toiletten pro Schlafwagen gab: »Der einzige Nachteil von Nagelmackers' Toiletten – man fühlt sich darauf sauwohl! Und bleibt so lange, dass die anderen Fahrgäste ihrer Not kaum Herr werden.«[313]

Bevor die Fahrgäste vollständig eingeschlafen waren, öffnete vorsichtig ein Schaffner die Abteiltür und löschte die Gasleuchte. »In der nun folgenden Stille«, so berichtete Blowitz, »war fast nur noch das Pfeifen der Lokomotive zu hören.«[314]

24

Budapest

◆

> »Nach Budapest verändert sich alles. Die Kleidung der Leute, das Aussehen der Dörfer, die Proportionen der Landschaft. Vor unseren Augen öffnen sich die Türen des Orients.«
> — *Henri Stephan Opper de Blowitz*[315]

Dank des raschen Lokwechsels in Wien und Nagelmackers' motivierender Worte an den österreichischen Lokführer war der Orient-Express die Nacht durchgefahren und erreichte am Samstag um sechs Uhr und neun Minuten nahezu pünktlich Budapest.[316]

Manchen Reportern ging die Reise zu schnell, so monierte Ballerstedt von der *Münchner Allgemeinen Zeitung*: »Nachdem wir leider in der schönen Kaiserstadt Wien in der Dunkelheit des Abends nichts weiter gesehen haben als die wenig reizvollen Interieurs des Staats- und Westbahnhofes, schläft man sich sanft nach Ungarn hinein, deren Hauptstadt wir bei Tageslicht erreichten. Auch sie bleibt unseren Blicken fast vollständig verborgen, nur die Burg hebt sich majestätisch gegen den grauen Hintergrund ab.«[317]

Georges sorgte sich um die weiblichen Fahrgäste, denn unter den vielen Herren war nach Abfahrt aus Wien ein Wettbuhlen um die Aufmerksamkeit der beiden Damen entbrannt. Während des Lokwechsels nahm der Koch frische Delikatessen an Bord. Neuer-

Der Halt im Budapester Westbahnhof schien manchen Passagieren zu kurz

lich standen auf dem Bahnsteig Erwachsene und Kinder, fasziniert von den eleganten Waggons.

Albert Lechat stieg kurz aus und kam aufgeregt mit einem Telegramm vom rumänischen König zurück. Später fasste es der mitfahrende Journalist des *Figaro*, Georges Boyer, in zwei Sätzen zusammen: »Als der rumänische König von unserer Ankunft erfuhr, ließ er ausrichten, dass er uns unbedingt sehen wolle. Und lud alle Fahrgäste auf sein Schloss ein.«[318]

Georges war wenig begeistert. Zwar hatte er einen Zwischenhalt in Bukarest eingeplant, doch keiner der Fahrgäste hatte Kleidung für einen königlichen Empfang dabei. Abgesehen davon konnte so eine Visite schnell zu einem Folklore-Abend entgleiten, den möglicherweise die meisten Journalisten als peinlich oder langweilig empfinden würden – womit vielleicht die ganze Jungfernfahrt in ein schlechtes Licht gerückt werden könnte.

Doch Albert Lechat setzte sich dafür ein, den Wunsch des Königs zu erfüllen. Angeblich liebte König Carol I. die Eisenbahn und verfügte über einen eigenen Bahnhof. Wichtig sei es, argumentierte Lechat, eine langfristige Genehmigung für alle weiteren Orient-Express-Züge zu erhalten. Nagelmackers schlug vor, den Besuch beim König auf der nächsten Reise ohne Journalisten nachzuholen. Lechat entgegnete, der König wolle ja gerade den Presseleuten sein eben erst fertig gestelltes Schloss zeigen. Es sah danach aus, als würde Georges einen Umweg wählen müssen. Aus politischen Gründen. Wieder einmal.

25

Des Teufels Feuer

◆

> »Von den Grenzen Böhmens bis zu den Toren Konstantinopels, durch Mähren, Kroatien, Bosnien, Herzegowina, Ungarn, Rumänien, Serbien, Bulgarien und Montenegro zielen tausend mysteriöse Bemühungen zur Vorherrschaft über stolze und wilde Nachbarn, ohne mögliches Ziel und ohne vorhersehbares Ende.«
> — *Henri Stephan Opper de Blowitz*[319]

»Heute kam uns fünf Stunden lang kein Zug entgegen«, notierte Edmond About in sein Tagebuch, »vielleicht kam die Eisenbahn zu früh in den Osten.«[320]

Die Reisenden sahen aus dem Fenster, die ungarische Tiefebene flog vorbei. Abgeerntete Felder, vertrocknete Maisstauden, selten graue Rinder, Schweine und Federvieh im Schlamm.[321] Hin und wieder niedrige Häuser mit weiß getünchten Mauern, an denen Paprika zum Trocknen hingen.[322]

Der Schaffner erzählte Georges, dass es in diesem Jahr einen Sommer ohne Regen gegeben habe, der die Getreideernte vernichtet hätte. Die Menschen müssten sich von gekochtem Mais mit Knoblauch und Zwiebel ernähren. Oder hungern.[323] Deshalb gebe es viele herumstreunende Diebe. Entlang der Bahnstrecke kam es oft zu Überfällen, reiche Ausländer lebten in der Region gefährlich.

Als der Zug gegen neun Uhr dreißig den Bahnhof von Szegedin an der Südgrenze Ungarns erreichte, war plötzlich von draußen Geschrei zu hören. Auf dem Bahnsteig eine Ansammlung von dunklen Gestalten, ausschließlich Männer mit langen Haaren und dunklen Bärten, alle mit Musikinstrumenten bewaffnet.[324]

Kaum stiegen Nagelmackers und fünf wagemutige Reisende aus, setzte die Kapelle ein. Mit fröhlicher Miene gab die Roma-Gruppe ein Lied zum Besten, die Passagiere des Orient-Express klatschten begeistert. Doch Georges reagierte besorgt, denn der für diese Station einkalkulierte Aufenthalt von vier Minuten war nicht mehr zu halten. Schlimmer noch: Würde er nicht einschreiten, könnten weitere Neugierige aussteigen und die Verspätung würde massiv anwachsen. Aber wie sollte er seine prominenten Fahrgäste zur Rückkehr in den Orient-Express motivieren, deren Blicke wie elektrisiert an den Gesichtern der zwölf Musiker hingen?

Zusammen mit Albert Lechat diskutierte Georges mit dem Bandleader Onody Kahniar. Georges überzeugte den Mann mit der wilden Mähne, zusammen mit seinen Musikern in den Zug zu steigen.[325] Mit nur wenigen Minuten Verspätung fuhr der Orient-Express weiter.

Die zwölf Musiker drängten sich mit einem Cello, zwei Geigen und weiteren Instrumenten in den Speisewaggon. Die Wiener Damen, die nicht ausgestiegen waren, beäugten im ersten Moment irritiert die dunklen Gestalten in schweren Stiefeln, die mit wuchtigen Schritten auf sie zukamen. Sie hatten noch Nagelmackers' Warnung vor Überfällen im Ohr. Onody Kahniar musterte die Wienerinnen in ihren adretten Kostümen und grinste. Reflexartig wich Frau von Scala zurück, der Mann roch nach Zwiebeln und Schweiß. Bis Georges hinterherkam und die Musiker mit wenigen Worten vorstellte. Dann ließ er die Tische hochklappen.[326]

Älteste Ansicht des Interieurs eines Speisewagens im Orient-Express, 1883

Nach einigen Minuten entdeckten mehrere Reisende, dass die Musiker doch nicht nur mit Instrumenten bewaffnet waren, viele hatten an ihren Gürteln Dolche, mehr oder weniger groß. Einige Fahrgäste sprachen Georges hinter vorgehaltener Hand darauf an. Wie es seine Art war, versuchte er zu beruhigen. Statt ihre Dolche zu zücken, spielten die Männer wie des »Teufels Feuer«.[327] Die Geiger und der Cellist saßen an den Fenstern, der Zitherspieler hatte sein Instrument in der Ecke aufgestellt, Onody Kahniar stand in der Mitte und gab den Takt vor. Sie begannen mit einem Rákóczy-Marsch, wechselten zu leidenschaftlicheren Klängen und luden zum Tanz. About und Blowitz verbeugten sich vor Frau von Scala und ihrer Schwester Léonie. Der Boden war rutschig, die Kleider der Damen wehten durch die Luft, der französische Wein tat seine Wirkung, die Stimmung wurde ausgelassener. Ein Mann nach dem anderen tanzte mit den Wienerinnen.[328]

Größtenteils waren französische Fahrgäste an Bord; um sie zu beeindrucken und ihnen eine Ehre zu erweisen, spielten die Musiker die Marseillaise.[329]

Dann tauchte plötzlich der Chefkoch auf. Der große Marokkaner, kaum dreißig Jahre alt, streifte mit seinem weißen Hut an der Decke. Entflammt von der blau-weiß-roten Begeisterung der Anwesenden schmetterte er mit Inbrunst die Strophen der französischen Nationalhymne, die Hand auf dem Herzen, die Augen voller Flammen, den Kopf in Ekstase. Und nahezu alle Reisenden sangen mit.[330]

Im Temeswar verließen die Musiker den Zug. Sie hatten über zwei Stunden gespielt und stiegen so unvermittelt aus, wie sie gekommen waren.[331]

26

Bukarest und Sinaia

◆

»Um solche Reisen zu organisieren, bedarf es eines universellen Wohlwollens, einer Art Brüderlichkeit, um in diesen traurigen, konfliktreichen Zeiten, in denen wir leben, Reisende von Brest bis Giurgiu und von Sevilla bis zur russischen Grenze zu transportieren.«
— *Edmond About, Reisetagebuch*[332]

Am dritten Reisetag, einem Sonntag, erreichte der Orient-Express frühmorgens um vier Uhr fünfundvierzig Bukarest.[333] Georges hatte eine kurze Stadtbesichtigung eingeplant, doch auf dem Bahnhof wartete bereits ein Gesandter des rumänischen Königs. Er wollte die internationalen Gäste umgehend zur neuen Sommerresidenz bringen, nach Sinaia, nördlich von Bukarest. Um in die kleine Stadt zu gelangen, würde die Reisegruppe mit dem Zug über vier Stunden benötigen.[334]

Georges reagierte zurückhaltend, solch ein großer Abstecher würde seinen Reiseplan völlig aus dem Ruder werfen. Doch Albert Lechat ermunterte ihn neuerlich, das Angebot anzunehmen.

Der rumänische Bahndirektor ließ im Auftrag von König Carol I. eine kleine Dampflok an den Orient-Express kuppeln. Georges zweifelte, ob die Maschine ausreichend Zugkraft haben würde, um seine schweren, vierachsigen Waggons über 140 Kilometer auf die über 700 Meter hohen Karpaten zu ziehen. Doch der Bahndirektor wischte alle Bedenken beiseite und eine halbe Stunde später fuhr der Zug Richtung Norden.[335]

Einige Kilometer hinter Bukarest tat sich vor den Augen der Reisenden eine dramatische Landschaft auf. Über schmale Bahndämme und filigrane Holzbrücken quälte sich die Lok durch wildromantische Felsentäler mit tosenden Bergbächen.[336] Beunruhigt stellte Georges fest: Die langsame Fahrt mit der kleinen Lok zum Schloss des Königs würde länger dauern als vom rumänischen Bahndirektor angegeben, doch eine stärkere Lok zu organisieren, würde jetzt noch mehr Zeit kosten.

Während der Zug den Berg hinan kroch, setzte Regen ein. An steilen Stellen drehten die Räder der Dampflok durch. Georges konnte kaum ertragen, wie es von Stunde zu Stunde schwerer wurde, seinen versprochenen Fahrplan einzuhalten.

Durch eine enge Schlucht, die sich kurz öffnete und wieder schloss, schlängelte sich der Zug entlang des Flussbetts der Prahova.[337] Das Erreichen einer Hügelkuppe eröffnete eine atemberaubende Sicht auf schneebedeckte Bergriesen, bis Lokomotive und Waggons in einen Tunnel tauchten. Nach einer kurzen Phase der Dunkelheit war alles anders: Das Wetter, die Pflanzen, das Licht. Auf der anderen Seite des Berges schien eine neue Welt zu beginnen. Nur ein zarter Nebel trübte die Sicht.[338]

Der Bahnhof von Sinaia entpuppte sich als Haltestelle ohne Gebäude. Kinder empfingen die Reisenden, es wurde gelacht und gescherzt, manche tippten auf die Mäntel der Ankommenden, als hätten sie so feine Stoffe noch nie gesehen.

Als Georges versuchte, mit einem kleinen Mädchen zu plaudern, errötete es und lief davon.

Das mitten in den Bergen liegende Sinaia wirkte auf die Reisenden paradox: Auf den ersten Blick gab es keine Bauern, keine Viehzucht, keine Läden.[339] Stattdessen Prachtstraßen mit Chalets und

In den Südkarpaten liegt Schloss Peleş. Es verfügt über 160 Zimmer

weißen Villen, dazwischen weitläufige Gärten mit Blumenbeeten, in deren Mitte kleine Brunnen Wasserfontänen versprühten. Der Ort wirkte elegant und »très parisien«.[340]

Kaum hatten die 40 Reisenden die Haltestelle verlassen, begann es erneut zu regnen. Der Gesandte des Königs führte die Gruppe über einen schlammigen Pfad zu einem Hügel; er deutete nach oben und behauptete, dass sich dort – nach einem Fußmarsch von etwa fünfzehn Minuten – das neue Schloss des Königs befinde. Doch die Reisenden sahen nur eine bergähnliche Erhebung, deren oberes Drittel in Nebel gehüllt war.

Der Regen wurde stärker. Er kam vom Berg. Eiskalte Tropfen ließen die Gesichter der Reisenden erschauern. Georges bat den Gesandten, schneller zu gehen. Keiner seiner Fahrgäste hatte Regenschirm oder Regenmantel dabei. Der Mann erhöhte sein Tempo, manche ächzten, einige fluchten, mühsam schleppten sich die Reisenden den schlammigen Weg in Serpentinen hoch. Bald waren alle durchnässt.

Die Einheimischen trugen völlig unterschiedliche Kleidung. Was sie jedoch einte, waren ihre äußeren Ränder: Ihre Köpfe bedeckten sie mit Astrachan-Mützen; schwarz, robust, persisch, gefertigt aus dem Fell des Karakulschafs.[341] Ihre Füße steckten in »Csizma«; hohen Stiefeln aus Leder mit einer dicken Sohle, verstärkt durch Nägel.[342] Das widerstandsfähige Schuhwerk brachte sie durch dicken Morast. Nagelmackers' Journalisten hingegen trugen edle Budapester, die Damen aus Wien filigranes Schuhwerk. Mehr schlecht als recht kämpften sich die Reisenden zwischen Pfützen und Schlamm auf einem Pfad voran, der von Ochsenkarren über Jahre zerfurcht worden war.

Plötzlich ein greller Schrei – Frau von Scala hatte in dem Morast die Balance verloren und stürzte samt rosa Kostüm in eine Pfütze. Nagelmackers half ihr auf die Beine. Der jungen Dame war ihr Aussehen nun peinlich und Georges bot ihr seinen Mantel an. Der aufmerksame Albert Lechat stützte Frau von Scalas Schwester, die ebenso gegen den knöcheltiefen Matsch kämpfte.

Je höher die Gruppe kam, umso stärker schlug den Reisenden ein kalter Gebirgswind entgegen. Georges entging nicht, wie einige mit den Zähnen klapperten. Auch er spürte den eisigen Wind. Warum hatte er sich bloß auf diesen Umweg eingelassen? Ein Albtraum für seine Gäste! In Bukarest hätten sie bei Regen in seine komfortablen Waggons flüchten können.

Als die Gruppe endlich die Hügelkuppe erreichte, tauchte die neue Residenz des Königs auf. Völlig durchnässt betraten die Reisenden über eine breite Treppe das Gebäude, wo sie von Soldaten und Hofbediensteten in fein gebügelten Uniformen begrüßt wurden.[343] Vierzig Paar Schuhe voller Schlamm stapften über die weiße Marmortreppe und hinterließen Spuren.[344]

Der Anblick der durchnässten Männer sowie der beiden jungen Damen, deren Kleider vollkommen derangiert waren, muss auf die

Hofgesellschaft grotesk gewirkt haben. Manche der geschniegelten Livrierten musterten voller Misstrauen die Neuankömmlinge, die weniger den Eindruck einer exquisiten Reisegesellschaft als den eines Rudels nasser Hunde gemacht haben müssen.[345]

Einige Diener erbarmten sich und führten die Besucher in Waschräume, um den Neuankömmlingen Decken und trockene Kleidung zu borgen.[346] Sich unwohl fühlend, tapsten schließlich die österreichischen Damen in grobe Militärdecken gehüllt in den Saal. Journalisten und Bankdirektoren hatten alte rumänische Uniformen und Dienstboten-Kleidung angezogen.

Als die Gruppe in dem vornehmen Saal angekommen war, machte sie dem rumänischen Herrscherpaar ihre Aufwartung. König Carol I., ein Hohenzoller, geboren in Sigmaringen, und seine Gattin Elisabeth luden zu Tee und Keksen. Stolz führte der König durch die Prunkräume, über zehn Jahre hatte er gebraucht, um Schloss Peleş zu erbauen.

Durch bunt bemalte Fenster gelangte ein warmes Licht in den mit raffinierten Holzornamenten geschmückten Raum.[347] Es handelte sich um eine der modernsten königlichen Anlagen in Europa; mit Innenaufzug, 170 Zimmern und 30 Bädern. Hohe gotische Fenster, dicke Teppiche und zahlreiche geschnitzte Holzeinlegearbeiten beeindruckten die Reisenden.[348]

Edmond About notierte: »Es ist ein riesiger Palast, in dem die besten Architekten Europas ihre Fantasien verwirklichen durften. Holz, Marmor, Glas und Metall. Ineinander verwoben und verschlungen. Märchenhaft, raffiniert, fantasievoll. Dazwischen Türme, die wie Schwerter am Himmel kratzen.«[349]

Nur Nagelmackers' Reisende wirkten in ihren improvisierten Garderoben deplatziert. Indes hängten die Bediensteten die nasse Kleidung der Orient-Express-Passagiere im Empfangssaal auf Wäscheleinen zum Trocknen. Georges hoffte inständig, nicht in den internationalen Gazetten über diesen peinlichen Teil der Visite lesen zu müssen.

Der 44-jährige König trug die Uniform eines Generals, er sprach akzentfrei Französisch und hatte für jeden Gast ein freundliches Wort. Die Königin und ihre Entourage waren mit gold- und seidenbestickten, enganliegenden Röcken bekleidet.[350] »Queen Elisabeth trug eine Tunika aus cremeweißem Stoff, durchwirkt mit zarten Goldfäden«, schrieb Blowitz, »ihr hübsches Gesicht wurde umrahmt von hauchdünner Gaze in dezentem Rosa, das wirkte wie ein Morgennebel, der gelegentlich eine Wolke unterdrückter Melancholie ausstrahlte.«[351]

Obwohl König Carol I. aus Württemberg entsandt wurde, liebte er Rumänien. Und das Volk liebte ihn, denn er lernte Rumänisch, setzte unzählige Reformen durch, vor allem baute er das Eisenbahnnetz aus. Als er hier angekommen war, erläuterte der König, gab es keine Bahn. Er war es, der den Ausbau der Schienen vorangetrieben hatte.[352] Und zwar nicht mit privaten Investoren, wie in den meisten anderen Ländern Europas, sondern von Staats wegen, von ihm finanziert und koordiniert!

Er diskutierte mit Nagelmackers, Blowitz und About über den Berliner Kongress, auf dem eine Verbindung *Wien–Istanbul* von Österreich-Ungarn, Serbien, Bulgarien und dem Osmanischen Reich beschlossen worden war. König Carol gab sich besorgt, dass Baron Hirsch zu langsam mit dem Bau der Orient-Strecke vorankam. Albert Lechat versuchte, dem König die Gründe dafür zu erklären.

Königin Elisabeth – grazil, charmant, empfindsam – hörte zu, wollte sich aber mit den Journalisten lieber über die Dichtkunst unterhalten. Unter dem Pseudonym *Carmen Sylva* hatte sie auf Französisch Lyrik verfasst. Weil ihre einzige Tochter mit drei Jahren verstorben war, tröstete sie sich nun mit der Kunst des Fabulierens.[353]

Kaum hatten die Reisenden an dem wuchtigem Holztisch Platz genommen, hielt der König sorgfältig akzentuiert eine Tischrede: Er sei froh darüber, dass der Orient-Express die große Entfernung von Paris nach Bukarest überwinde, denn »Rumänien will eine Nation des Westens sein, der Osten sollte an der Donau Halt machen.«[354] Carol hatte die Hoffnung, die neuen Zugverbindungen könnten alle Teile Europas mit geistigem Stoff versorgen, wie die Adern den Körper mit Blut. Dem Königspaar schien es wichtig, ihrem Volk die kulturellen Errungenschaften Europas zu vermitteln.

Die rumänische Königin Elisabeth zu Wied

Schon bald nach der Rede mahnte Georges zum Aufbruch. Die Gäste schickten sich an, das Schloss zu verlassen. Plötzlich aber hielt die Königin die Reisenden zurück, drängte sie in den Musiksalon. Ihre improvisierte Aufführung war dem *Figaro*-Journalisten Georges Boyer eine Eintragung wert: »Die Königin setzte sich mit bezaubernder Schlichtheit ans Klavier und begleitete ihre Schülerin Charlotte Léria, die mit exquisitem Ausdruck und herrlicher Stimme rumänische Romanzen und die Romantik von Wagners *Stern* in französischen Worten sang.«[355]

Hin- und hergerissen registrierte Georges: Die Gäste amüsierten sich, einige wären gerne noch einen Tag geblieben, doch bei Einbruch der Dunkelheit forderte er mit Nachdruck zum Gehen auf.

Noch immer regnete es. Die Reisenden mussten ihre halbgetrockneten Mäntel überziehen, sie krempelten ihre Hosen hoch und stapften durch den Schlamm zurück zum Zug. Auf diesem Weg von Pfütze zu Pfütze ins Tal, so schildert es Edmond About, bot die Natur plötzlich ein kurioses Schauspiel: »Der Vorhang aus Bergen, der den Horizont in der Ferne abschloss, änderte abrupt seine Farbe. Erst wurde er schwarz. Dann innerhalb von wenigen Minuten weiß. Der Himmel sandte den ersten Schnee der Saison.«[356]

Mit Schnee in den Haaren und völlig durchnässt erreichten die Reisenden den Orient-Express, der die Gruppe nach Bukarest brachte. Georges sah auf die Uhr. Gemessen an seinem Fahrplan waren sie mehrere Stunden verspätet. Streng genommen hatte er das Rennen gegen die Zeit bereits verloren. Doch er hoffte, die Fahrgäste würden ihm verzeihen. Dafür durfte allerdings bis Konstantinopel nichts mehr schief gehen.

27

Giurgiu–Varna

◆

»Ab Giurgiu machte der Luxus des Reisens
dem Abenteuer Orient Platz.«
— *Henri Stephan Opper de Blowitz*[357]

Am vierten Reisetag, um sechs Uhr morgens, endete die Fahrt des Orient-Express im rumänischen Giurgiu, denn es existierte noch keine Eisenbahnbrücke über die breite Donau nach Bulgarien, um direkt weiterfahren zu können. Bereits ein halbes Jahr vor der Inaugurationsreise hatte Georges erfahren: Der Bau einer Donaubrücke war zwar bereits finanziert, könnte aber trotzdem noch Jahre dauern.[358]

Deshalb ersuchte Georges seine Reisenden, ihre Koffer an zwanzig Träger zu übergeben.[359] Die Einheimischen brachten das Gepäck ans Donauufer. Schlaftrunken trottete die Gruppe hinterher.

Georges hatte einen Umweg organisiert: Über einen morschen, schmalen Steg führte er die Reisenden zu einer Dampfbarkasse. Keiner traute sich, das brüchige, mit Schimmel überzogene Holzgeländer zu berühren.[360] Als die maroden Bretter unter dem Gewicht des fülligen Blowitz knarrten, hielt der Journalist verunsichert inne. Dann aber grinste er. Und ging weiter. Die Wiener Damen, About und die anderen Passagiere folgten Georges an Bord.

Das Boot fauchte und stieß eine Rußwolke aus, Georges hatte sich mit dem Schiffseigner abgesprochen: Kaum hatte die Barkasse abgelegt, servierte ein Diener türkischen Kaffee, der die Reisenden aufmunterte. Die Donau war so breit, dass die Fähre über eine halbe Stunde benötigte, um ans gegenüberliegende Ufer nach Russe zu gelangen.[361]

Schon von Paris aus hatte Georges einen Lokalzug der bulgarischen Eisenbahn gebucht, der die Gruppe ans Schwarze Meer nach Varna bringen sollte. Mit bescheidenem Komfort, ohne Drehgestelle, Restaurant- oder Schlafwagen, ausgestattet nur mit Holzbänken. Besonders peinlich waren Georges die sanitären Anlagen: Weder gab es in den Waggons ein Waschbecken noch fließendes Wasser. Der gesamte Zug verfügte über nur eine Toilette nach türkischer Tradition; Besucher konnten nur hockend ihre Notdurft verrichten, was für die Reisenden des Orient-Express gewöhnungsbedürftig gewesen sein muss, insbesondere für die beiden Damen.[362]

Nagelmackers hatte Schroeder und Lechat angewiesen, aus dem »Keller« seines Speisewaggons noch zwanzig Flaschen des besten französischen Weins mitzunehmen.[363] Kaum hatte sich der alte Regionalzug in Bewegung gesetzt, ließ Georges mehrere Flaschen Barrique öffnen, um seinen Fahrgästen wenigstens einen Hauch von »Savoir-vivre« auf den Holzbänken angedeihen zu lassen.

Natürlich hatte sich Georges gefragt, ob es nicht besser gewesen wäre zu warten, bis Baron Hirsch die Bahnstrecke über Serbien bis nach Konstantinopel fertiggestellt hätte. Doch er war zu dem Schluss gelangt, dass er sich wahrscheinlich noch mehrere Jahre hätte gedulden müssen, was die Zukunft bestätigen sollte.

So holperten seine Fahrgäste nun in den kaum gefederten Regional-Waggons über schlechte Schienen. War das nicht bereits schlimm genug, so erzählte der Schaffner von einem Überfall im nächsten Bahnhof, in dem sie gleich halten mussten, weil die Lok Wasser benötigte. Eine blutrünstige Bande hatte vor wenigen Tagen die Holzwände des Gebäudes mit Petroleum übergossen und angezündet, den Bahnhofsvorsteher niedergeschlagen und gefesselt, seine 13-jährige Tochter entführt und die Kasse gestohlen. Wenn nicht gerade zufällig eine Kutsche mit Arbeitern vorbeigekommen wäre, deren Herannahen die Räuber aufschreckte und flüchten ließ, wäre der Bahnhofsvorsteher an seinen Verletzungen gestorben.[364]

Vorsichtshalber holten die Fahrgäste ihre Waffen aus den Koffern und versteckten sie in ihren Jacken, griffbereit und entsichert. Als der Zug anhielt, betrachteten die Reisenden schockiert die Reste des abgebrannten Bahnhofsgebäudes. Auf dem Bahnsteig stand weder ein Bahnbeamter noch eine andere Person. Sobald die Lok Dampf abgelassen hatte, stellte sich eine angespannte Stille ein. Georges stieg aus und sah sich um. Nirgendwo konnte er einen Menschen entdecken.[365]

Indes befüllten Lokführer und Heizer den Kessel mit Frischwasser. Georges betrachtete das abgebrannte Bahnhofsgebäude, nichts bewegte sich. Die Minuten am Wasserkran schienen ewig zu dauern. Die Banditen tauchten nicht auf. Schließlich konnte der Zug weiterfahren, Georges atmete auf.

28

Am Schwarzen Meer

◆

»Die Bahn kutschiert uns durch die Gegend und transportiert ein Kindheitsgefühl. Sie versetzt uns zurück in die Zeit, als Papa und Mama uns herumfuhren. Und wenn etwas nicht klappt, fühlen wir uns vernachlässigt.«
— *Stephan Grünewald, Psychologe*[366]

Welliges Hügelland, fahle Felder und verödete Steppen zogen an den Fahrgästen vorbei. Auf einer Anhöhe spannten Bauern Rinder vor ihren Karren. Georges fiel der Mangel an Wasser auf, das Auge suchte vergeblich nach Reizen. Je weiter es gen Osten ging, umso eintöniger wurde die Landschaft.[367]

Plötzlich bediente der Lokführer das Signalhorn, gleichzeitig führte er eine Notbremsung durch, die Räder quietschten. Während der Zug zum Stehen kam, ertönte weiter das Horn. Sofort griffen einige Reisende nach ihren Pistolen. Georges kurbelte das Fenster runter, konnte aber kein Hindernis erkennen.

Er sprang aus dem Waggon, eilte nach vorne und sah: Dem Lokführer war es gelungen, den Zug nur wenige Zentimeter vor einem Stier anzuhalten, der es sich auf dem Gleisbett bequem gemacht hatte. Das Tier schien sich weder vom Dampfross noch vom Signalhorn beeindrucken zu lassen. Sosehr der Heizer sich auch anstrengte, den Stier zu verscheuchen, er bewegte sich keinen Millimeter.

Unwirtlich, marode, gefährlich: der Hafen von Varna

Erst als Georges auf die Idee kam, das Tier mit frischem Gras wegzulocken, konnte die Reise fortgesetzt werden.[368]

Für die 222 Kilometer von Russe bis ans Schwarze Meer benötigte der bulgarische Zug über sieben Stunden. Gegen 16 Uhr 30 erreichten die Reisenden endlich den Hafen von Varna.[369] Georges dachte, der Fußmarsch auf Schloss Peleş wäre bereits der strapaziöseste Abschnitt gewesen, doch es kam schlimmer: Kaum waren sie in dem Hafen angekommen, wurden sie von herumstreunenden Kindern, Bettlern und Hunden umkreist. Varna befand sich in einem erbärmlichen Zustand, der Hafen war einer der unwirtlichsten in Europa. Überall marode Kaianlagen, Müll und Armut.[370]

Zusätzlich hatte es zu regnen begonnen. Georges suchte nach einem trockenen Ort, an dem er seine Reisenden für die 90 Minuten bis zur Abfahrt des Schiffes nach Konstantinopel unterbringen konnte, fand aber nichts Adäquates. Der Regen wurde stärker, die Einheimischen flohen in Hauseingänge. Was sollte Georges nun mit seinen Passagieren tun, die in ihrer vornehmen Kleidung am Hafen warteten? Da entdeckte er den sich nähernden Dampfer, ein rasches Einschiffen wäre also die Lösung.

Zerlumpte Menschen boten an, den Passagieren ihre Koffer zu tragen. Georges warnte, denn er wusste von anderen Expeditionen: Oft sah man dann sein Gepäck nie wieder. Nur mit Mühe konnten die Reisenden die armen Leute auf Distanz halten.

Die Weiterfahrt von Varna hatte Georges mit einem Linienschiff geplant, das um 18 Uhr ablegen und am nächsten Morgen Konstantinopel erreichen sollte. Es handelte sich um die *Espero*, eines von 80 Dampfschiffen des berühmten *Österreichisch-Ungarischen Lloyd* mit Sitz in Triest, der größten Schifffahrtsgesellschaft im Mittelmeer.

Kurz darauf musste Georges die nächste Überraschung zur Kenntnis nehmen: Versprochen war ihm für seine Reisenden ein Steg und eine Brücke, doch der Kapitän konnte nicht am Kai anlegen, weil die Behörden das Hafenbecken nicht ausreichend ausgebaggert hatten.[371] Deshalb ankerte der Zweimaster-Schraubendampfer mit Eisenrumpf und Hilfsbesegelung in mehr als hundert Metern Entfernung. Die Reisenden mussten in fünf kleinen Landungsbooten zu dem 1800-Tonnen-Schiff übersetzen.[372]

Der Himmel verdüsterte sich, zum Regen kam ein Sturm, die See wurde rau. Als die ersten Reisenden die kleinen Ruderboote bestiegen, bemerkte Georges die sorgenvollen Gesichter. Auf der Fahrt zum Dampfer schaukelten Böen die Boote, Wellen schäumten und bespritzten die Reisenden.

Das Anlegen an der *Espero* gestaltete sich schwierig. Die Fahrgäste mussten von den Booten über ein wackliges, steiles Fallreep zum Schiff hochklettern, beides bewegte sich.[373] Der korpulente Opper de Blowitz kam aus dem Gleichgewicht und bekam nur mit knapper Not die Reling des Dampfers zu fassen.

Georges ließ die Koffer des Reporters von Schroeder und Lechat hochtragen, auch das Gepäck der Wiener Damen. Die See wurde so stürmisch, dass Georges Sorge hatte, Frau von Scala könnte auf den Stufen stolpern. Doch sie bewegte sich geschickt samt Koffer das steile Fallreep hoch, was ihr den spontanen Applaus der anderen Fahrgäste einbrachte.

Auf der überfüllten *Espero* drängten sich Bauern und Arbeiter, die Bulgarien mit Frau und Kindern verließen. Auf dem Deck lagerten bereits viele Menschen, die in bunten Gewändern zu neuen Zielen aufgebrochen waren. Matrosen pferchten in die Laderäume eine ganze Schafherde zu Paketen und Koffern.[374]

Kaum nahm die *Espero* ihre Fahrt auf, wurde Blowitz seekrank und zog sich in seine Kabine zurück. Für die Überfahrt hatte Georges 15 Stunden eingeplant, doch das Wetter war so verheerend, dass der Kapitän es nicht wagte, eindeutige Zeitangaben zu machen.

Immer deutlicher wurde Georges klar: Er musste den Journalisten noch ein außergewöhnliches Erlebnis in Konstantinopel bieten, damit sie ihm die Strapazen der letzten Tage verziehen.

29

Gemälde mit Möwen

◆

> »Seit der Antike bildet die Reise nach Istanbul eine literarische Gattung mit eigenen Regeln, und immer enthält sie die Verzückung der Ankunft. Die Annäherung an die Stadt wird in kleinen Schlucken ausgekostet.«
> — *Umberto Eco*[375]

Schwarzer Qualm schoss ruckartig aus dem Schlot. Die *Espero* kämpfte gegen den Sturm und warf eine schäumende Bugwelle. Einige Reisende des Orient-Express blickten durch die Bullaugen auf die stürmische See und hielten sich an Holzgriffen fest, um nicht gegen die Bordwand geschleudert zu werden. Die österreichischen Damen hatten sich mit blassen Gesichtern in einer Ecke verbarrikadiert. Edmond About versuchte trotz des hohen Wellengangs, das Erlebte in seinem Notizbuch festzuhalten. Was ihm nur mit Mühe gelang.

Georges spürte, wie die Stimmung sich immer mehr gegen ihn wandte. Musste er mit desaströsen Kritiken rechnen? Schon fürchtete er, sein Lebensprojekt könnte in sich zusammenbrechen. Mit diesem Geschaukel konnte er seine verwöhnten Fahrgäste unmöglich entlassen. Er hoffte, der oft von Reisenden hymnisch beschriebene erste Anblick von Konstantinopel würde die Gemüter besänftigen. Über seinen Orient-Experten Lechat hatte er vorsorglich eine außergewöhnliche Stadtführung organisieren lassen, um die Enttäuschten zu trösten.

Die *Espero* der Österreichisch-Ungarischen Lloyd kämpfte gegen den Sturm

Die gesamte Überfahrt kämpfte Blowitz in der Kabine gegen seinen rebellierenden Magen. Erst als das Schiff um fünf Uhr dreißig am Morgen in den Bosporus einfuhr, holte ihn About auf das Vorderdeck, damit sie gemeinsam mit Journalisten-Kollegen Boyer den berühmten ersten Blick auf Konstantinopel genießen konnten.[376]

Doch Boyer reagierte irritiert: »Ein dichtes Geschiebe kleiner, schreiend gelber und schmutzigrosa verputzter Häuser mit geschlossenen Fensterläden machte keinen grandiosen, sondern einen enttäuschenden Eindruck.«[377]

Der leicht zu begeisternde Blowitz soll bloß den Kopf geschüttelt haben, denn er dachte an die euphorischen Schilderungen der Korrespondenten und verglich sie mit der Realität: »Als ich mit einem guten Fernglas ausgerüstet auf die Brücke stieg und den Bosporus vor mir sah, brach ich in Gelächter aus. Wie lächerlich!«[378]

Dann bog die *Espero* in der Morgendämmerung ins Goldene Horn ein und schlagartig änderten die Journalisten ihre Meinungen: »Es war, als hätte sich ein ungeheurer Theatervorhang gehoben«, notierte Boyer, »und mit einem Mal hatten wir das wirkliche Konstantinopel vor uns. Die uralte Stadt war in zarte Nebelschleier gehüllt, durch die wir Moscheen erkannten, mit ihren Minaretten wie riesige Altarkerzen. Diese Pracht übertraf all unsere Träume.«[379]

Der Dampfer reduzierte die Geschwindigkeit. Plötzlich unterbrachen die Reisenden an Deck ihre Gespräche, eine seltsame Stille erfasste die Menschen. Vor ihnen lag das Goldene Horn wie ein breiter Fluss. An jedem Ufer eine Stadt mit Hügeln und Buchten. Zypressenwälder zogen sich bis zum Wasser hinab und begrenzten Paläste und Festungen. Rechts drängte sich Galata ins Blickfeld, mit dem hochaufragenden Turm, den Schiffsanlegestellen, Cafés und Basaren. Links sahen die Reisenden das alte Stambul, mit der Hagia Sophia, den Stadtmauern und weiteren Moscheen, geschmückt von Minaretten, die wie goldene Nadeln die aufgehende Sonne reflektierten. Über allem lag etwas Feenhaftes, Geheimnisvolles und Großes, das die Fantasie beflügelte.[380] Weiße Möwen flogen schreiend auf das Schiff zu, im Morgenlicht notierte Blowitz: »Je länger ich dieses Gemälde sah, desto weniger konnten sich meine Augen davon lösen.«[381]

»Das Schönste ist der erste Blick«, meinte About, der zehn Jahre zuvor schon einmal Konstantinopel besucht hatte, »das Profil der Hügel, die Kuppeln und Minarette, die warmen Farben, das An- und Ablegen der Schiffe, die wunderbare Vielfalt. Der Reisende, der mutig genug ist, beim ersten Eindruck innezuhalten, eine Viertelstunde der Ekstase zu genießen, der hat bereits gewonnen!«[382]

Auch Blowitz bewegte die Einfahrt: »Ich hatte unzählige Bücher über den Bosporus gelesen sowie Zeichnungen und Gemälde gesehen. Nun, ich will zugeben, dass das, was ich nun vor mir sah,

Die Sicht von Pera auf das Goldene Horn und den Bosporus um 1880

absolut nichts mit dem zu tun hatte, was ich mir vorgestellt hatte. In meiner Fantasie erschuf ich mir einen ganz besonderen Bosporus: Eine riesige Stadt, die sich terrassenförmig auf grünen Hügeln erhob – am Ufer eine Art Fluss, der sich, so weit das Auge reicht, in die Ferne erstreckt –, übersät mit Minaretten, dominiert von der Hagia Sophia, und gegenüber, am Horizont, verloren, die asiatische Seite, still, karg, golden. War, was ich jetzt sah, schöner als das, was ich mir erträumt hatte? Ja, weil die menschliche Fantasie, sosehr sie auch umherschweift, die unendliche Schönheit nicht erträumen kann.«[383]

Die Euphorie der Reisenden stand im Widerspruch zu einem Blick auf das Zwischendeck der *Espero*, wo sich Elend ausbreitete. Auf dem vom Meerwasser nassen Boden drängten sich hunderte Auswanderer auf engstem Raum, Familien mit kleinen Kindern, in dreckige Lumpen gehüllt und mit nur wenigen Habseligkeiten.[384]

Edmond About bemerkte, wie mitten unter den vielen Passagieren eine Mutter versuchte, ihre zwei Babys von Exkrementen zu befreien; mit dem wenigen Wasser aus einem Krug wusch sie die kleinen Körper, um sie dann in einer feuchten Decke etwas zu trocknen.[385]

Als das Schiff anlegte, resümierte Blowitz: »Beim Schreiben dieser Zeilen fühle ich mich von einer Sehnsucht gepackt, die das Leiden berührt.«[386]

30

Schafe und Straßenbahnen

◆

»Der Orient-Express – in Wahrheit ist
er ein Märchen. Keine Minute Müdigkeit,
Langeweile oder Erschöpfung.«
— L. Tréfeu, Journalist des »Le Gaulois«,
am 18. 10. 1883[387]

Die Haut der jungen Männer war von der Sonne gegerbt. Energisch zurrten Matrosen die Landungsboote an der *Espero* fest. Georges hatte am Ufer acht Kutschen für seine Reisenden vorfahren lassen. Einige Träger schnallten das Gepäck der Orient-Express-Passagiere auf den Rücken von Hammeln. Nach einem prüfenden Blick gab Georges das Zeichen zur Abfahrt.

Im Gänsemarsch setzte sich der Zug mit Kutschen in Bewegung, vorbei an Metzgereien, Tavernen und Marktständen, wo dunkelblaue Trauben, blutrote Paprika und glänzende Granatäpfel angeboten wurden. Die Kutschen fuhren um einen Friedhof, dessen verrosteter Zaun von staubigen Zypressen durchwachsen war; schiefe Grabsteine mit eingravierten Turbanen huschten an den Reisenden vorbei.

Sobald der Zug langsamer wurde, umkreisten Bettler die Kutschen. Streunende Hunde schwärmten zwischen den Vehikeln umher, schmutzig, räudig und laut.[388]

Überall sahen die Reisenden Esel, Packpferde und Karren, mit denen die Menschen Lebensmittel, Ziegel und Bretter transportierten. Kutschen waren in der Stadt noch selten, dafür standen an vielen Kreuzungen Pferde, flankiert von ihren Besitzern. Die zumeist älteren Männer vermieteten ihre Tiere stundenweise.

Plötzlich ein ohrenbetäubender Pfiff – Georges, About und Blowitz drehten sich um: Nagelmackers' Zug mit den Kutschen musste abrupt anhalten. Eine doppelstöckige Straßenbahn, gezogen von zwei Pferden, verlangte Vorfahrt. Ein Läufer rannte dem Vehikel voraus, er warnte die Passanten mit einer schrillen Pfeife und schrie »Achtung!«[389] Es gab keine Haltestellen. Überall, wo jemand einsteigen wollte, hielt die Straßenbahn an, ein Ruf oder eine Handbewegung genügten. Im ersten Stock des Fahrzeugs saßen Männer auf einer offenen Terrasse ohne Geländer, nur durch eine Plane vor der Sonne geschützt. Bis auf den letzten Platz war die Straßenbahn besetzt. Es schien, als liebten die Menschen die neuen Schienenfahrzeuge.

Georges hatte überlegt, eine Straßenbahn zu mieten und seine Reisenden damit zum Hotel zu bringen, doch es gab noch keine Gleise bis ins Nobelviertel Pera. Dort hatte er Zimmer in den besten Häusern der Stadt reserviert, im *Hôtel d'Angleterre* und im *Hôtel du Luxembourg*.[390] Trotzdem waren die hygienischen Bedingungen befremdlich, in der Hotel-Eingangshalle standen Schafe, deren Ausscheidungen den weißen Marmorboden zierten; es fand gerade das Opferfest statt.[391] Es gab weder warmes Wasser noch Elektrizität.[392]

»Zwar war fließend kaltes Wasser vorhanden«, berichtete Edmond About, »und ich genoss das Nass nach den Tagen auf dem Schiff und den bulgarischen Rumpelwaggons, doch das Wasser war schmutzig und stank!«[393]

Über den mangelnden Komfort tröstete der Charme der Hoteliers hinweg, wie About notierte: »Gleich nach der Ankunft servierten uns die Gastgeber ein gutaussehendes Gericht. Sie hatten eine Art der Begrüßung, die sagte: *Du bist hier zu Hause!* Sie erkannten einen Kunden nach zehn Jahren wieder und fragten ihn nach Neuigkeiten in der Familie. Wenn sie dich zum ersten Mal sahen, entschuldigten sie sich, dass sie dich noch nicht kannten und stellten viele Fragen, um dich nicht zu vergessen. Kurzum, wir waren weniger zu Hause als ein Freund. Aber mehr als eine Nummer!«[394]

Trotzdem überlegte Georges, langfristig für seine Reisenden eine komfortablere Lösung zu finden.

31

Der Thron des Schahs von Persien

◆

»Konstantinopel ist ein Durcheinander von Wundern, das weder europäische Reiseführer noch die Türken vollständig durchschauen.«
— *Edmond About, Reisetagebuch*[395]

Georges lud seine Reisenden zu einer Exkursion ein. Es war ihm gelungen, eine Einladung in den Palast des Sultans zu erwirken. In das Allerheiligste. Dafür hatte er zwölf Kutschen bestellt, die vor dem Hotel warteten. Die Reisenden wurden von Pera – wörtlich das Gegenüberliegende – über die Galatabrücke auf die andere Seite des Goldenen Horns nach Stambul gebracht, wo der Sultan in seinem Palast lebte, umgeben von Moscheen, levantinischen Basaren und seinem Harem.

Zwischen schwer beladenen Pferden, Herren mit schwarzen Fez und Damen mit weißen Hüten bahnten sich die Kutschen ihren Weg über die von Meeresluft aufgequollenen Holzbohlen der Galata-Brücke. Es gab keinen geregelten Verkehr. Fußgänger, Händler und Lastenträger mussten aufpassen, nicht unter die Räder zu kommen.[396] Die schwimmende Brücke verband zwei Welten. Die Pontons atmeten einen Geist, den nur eine Stadt zwischen Abend- und Morgenland haben kann. Dicht an dicht standen Angler an den Geländern; dazwischen ein Gewimmel von Geschäftsleuten, fliegenden Händlern, Trickbetrügern und Wahrsagern, die versuchten, auf der Brücke den Passanten Geld abzu-

Von 1845 bis 1930 mautpflichtig: die schwimmende Galatabrücke

nehmen; werbend, plaudernd, lachend. Die Menschen stolperten oft über die großen Nägel, die aus den Holzschwellen der Brücke ragten und im Gedränge leicht zu übersehen waren.

Die Reisenden des Orient-Express vernahmen Sprachfetzen verschiedener Nationen: Türkisch, Hebräisch, Arabisch, Armenisch, Englisch, Französisch, Deutsch. Im *Handbook for Travellers in Turkey* von 1878 wurde berichtet: »Immer werden acht oder neun Sprachen auf der Straße gesprochen, und auf den Ladenschildern stehen fünf oder sechs.«[397]

Obwohl Konstantinopel eine der multikulturellsten Metropolen der Welt war und sich laut osmanischer Volkszählung von 1886 in der Region Istanbul mehr Menschen zum Christentum als zum Islam bekannten,[398] lebten die Menschen doch mehr neben- als miteinander. Wie auch der Autor des *Handbook for Travellers* bestätigte: »Die Rassen haben nichts Gemeinsames; außer beim Handel gibt es keine Beziehungen zwischen ihnen; jeder lebt in ständiger Furcht vor den anderen.«[399]

Ein Adjutant der Hohen Pforte brachte Georges und seine Reisegruppe zum höchsten Punkt des alten Serail, dem Palast des osmanischen Sultans.[400] Auf dem Weg durch verschlungene Gassen, vorbei an duftenden Rosenstöcken, Pfirsich- und Walnussbäumen, wies der Beamte des Sultans unentwegt auf Kleinode hin: Eine römische Säule, eine monumentale Zisterne, ein liebevoll gepflegter Garten, der an orientalische Märchen von der Hochzeit einer Prinzessin mit einem jungen Barbier erinnerte.[401] Und überall wimmelte es von Kindern. About hatte noch nie so schöne Mädchen und Jungen in fantasievollen Kleidern gesehen, sie lachten, kreischten und vergnügten sich.[402]

Das Erstaunen war groß, als der Adjutant die Reisenden über eine baufällige Treppe zum Tor des Dolmabahçe-Palasts führte, eines der größten Meisterwerke der osmanischen Baukunst.[403] Der Beamte hielt vor einem mehrfach verriegelten Tor, bewacht von vier bis an die Zähne bewaffneten Männern. Auf ein Zeichen des Adjutanten sperrten die Soldaten schwere Schlösser auf und ließen die Besucher in einen dunklen Raum treten. Durch kleine, vergitterte Fenster fiel nur wenig Licht auf den Mosaikfußboden.

Georges hatte nach mehreren Anfragen die Erlaubnis erhalten, seinen Gästen die Schatzkammer des Sultans zu zeigen. Im Heiligsten des Dolmabahçe-Palasts bestaunten die Gäste eine Vielzahl von Regalen voller Gold, Perlen und Diamanten in der Größe von Eiern. Besonders beeindruckte der *Goldthron des Schahs von Persien*, komplett mit Juwelen besetzt.[404] Die Reisenden irrten in dem Labyrinth der Schatzkammer umher, bewunderten perlenbestickte Kissen, Saphire, Smaragde und wertvolle Dolche sowie die goldbestickten Kostüme und Uniformen aller Sultane seit Mehmet II. Dabei wurden sie nur von den vier Soldaten bewacht, was Blowitz zu der Aufforderung verleitete: »Gentlemen, wir sind über dreißig und die Wachen sind gerade mal vier. Lasst uns sie abschlachten und alles mitnehmen!«[405]

Kaum hatte er ausgesprochen, tauchten zwanzig bewaffnete Türken auf, um vor den Fenstern Stellung zu beziehen. Georges konnte nicht herausfinden, ob sie gekommen waren, um der Gruppe die Ehre zu erweisen oder die Schätze zu bewachen.[406]

32

Zurück nach Paris

◆

»Erwachen wir aus einem zu schönen Traum,
werden wir unsere Illusionen verlieren.«
— *Edmond About, Reisetagebuch 1883*[407]

Nach vier Tagen in Konstantinopel, am 13. Oktober 1883, traten Georges und die meisten seiner Gäste die Rückfahrt an.[408] Als die Reisenden im rumänischen Giurgiu ankamen, warteten dort bereits die neuen Waggons von Nagelmackers. Denn inzwischen hatten seine Mechaniker in München den Heißläufer am Speisewagen repariert und den Waggon wieder in das Ensemble eingefügt.[409]

Nach insgesamt 77 Stunden, und damit vier Stunden früher als geplant, erreichte der Orient-Express am 16. Oktober 1883 den Pariser Gare de l'Est.[410]

Beim Aussteigen bedankten sich viele Journalisten für die spannende Reise. Einige erkundigten sich, was denn nun für Georges eine wirklich gute Gastfreundschaft ausmache. Die Antwort hielt About in seinem Tagebuch fest. Es sei ganz einfach, habe Georges gesagt: »Kommen Sie doch zu mir nach Hause zum Abendessen!«[411]

Verwundert fragte sich About, ob Georges nicht der Inbegriff der belgischen Großzügigkeit sei.[412]

Bei den folgenden Fahrten nach Konstantinopel gelang es Georges, sein selbstgestecktes Geschwindigkeitsziel zu halten –

nahezu alle Züge schafften die Reise in weniger als 83 Stunden, wie die *New York Sun* berichtete.[413]

Am Ende der Jungfernfahrt konnte er trotz aller Kalamitäten zufrieden sein, denn die Londoner *Times* titelte: »Der Orient-Express ist eine Revolution in der Kunst des Reisens.«[414] Die Pannen und Unbequemlichkeiten im letzten Reiseabschnitt schienen vergessen, vor allem freute es Georges, dass der Orient-Express nachgefragt wurde: »Der Erfolg dieses Zuges übertrifft die Prognosen der *Compagnie Internationale des Wagons-Lits*«, schrieb die Pariser Zeitung *Gil Bas*, »alle Abreisen aus Paris und die meisten Rückreisen aus dem Orient wurden durchgeführt, ohne dass es einen einzigen freien Platz in den Waggons gab.«[415]

Aufgrund dieses Erfolgs ließ es sich Georges nicht nehmen, den Orient-Express in seinem Heimatland vorzustellen. Er organisierte für das Frühjahr 1884 im Brüsseler Nordbahnhof eine Präsentation mit Rundfahrt und mehrgängigem Menü.[416] Dazu lud er nicht nur die Presse, sondern auch die halbe Regierung und seine Familie ein. Insbesondere seinem Vater Edmond wollte Georges den Orient-Express vorstellen. Der schlanke, 65-jährige Bankier mit dem weißen, kurz geschnittenen Vollbart war gerade zum Ritter des Leopold-Ordens und der Ehrenlegion ernannt worden und zu einem der wichtigsten Unternehmer im belgischen Königreich aufgestiegen.[417]

Nach wie vor galt Georges in seiner Familie als Außenseiter, der sich nicht der Bank oder den Erzbetrieben seines Vaters zugewandt hatte – im Gegensatz zu seinem zehn Jahre jüngeren Bruder Jules, der jetzt auch als Manager im Bankhaus Nagelmackers seinen Dienst versah.[418]

Für Georges wäre es ein Triumph gewesen, wenn er seinen erfolgreichen Orient-Express mit der Familie hätte feiern dürfen. Doch weder Vater noch Mutter sagten ihr Kommen am Brüsseler

Nordbahnhof zu, obwohl sogar zahlreiche Mitglieder des Königshauses ihr Erscheinen angekündigt hatten. Offensichtlich konnte der Erfolg des Orient-Express nicht darüber hinweghelfen, dass Georges gegen den Willen des Vaters eine Beziehung mit einer geschiedenen Frau führte und seinen eigenen Weg gegangen war.

Der Vater: Edmond Nagelmackers

Die abweisende Reaktion der Eltern dürfte Georges zugesetzt haben, denn kurz vor der Veranstaltung wurde er plötzlich krank und Napoléon Schroeder musste ihn vertreten. Die hymnischen Pressemeldungen haben ihn möglicherweise getröstet; in der Brüsseler Zeitung *L'Écho du Parlement* wurde sogar auf den berühmten Schriftsteller Jules Verne verwiesen, dessen Buch »In 80 Tagen um die Welt« ohne die Expresszüge von Georges nicht vorstellbar gewesen wäre.[419]

33

Die Veränderung des Denkens durch das Reisen

◆

> »Wenn man früher ein Dutzend freie Tage und
> dazu Lust hatte, einen Ausflug zu machen,
> dann fuhr man in den Wald von Fontainebleau.
> Heute fährt man nach Konstantinopel!«
> — *Georges Boyer im »Figaro«, 1883*[420]

Im Laufe der Jahre entwickelte sich der Orient-Express zum berühmtesten Zug der Welt. In den Romanen von Agatha Christie, Eric Ambler und Georges Simenon erhielt er eine Hauptrolle. Alfred Hitchcock verewigte ihn in »The Lady Vanishes«, Carol Reed in »The Night Train« und bei Graham Greene taucht er im »Stamboul Train« auf. Peu à peu wurde der Orient-Express zu einer Legende. Ein Zug der Träume.

»Nach der ersten Fahrt des Orient-Express verfolgte ganz Europa die Entwicklungen im Osmanischen Reich. Denn nach 1883 hatte sich etwas verändert«, analysiert der US-Historiker Charles King, »jetzt vermochte jeder, der es sich leisten konnte, in einer der großen europäischen Hauptstädte in den Zug zu springen und bis Konstantinopel zu fahren. Mit einem noch nie da gewesenen Luxus und Komfort. Allen war damals klar: Damit brach eine neue Zeit an!«[421]

Im Jahr 1889 gelang es Baron Hirsch endlich, die Bahnstrecke von Wien über Serbien bis Konstantinopel fertigzustellen.[422] Da-

Der preußische Architekt August Jasmund baute den Istanbuler Kopfbahnhof Sirkeci für den Orient-Express

mit verkürzte sich Georges' Linie auf 3186 Kilometer und der Orient-Express schaffte es von Paris nach Konstantinopel in nur 67 Stunden und 37 Minuten.[423]

Zweimal pro Woche fuhr der Zug am Gare de l'Est ab und erreichte in weniger als drei Tagen den in Konstantinopel 1890 für den Orient-Express neu erbauten Bahnhof Sirkeci. Noch Jahre später schwärmte eine Zeitung: »Diesem Zug, der Europa durch Europa trägt, gilt die Sehnsucht, das Entzücken, der Neid derer, die ihm nur nachwinken.«[424]

Es ist davon auszugehen, dass sich Georges von Beginn an – inspiriert von seiner Reise nach Amerika – der Größe seiner Idee bewusst war und sie entsprechend vorantrieb. Denn er hatte nicht wie manch andere Unternehmer nur reagiert, sondern vorausschauend agiert, wie er bereits 1884 in einem Brief selbstbewusst kundtat: »Es besteht kein Zweifel, dass in wenigen Jahren alle Hauptstädte Europas durch unsere schnelleren und komfortableren Züge vereint werden.«[425]

Deshalb eröffnete er schon 1881 die erste Waggonmanufaktur im Pariser Vorort St. Ouen, um selbst rascher Schlafwagen herstellen zu können.[426] Er investierte massiv in politische Kontakte und streckte seine Fühler in alle europäischen Länder aus.[427]

Sein Handeln folgte einem Gesamtkonzept, das erst später von Experten erkannt wurde, wie zum Beispiel vom Börse-Spezialisten des *Figaro*, der es 1896 in einer mehrseitigen Analyse auf den Punkt brachte: »Man kann sagen, dass dieser Mann von Anfang an die gesamte Ausdehnung gesehen hat, die seine *Compagnie* nehmen wird.«[428]

Es ging Georges nicht um ein paar Linien oder den Orient-Express allein, ihm schwebte ein ganzes Netz von Nachtzügen vor, das Europa verbindet. Einsteigen in Nantes, Graz oder Dresden. Umsteigen an einem von Nagelmackers' Knotenpunkten in Paris, Wien oder Berlin. Und schlafend durch die Nacht nach Lissabon, Ostende oder Rom. An jedem Knotenpunkt sollte ein Anschlusszug bereitstehen. Ein perfekt ineinander greifendes Räderwerk. Ein über viele Brücken miteinander verbundenes Europa.

34

Zum Nabel der Sonne

◆

> »Das Land Ihrer Träume liegt
> am Ende der Nacht.«
> — *Titel einer Schlafwagenplakatwerbung*
> *für die Reise an die Côte d'Azur*[429]

Nach dem erfolgreichen Start des Orient-Express eröffnete Georges in Paris auf dem noblen Boulevard Haussmann eine repräsentative Geschäftsstelle. Fieberhaft arbeitete der 38-Jährige an neuen Plänen: In diagonalen Linien von Nord nach Süd und von Ost nach West versuchte er, Verbindungen zwischen den europäischen Hauptstädten, Wirtschaftszentren und Ferienzielen wie der Côte d'Azur oder Abbazia zu etablieren.

In England waren die Winter kalt und feucht, die Betuchten hatten Sehnsucht nach Süden und Wärme. Warum also nicht ein Zug aus dem Herzen des Regens zum Nabel der Sonne?

Bereits im Dezember 1883 gelang es Georges, eine Verbindung von Calais an die französische Riviera auf die Schienen zu stellen: Zuerst den *Calais-Nice-Rom-Express*, der dann 1886 durch den *Calais-Méditerranée-Express* ersetzt wurde. In diesem Zug installierte er eine rollende Cocktail-Bar, ein »Pergola-Restaurant«, und auf allen Fluren ließ er flauschige Teppiche legen. Die Compartiments konstruierte Georges so großzügig, dass pro Waggon nur zehn Fahrgäste Platz fanden.

Rasch geriet die Verbindung zum Inbegriff von Glanz und Noblesse. Man verbrachte den Winter in Cannes oder Monte-Carlo und reiste mit Nagelmackers' Zügen an. Im Laufe der Jahre entwickelte sich der über Paris nach Nizza fahrende Zug zum einträglichsten, den Georges je initiiert hatte. Bis zur Erfindung des Flugzeugs war es für die europäische Oberschicht Tradition, den Winter an der Côte d'Azur zu verbringen.[430]

Die vierachsigen Waggons erhielten ab 1922 blaue Metallkarosserien, die Reisenden nannten den Zug bald »train bleu«. Bereits beim Einsteigen sollte die Verkleidung an den azurblauen Himmel und das Meer erinnern. Im Laufe der Jahre reisten so berühmte Persönlichkeiten wie Winston Churchill, Greta Garbo, F. Scott Fitzgerald und Marlene Dietrich mit dem Luxuszug an den französisch-italienischen Küstenabschnitt des Ligurischen Meeres.[431]

Trotzdem holten Georges die Probleme des Alltags ein. Kurz nach Einführung der gut gebuchten Verbindungen machte ihn Napoléon Schroeder darauf aufmerksam, dass die Kosten für die Speisewagen explodiert waren. Nahezu täglich wurde Porzellan gestohlen, Weinflaschen verschwanden auf mysteriöse Weise, Lebensmittel wurden verschwendet, die Abrechnungen der Kellner stimmten selten mit den verkauften Speisen und Getränken überein. In einer Notiz hielt Georges trotz vieler Gespräche mit den Kellnern verzweifelt fest: »Echte Kontrolle ist unmöglich!«[432]

Die Verluste drohten so groß zu werden, dass plötzlich die Verbindung in Frage stand.

Schweren Herzens entschloss sich Georges, den Betrieb der Restaurantwaggons auszulagern. Er erteilte Konzessionen an die Küchenchefs, die ab 1884 eigenverantwortlich die Waggons wie ein herkömmliches Restaurant bewirtschafteten, mit eigenen Kellnern und Hilfsköchen. Tatsächlich liefen damit die Speisewagen für alle Beteiligten wieder einträglich.[433]

Im Direktionsbüro der CIWL in Brüssel plante Georges neue Projekte

Bestärkt von der guten Nachfrage des *Orient-* und des *Calais-Méditerranée-Express* versuchte Georges, im selben Jahr einen weiteren Kraftakt zu stemmen, den *Nord-Süd-Express*: Durch sieben Hauptstädte, von St. Petersburg über Paris bis nach Lissabon.[434] Dafür mussten drei unterschiedliche Spurweiten von Gleisen überwunden werden. Was Georges zu lösen beabsichtigte, indem er selbst flexible Drehgestelle konstruierte.[435]

Mitten in den aufreibenden Vertragsverhandlungen machte ihm neuerlich die Cholera einen Strich durch die Rechnung. Nervosität brach aus, die Grenzen wurden geschlossen und Georges musste das Projekt auf Eis legen.[436]

Trotzdem stellten der Orient-Express und der *Calais-Méditerranée-Express* Wendepunkte dar, denn nun schlossen die Eisenbahnen von Frankreich, Österreich und Rumänien erstmals nicht mehr nur die ärgerlichen Einjahresverträge ab, sondern Georges wurden Kontrakte über zehn Jahre und länger zugestanden. Mit diesen Zügen, deren Takt Georges jedes Jahr erhöhte, konnte er endlich Geld verdienen. Viele Unternehmer hätten davon nun Rücklagen für schlechte Zeiten gebildet, doch Georges dachte anders: *Nicht investiertes Kapital ist totes Kapital.* Und so investierte er weiter, denn er hatte bereits neue Ideen.[437]

35

Durch die Mangel

◆

»Der Mensch ist ein Heimtier;
er möchte auch auf Reisen zu Hause sein.«
— *Edmond About*[438]

Reise für Reise machte Georges ein weiteres Bedürfnis seiner Kunden aus: Sie wollten an den Zielorten Hotels, Restaurants und kulturelle Angebote vermittelt bekommen. Deshalb eröffnete er am 1. April 1886 eine große Agentur an der Place de l'Opéra in Paris. Ein prominenter Standort, ganz nach seinem Geschmack. Von diesem Headoffice aus entwickelte Georges ein ganzes Netz von Büros. Auch dabei dachte er global: Von Alexandria über Wien, London, Barcelona, Moskau bis nach Aix-les-Bains etablierte er mit seinem Team mehr als 200 Vertretungen, mit Unteragenturen in Kanada und den Vereinigten Staaten.[439]

Er vermittelte Schlafwagentickets und Bahnkarten, gab alle Arten von kostenlosen Informationen in vielen Sprachen und tauschte Geldwechsel und Reiseschecks.[440] Dabei wies Georges seine Mitarbeiter an, nur die besten Zugverbindungen, Hotels, Restaurants und Kulturangebote anzubieten. Trotzdem erhielt er zahlreiche Beschwerdebriefe. Grund der Kritik waren nicht seine Züge, sondern die vermittelten Hotels. Oft fanden die Reisenden weder komfortable Restaurants noch standesgemäße Herbergen. Nicht nur Konstantinopel eilte der Ruf voraus, eine Stadt

Georges fand erstklassige Agentur-Adressen: Berlin, Unter den Linden 67

der Kloaken sowie ein Hort der Diebe und betrügerischen Hoteliers zu sein, an dem Besucher aus dem Westen oft über den Tisch gezogen werden.[441]

Wie strapaziös es in Konstantinopel zuging, beschrieb George Bradshaw, der englische Baedeker, in seinem Reiseführer »Guide to Turkey«: Bradshaw zufolge sollte man nach Konstantinopel unbedingt einen Teekessel und Kondensmilch, eine faltbare Badewanne sowie einen Revolver mitnehmen. In der ganzen Stadt habe er kein Hotel gefunden, das er empfehlen wolle. Die meisten Briten würden im *Hotel Missri* absteigen, das dunkel sei wie ein Mausoleum. Und er riet, beim Bettzeug vorsichtig zu sein, es gut zu lüften, denn nur wenige Wirte würden es waschen. Die meisten würden es bloß nach der Benützung des letzten Gastes befeuchten und es dann durch eine Mangel drehen.[442]

Natürlich zweifelte Georges manchmal, ob seine Fahrgäste überhaupt das Fremde suchten. Vielleicht wollten sie nur durch das Fenster des Zuges oder eines luxuriösen Hotels das Fremde betrachten, ohne sich darauf einzulassen. Georges überlegte, wie er damit umgehen sollte.

Ein Kiosk für Menschen mit Fernweh: CIWL-Agentur in Paris, um 1900

Mehrmals besuchte er Konstantinopel, um die besten Häuser zu ermitteln. Doch das *Hôtel du Luxembourg* in der Grand Rue in Pera konnte nicht mit dem Pariser Standard mithalten.[443] Es verfügte weder über fließend warmes Wasser noch Elektrizität. Wie auch sämtliche andere Hotels in Konstantinopel. Was also tun?

Georges konnte nicht erwarten, dass sich Konstantinopel zeitnah an die Bedürfnisse der verwöhnten Fahrgäste des Orient-Express anpassen würde. Deshalb dachte er über eine andere Lösung nach. Eine Lösung, die viel Geld kosten würde, seine Reisenden aber langfristig erfreuen könnte. Eine Lösung, die seine Aktionäre hinterfragen würden. Eine Lösung, bei der er viel riskieren müsste. Nicht zum ersten Mal.

Zwei der besten Künstler dieser Zeit, die auch Plakate für die *Compagnie* malten, porträtierten Georges Nagelmackers auf sehr unterschiedliche Weise

Immer öfter griffen Zeitungen und Illustrierte das Thema »Speisewagen« auf und gestalteten aufwendige Beilagen

Das älteste und berühmteste erhaltene Orient-Express-Plakat, mit Karte und Fahrplan für den Winter 1889–90

Eines der wenigen deutschsprachigen Plakate, das bereits die Verkaufsstellen in Paris, Wien, Konstantinopel und anderen Städten bewarb

Mit dem *Peninsular-Express* reisten viele Engländer nach Brindisi. Dort bestiegen sie einen Schnelldampfer von P. & O., überquerten das Mittelmeer und ließen sich mit den weißen Schlafwagen von Nagelmackers nach Kairo oder Luxor bringen, wo sie bereits in seinen Luxushotels erwartet wurden

Der *Nord-Express* von St. Petersburg über Berlin, Lüttich nach Brüssel und London war Teil des Netzwerks, das Georges Nagelmackers über Europa spannte

Qualität und Komfort: Prominent beworben wurde die exquisite Einrichtung der CIWL-Schlaf- und Speisewagen im Sommer 1898

In rascher Folge eröffnete Nagelmackers Hotels an vielen Zielbahnhöfen seiner Züge, unter anderem in Lissabon, Konstantinopel und Kairo

Die CIWL betrieb weiße Spezialwaggons mit einer damals neuartigen Ventilation für den Einsatz des *Kairo-Luxor-Express* in Ägypten

Mit Breitwandplakaten bewarb Nagelmackers den *Transsibérien*, um auf das russische und chinesische Restaurant in den Nachbauten der Bahnhöfe von Moskau und Peking auf der Weltausstellung aufmerksam zu machen

Zum Nabel der Sonne: Insbesondere im Winter erfreuten sich die Luxuszüge entlang der Côte d'Azur großer Beliebtheit

Auch nach dem Tod von Georges Nagelmackers war die CIWL mit seinen Ideen erfolgreich: Zwischen Mailand und Nizza/Cannes setzte die CIWL ab 1925 ihren ersten Pullman-Zug ein. Der Saisonzug verkehrte nur im Winter

Die CIWL kaufte 1928 das englische Reisebüro *Thomas Cook & Sons*; damit entstand die größte Reiseagentur der Welt: *Wagons-Lits/Cook*

Der von Nagelmackers 1886 auf die Schienen gestellte *Calais-Méditerranée-Express* war so erfolgreich, dass er bis weit ins 20. Jahrhundert als »Blue Train« oder »train bleu« internationale Fahrgäste komfortabel an die Côte d'Azur beförderte

36

Die Zäsur

◆

»Drei Fähigkeiten haben die meisten großen Denker bewiesen: Das Talent, sich zu wundern, wo andere nichts zu staunen fanden; das Vermögen, aus ihren Einsichten ein Denkgebäude zu errichten; und die Kraft, dieses Gebäude beharrlich gegen eine oft missgünstige Umwelt zu verteidigen.«
— *Wolf Schneider, deutscher Journalist*[444]

Um 1890 hörte Georges, dass sein Vater Edmond sich aus den Aufsichtsgremien der Bank und auch der Montangesellschaften zurückziehen wollte, obwohl ihn seine Kollegen aufgefordert hatten, noch zu bleiben. Edmond Nagelmackers hatte das 71. Lebensjahr erreicht, gesundheitliche Probleme machten ihm zu schaffen.[445]

Als Edmond am 12.11.1892 im Schloss von Angleur starb,[446] muss Georges der Tod des Vaters trotz der permanenten Differenzen tief getroffen haben.

Sein Vater hatte drei Halbbrüder: Jules, Édouard und Charles, alle über zehn Jahre älter, alle aus der ersten Ehe des Großvaters Gérard, alle arbeiteten im Bankhaus Nagelmackers oder deren Firmen.[447]

Gegen seine drei Halbbrüder hatte sich Georges' Vater in seiner Jugend mit Fleiß und Raffinesse durchsetzen müssen. Am Ende konnte Edmond seine Position im Bankhaus absichern.

Jahrzehnte später hatte er seinem ersten Sohn einen gut dotierten Direktionsposten im hauseigenen Firmenkonglomerat verschafft. Doch Georges hatte abgelehnt – für den Vater eine Zurückweisung, die ihn gekränkt haben muss.

Hinzu kam, dass Edmond Nagelmackers mit einer Frau aus gehobenen Kreisen verheiratet war. Insofern war es für Edmond schwer nachvollziehbar, warum ausgerechnet sein Primus eine geschiedene Dame aus der unteren Gesellschaftsschicht ehelichte und von ihr seinen einzigen Enkel bekam. Dieses gegenseitige Misstrauen zwischen Vater und Sohn fand mit dem Tod Edmonds im Jahr 1892 ein Ende.

Nachdem zwei Jahre später, am 6.9.1894, auch Georges' Mutter Eugénie starb,[448] waren die Vorbehalte der restlichen Familie gegenüber Georges, seiner Frau und seiner *Compagnie* obsolet.

Georges bot seinem Bruder Jules an, den Aufsichtsrat der *Compagnie Internationale des Wagons-Lits* zu leiten und auch sein Cousin Ernest arbeitete in der *Compagnie* mit, wie auch andere Familienmitglieder sich nun wieder vermehrt mit Georges austauschten.[449] Sein Bruder Jules zog sogar mit dessen Frau in das Schloss von Angleur und empfing im »Château Nagelmackers« zu vielen Anlässen Georges, Marguerite und René.[450]

Das Ableben der Eltern bedeutete für Georges eine Zäsur. Mit seinem Vater konnte er sich zu Lebzeiten nicht mehr versöhnen, doch es gelang ihm nun, zum Rest der Familie neue Brücken zu bauen.

37

Wettrennen

◆

»Ich habe zum ersten Mal die Süße des Lebens
in einem Abteil des *Nord-Express* gespürt.«
— *Valéry Larbaud, französischer Schriftsteller*[451]

Zunehmend bereiteten Georges die Österreichischen Bahngesellschaften Sorgen, denn sie hatten begonnen, mit enormem Kapital eigene Schlafwagendienste anzubieten und ihm Konkurrenz zu machen. Das änderte sich 1884. Mit wenigen Ausnahmen erkannten die Eisenbahnverwaltungen, dass die Organisation von Verbindungen über mehrere Grenzen hinweg eine komplexe Aufgabe war. Die k. k. Österreichische Staatsbahn, die Österreichische Nordwestbahn und die Kaiser Ferdinand-Nordbahn stellten die Dienste mit ihren neu erworbenen Schlafwagen plötzlich ein und vermieteten ihre nagelneuen Waggons an die *Compagnie*.[452] Georges' minutiöse Planung der Betriebsabläufe und die Qualität von Mitarbeitern und Material hatten sich herumgesprochen.

Trotzdem kämpfte er auf verschiedenen Ebenen mit heftigem Gegenwind: 1891 hatte er sich beim Sultan in Konstantinopel um den Bau einer Bahn vom Marmara-Meer nach Koniah in Kleinasien beworben. Entstehen sollte eine Linie Mudania–Brussa–Koniah. Der Osmanischen Pforte lagen mehrere Angebote zur Konzessionierung vor. Obwohl Nagelmackers die besten Chancen eingeräumt wurden, entpuppte sich das Umfeld als problematisch. Es gelang ihm nicht, für die über 800 Kilometer lange Strecke ausreichend Kapital aufzutreiben.[453]

Doch Georges gab nicht auf. Bereits 1893 organisierte er ein Konsortium, bestehend aus mehreren französischen Banken. Als Vertreter dieser Gruppe erhielt er am 20.2.1893 den kaiserlichen Zuschlag für eine Konzession zum Bau einer Eisenbahnlinie Alascher–Assium–Kara–Hissar. Trotzdem scheiterte das Projekt an politischen Querelen.[454]

Später wurden diese Linien tatsächlich gebaut und viele Passagiere des Orient-Express konnten von Konstantinopel mit dem *Taurus-Express* weiterreisen, nach Aleppo, Teheran oder Bagdad.

Das Ziel von Georges, nicht nur die komfortabelsten, sondern auch die schnellsten Züge Europas anzubieten, artete in ein »Wettrennen« mit anderen Bahnen aus, wie die *Berliner Börsenzeitung* berichtete: »Der *Nord-Express* verlässt London jeden Sonnabend um 10 Uhr, erreicht Ostende um 4 Uhr nachts und Brüssel um 6 Uhr 20, dann Köln um 23 Uhr 34. Während bisher nach Berlin um diese Zeit jeder Verkehr ruhte, eilt der *Nord-Express* hinter dem D-Zug No. 3 her, gelangt nach Hannover um 4 Uhr 31 früh und erreicht Berlin-Friedrichstraße um 8 Uhr 40. Von Berlin aus setzt der Zug nach nur 3 Minuten Aufenthalt seine Reise auf der Stadtbahn fort, überholt den Petersburger Tagesschnellzug schon in Berlin, kommt um 6 Uhr 14 nachts nach Königsberg – schafft also 590 km in 9 Stunden – und erreicht die russische Grenze in Wirballen um 20 Uhr 55, während der gleichzeitig von Berlin abgehende Tagesschnellzug dort erst um 22 Uhr 33 ankommt. Auf russischem Boden eilt der *Nord-Express* derart voran, dass er Petersburg schon Montag um 4 Uhr 50 am Nachmittag erreicht, während der bisher schnellste Zug erst vier Stunden später nachkommt.«[455]

Das renommierte Monatsjournal *Revue générale des chemins*

René Nagelmackers arbeitete schon früh bei der CIWL mit und liebte die Jagd

de fer jubelte: »Der *Nord-Express* ist einer der schnellsten Züge der Welt!«[456]

Georges ging einen Schritt weiter: Mit dem *Süd-Express* sollte man bald in 25 Stunden von Paris nach Madrid gelangen, in 35 nach Lissabon.[457] Um dieses Tempo zu halten, bedurfte es exzellenter Werkstätten und Ersatzwaggons.

Die großen Fabriken in Berlin, Prag und Wien konnten Georges' Bedarf nicht mehr decken. Deshalb errichtete er neue Werkstätten in der Umgebung von Paris, in St. Petersburg und anderen Städten.[458] Diese »Ateliers« fasste Georges in einer Tochtergesellschaft zusammen, der *Compagnie Générale de Construction*. Jedes Atelier war in der Lage, einen Schlafwagen in sechs Monaten herzustellen. Zusätzlich betrieb er an nahezu allen Endstationen Service-Werkstätten, um seine Schlaf- und Restaurantwaggons zu warten.[459] Um 1900 sogar in Peking.[460]

Gleichzeitig rang Georges um einen Generalvertrag mit Russland. Er wollte einen Zug von Paris über Moskau bis Peking führen. Da die Russische Eisenbahn jedoch überlegte, selbst einen wöchentlichen Zug auf diese Strecke zu setzen, gestalteten sich die Verhandlungen schwierig. Mit den Detailvereinbarungen beauftragte Georges seinen Sohn René, der sich in die väterliche Firma bereits eingearbeitet hatte und zur Freude von Georges mit großem Elan dabei war.[461]

38

Grands Hôtels

◆

»Der Ottomane ist gastfreundlich, da braucht man kein Hotel. Wer ein Hotel braucht, ist wirklich fremd. Es ging damals niemand fremd. Außer Reisende. Deshalb hat Nagelmackers ihnen Hotels gebaut.«
— *Will Berghoff, ehemaliger Schlafwagenschaffner und Hotelier*[462]

Im Jahr 1896 verfügte die *Compagnie* über 459 Waggons, die ein Streckennetz von über 76 000 Kilometern bedienten. Eine Entfernung, nahezu zweimal um die Welt. Seit 1876 war es Georges gelungen, seine *Compagnie* um das Zehnfache zu vergrößern.[463]

Doch sobald die Reisenden in Konstantinopel aus dem Zug stiegen, trafen sie in Sirkeci auf ein Chaos. Kofferträger, Straßenhändler und Zimmervermieter boten ihre Dienste an, nicht alle waren seriös.

Um seine Gäste auch vor und nach der Zugfahrt zufrieden zu stellen, gründete Georges 1894 die *Compagnie Internationale des Grands Hôtels.*[464]

Sein Ziel waren Paläste. Mit einer imposanten Eingangshalle, edel ausgestatteten Speisesälen, einer Bibliothek und einem Rauchsalon. Ein Hotel wie ein Theater. Die Gäste sollten sich fühlen wie Hauptdarsteller.

Die Mitglieder des Aufsichtsrats reagierten wenig begeistert, schätzten sie doch das unternehmerische Risiko als zu hoch ein.

Wie schon so oft ließ sich Georges nicht beirren, das »Gefühl des Orient-Express« durfte nicht am Bahnhof von Konstantinopel Halt machen.

Auch sein treuester Mitarbeiter Napoléon Schroeder erinnerte sich an die Erfahrungen mit den ersten Speisewaggons: »Die Führung und Bedienung werden mittelmäßig sein, Unterschlagungen und Betrügereien unvermeidlich.«[465]

Georges aber war überzeugt, dass neue Hotels die Buchungen für Schlafwagen beflügeln würden: »Die Züge haben ihr Ziel nicht mehr in Bahnhöfen, sondern in unseren Hotels. Und damit können wir Reisepakete anbieten!«

Nach zwei Jahren Bauzeit kündigte er in teuren Inseraten die Eröffnung des *Pera Palace* im Diplomatenviertel von Konstantinopel an.[466] Es sollte »das beste Hotel weit und breit« werden. Mit einem Fest nach Georges' Façon wurde das *Pera* 1896 eingeweiht.

Das Hotel stand auf dem Berghang von Galata, es ermöglichte einen Blick auf das Goldene Horn und über ganz Konstantinopel.[467] Die sichere Lage erlaubte es, dass sich die Hotelgäste, bewacht von Nagelmackers' Mitarbeitern, vor das Portal wagen konnten, ohne von Dieben oder Betrügern behelligt zu werden. Das *Pera Palace* verfügte in jedem Zimmer über fließend warmes Wasser, eine Dampf-Zentralheizung, eine Bibliothek sowie eine Telegrafenstation. Die Stockwerke waren durch einen elektrischen Aufzug miteinander verbunden, den zweiten in ganz Europa. Täglich zur Teestunde spielte ein Kammerorchester. Das *Pera* ist eines der wenigen noch heute existierenden großen Eisenbahnhotels des 19. Jahrhunderts und es entwickelte sich rasch zur ersten Adresse für europäische Reisende.[468]

Weil die Sommer in Konstantinopel oft unerträglich heiß waren, eröffnete Georges im selben Jahr das *Therapia Summer Palace Hotel* in einer idyllischen Bucht inmitten von lieblichen Gärten.

Die Gäste konnten im Schatten von Weinlauben und umweht von einer kühlen Meeresbrise die einlaufenden Schiffe beobachten. Damit bot Georges nicht nur eine Bahnreise vom Okzident in den Orient an, er schuf mit den neuen Hotels auch eine »All-inclusive-Destination« – für die Menschen des 19. Jahrhunderts ein völlig neues Reiseerlebnis.

In den beiden Prachtbauten fühlten sich manche Gäste so wohl, dass sie es nicht für nötig befanden, auch noch die Stadt zu erkunden, denn sie waren überzeugt, sie würden keine schöneren Paläste finden. Der Erfolg der Etablissements muss bei Georges eine Euphorie ausgelöst haben, denn er ging mit offenen Augen durch die Metropolen Europas und entdeckte überall Chancen: In Nizza, Monte-Carlo, Lissabon, Brindisi, Ostende und vielen weiteren Destinationen.[469]

In Kairo erwarb er 1894 den *Gezireh-Palast*, einen fantasievollen Bau, großzügig entworfen von dem deutschen Architekten Julius Franz für Ehrengäste des Khediven Ismail Pascha anlässlich der Eröffnung des Suezkanals. Jeder Besucher sollte Räumlichkeiten vorfinden, die seiner heimischen Bleibe möglichst nahe kamen.[470]

Die Touristen konnten nun mit den Schlafwagen der *Compagnie* von Alexandria über Kairo bis nach Luxor fahren. Gegenüber dem Tal der Könige verwöhnten Nagelmackers' Mitarbeiter die Reisenden im *Winter Palace Hotel*, unweit der Pharaonentempel.

Damit war ein Teil von Georges' Vision geglückt, denn nun war es möglich, in London in seinen *Peninsular-Express* – den früheren *Indian Mail* – zu steigen, der Reisende direkt bis nach Brindisi brachte. Dort bot er die Übernachtung in seinem neuen *Grand Hôtel International* an. Am nächsten Tag beförderte ein P&O-Schnelldampfer die Reisenden über das Mittelmeer nach Alexandria, wo bereits die weißen Schlafwaggons von Georges warteten. Der *Kairo-Luxor-Express* transportierte die vorwiegend britische Kundschaft nach Kairo und Luxor.[471] Georges passte die Wagons den klimatischen Bedingungen an; er ließ sie weiß anstreichen, die Wände isolieren, die Fenster mit Jalousien versehen und stattete sie mit einer speziellen Kühlung aus: Die heiße Luft wurde von Ventilatoren über mit Eis gekühlte Gittervorrichtungen zu den Fahrgästen geleitet.[472] Der Zug entpuppte sich als der schnellste Afrikas.[473]

In der deutschen Zeitung *Die Woche* vom 28.4.1900 wurde sogar berichtet, Georges hätte den Traum gehabt, Afrika in Nord-Süd-richtung zu queren.[474] Seine weißen Waggons sollten von Kairo nach Wadi-Halfa in den Südsudan rollen und irgendwann Ägypten mit dem Kap verbinden. Eine Transafrikanische Linie.[475]

Indes brachten die wöchentlichen Verbindungen von Alexandria nach Kairo neue Gäste in den *Gezireh-Palast*[476] und ins *Shepheard's*.[477] Einerseits nahmen Geschäftsleute, Diplomaten und Politiker seine Angebote dankbar an, andererseits nutzten auch zu Geld gekommene Bonvivants die noch nie da gewesenen Reisemöglichkeiten, wie ein britischer Journalist kritisch anmerkte: »Im Shepheard's findet man all die Leute, die ihr Leben in Theaterlogen und Grand Hotels zubringen, die alle Länder kennen, aber keine Sprache beherrschen, die überall gewesen sind und nichts getan haben, alles besichtigt und nichts gesehen haben, alles gelesen haben und nichts wissen – und die den Erdball verunzieren, indem sie auf ihm herumreisen.«[478]

Ein besonderes Anliegen stellte es für Georges dar, auf den Pariser Champs-Élysées seinen Gästen eine Herberge anbieten zu können. Im April 1899 war es endlich so weit: Georges eröffnete das *Elysée-Palace-Hotel* mit dreihundert Zimmern und jedem Komfort, der in diesen Jahren verfügbar war.[479]

Er lud über 2000 Besucher zum Einweihungsfest. Den ganzen Abend spielte ein Orchester mit Chor, es floss Champagner in

Ein Herzenswunsch von Georges: das *Élysée-Palace-Hotel* auf den Champs-Élysées

Strömen und die Gäste bewunderten den riesigen Speisesaal mit Gobelin-Wandteppichen und die exquisit eingerichteten Zimmer.[480]

Die Pariser Gazetten lobten »die wunderbare Intelligenz und die unermüdlichen Bemühungen Herrn Nagelmackers, Europa mit schönen Hotels sowie Schlaf- und Luxuszügen auszustatten.«[481] Dabei wurde die stilsichere Eleganz der Etablissements bejubelt und einige Zeitungen behaupteten sogar, dass »ganz Europa Herrn Nagelmackers ob seiner Leistungen zu Füßen liegt.«[482]

Auch Marguerite und René besuchten die Eröffnung. Über die letzten Jahre hatte Georges versucht, seinem Sohn die verschiedenen Abteilungen der *Compagnie* näherzubringen. Für viele seiner Ideen konnte er René begeistern. Bald begann der junge Mann, Verantwortung für einzelne Bereiche im Unternehmen zu übernehmen.

Die Würdigungen durch die renommiertesten Blätter Frankreichs müssen Georges bestärkt haben, die Hotelkette weiter auszubauen. Er plante Hotels für St. Petersburg, Moskau und Peking.[483]

Allerdings hatte der Luxus seinen Preis: Obwohl mehr oder weniger gut ausgelastet, schrieb Georges nicht nur mit dem *Pera Palace* rote Zahlen. Außerhalb der Saison waren viele Hotels schlecht gebucht, er musste die Zimmer oft unter den Selbstkosten vermieten und erwirtschaftete Verluste. Napoléon Schroeder warnte: »Als Hoteliers können wir nicht improvisieren!«[484] Er bemängelte, dass die *Compagnie* den Bettenbedarf nicht der Nachfrage anpassen konnte wie bei den Schlafwagen. Ein großes Hotel ist ein großes Hotel. Zwölf Monate im Jahr. Und das kostet.

Auch seine vielen Reparatur-Werkstätten, die er in der *Compagnie Générale de Construction* zusammengefasst hatte, schlugen zu Buche. Anfangs tolerierte der Aufsichtsrat die Hotel-Verluste, denn die Eisenbahnsparte brachte ausreichend Gewinne. Doch die Belastungen explodierten. Nur das *Élysée-Palace-Hotel* in Paris unter der persönlichen Aufsicht von Georges fuhr eine Rendite ein. Er versuchte gegenzusteuern, was nicht einfach war, denn Georges hatte das gesamte Unternehmen auf Expansion getrimmt. Immer noch hoffte er, dass sich langfristig Agenturen, Zugverbindungen und Hotels gegenseitig beflügeln und zusammen bessere Ergebnisse erzielen würden.

Doch nicht nur Schroeder, sondern auch der im Aufsichtsrat sitzende Bankier Eduard von Oppenheim rieten Georges, nicht weiter zu expandieren. Wie es seine Art war, ließ sich Georges davon wenig beeindrucken.

39

Die Methode Nagelmackers

◆

»Er hat immer versucht, die besten Köche zu bekommen. Das gleiche galt für das Servicepersonal: geschliffen, höflich, perfekt. Das war das System Nagelmackers.«
— *Peter Flug, ehemaliger CIWL-Schlafwagenschaffner*[485]

Um seine Hotels besser zu bewerben, suchte Georges nach neuen Methoden. Künstlerisch hochwertig gestaltete Plakate auf Litfaßsäulen und Anzeigen in Zeitungen funktionierten bei den meisten Zugverbindungen, nicht jedoch, um betuchte Kunden in ein so abgelegenes Hotel wie das von ihm von König Leopold II. neu gepachtete *Château Royal D'Ardenne* nach Belgien zu locken.[486]

Deshalb kam Georges auf die Idee, einen ähnlichen Weg zu gehen wie beim Orient-Express. Er lud am 23. Juni 1898 wichtige Leute und internationale Journalisten ein, mit seinem »Train Spécial« von Paris nach Dinant an der Maas zu reisen. Am Bahnhof ließ er Pferdekutschen bereitstellen, um damit seinen Gästen eine komfortable Anfahrt zum Château zu ermöglichen, wo die Besucher auf seine Kosten ein Wochenende residieren durften.[487]

Das Hotel lag mitten in den malerischen Ardennen, umgeben von Wäldern und Seen. Ein idealer Ort, um sich zu entspannen und die Natur zu genießen. Der weitläufige Park bot einen eleganten Rahmen für das Hotel mit 200 Zimmern. Georges offerierte seinen Besuchern ein Jagdgebiet von über 4 000 Hektar mit Rehen,

Fasanen und Hasen. In zwei nahegelegenen Flüssen konnten die Besucher angeln und sich an einem See voller Forellen erfreuen. Tags darauf lud er zu einem Pferderennen und zur Besichtigung einer Grotte mit Tropfsteinen, abends wurde zu einem fulminanten Feuerwerk getanzt.[488]

Auch privat investierte Georges. Er baute für sich und seine Familie das Schloss Villepreux nahe bei Versailles. Architektonisch hatte er sich vom *Château Nagelmackers* in Angleur inspirieren lassen, in dem er einen Teil seiner Kindheit verbracht und das er nun seinem Bruder Jules überlassen hatte.[489]

Er nutzte das neue Schloss, um dort Feste und Präsentationen zu veranstalten, auf denen er neue Investoren, Kunden und Partner gewann. Wobei es ihm kaum gelang, Familienleben und Beruf zu trennen, denn Marguerite und René halfen tatkräftig bei der *Compagnie* mit; seine Frau kümmerte sich um die Organisation größerer Veranstaltungen, sein Sohn unterstützte ihn beim Ausbau neuer Verbindungen in den Osten.

Zum 25-jährigen Jubiläum der *Compagnie* ließ Georges seine Gäste mit vier Salonwagen des »Train Spécial« auf der neu eröffneten Strecke von Paris nach Villepreux bringen.[490] Im Schlossgarten spielte ein Kammerorchester auf, die besten Köche Frankreichs verwöhnten die Besucher.[491]

Nachdem er selbst über ein Vierteljahrhundert an der Umsetzung seiner Vision gearbeitet hatte, eröffnete Georges die Festrede mit den Worten: »Wir stehen erst am Anfang. Die letzten fünfundzwanzig Jahre dienten nur dazu, ein Fundament zu bauen, das wir Stein für Stein errichtet haben. Das zu vollenden und zu krönen, ist die Aufgabe der nächsten Generation!«[492] Dabei sah er seinen Sohn René, Napoléon Schroeder und andere junge Mitarbeiter an.

Bei diesen Veranstaltungen suchte Georges den Kontakt mit

Oft verknüpfte Georges seine Feste mit geschäftlichen Aktivitäten

jedem einzelnen Gast; aufgrund seiner Vielsprachigkeit und seines Kommunikationstalents gelang ihm das zumeist. Was beim Orient-Express zum Erfolg geführt hatte, entwickelte sich zur »Methode Nagelmackers«: Um seine Projekte den Meinungsmachern aus Politik, Wirtschaft und Presse nahezubringen, veranstalteten Marguerite und er fast monatlich mehrtägige Feste zur Einweihung neuer Hotels oder Bahnverbindungen. Dabei scheute Georges keine Kosten, bis hin zur Pariser Weltausstellung 1900, wo er an der Seine die *Grands Hôtels du Trocadéro* mit 1800 (!) Zimmern nahe dem Ausstellungsgelände nur bauen ließ, um seinen geladenen Gästen aus der ganzen Welt zu Sonderpreisen oder oft auch umsonst luxuriöse Übernachtungsmöglichkeiten anbieten zu können.[493]

Diese Freigiebigkeit brachte Georges allerdings auch in Gefahr. Finanziell und gesundheitlich. Eine Charaktereigenschaft, die schon Edmond About auf der Fahrt mit dem Orient-Express erkannt hatte: »Georges' belgischer Großmut«.[494]

40

Das Fiasko

◆

»Nagelmackers, dieser Pionier, hatte verstanden, dass auf die Periode der Nationen die Periode der Kontinente folgen würde.«
— André Siegfried, Wirtschaftsprofessor, Mitglied der Académie française[495]

Das Publikumsinteresse war sensationell: Über 50 Millionen Menschen in knapp sieben Monaten besuchten 1900 die *Exposition Universelle de Paris.* Niemals zuvor war eine Weltausstellung erfolgreicher gewesen.[496]

Die meisten Gäste sahen in den verschiedenen Pavillons die Schlafwagen der *Compagnie*, viele ließen sich im Speisewaggon des *Transsibérien* durchschütteln und bewunderten die russischen Landschaften, die fünfundvierzig Minuten lang auf Panorama-Leinwänden an den Waggonfenstern vorbeizogen.

Die Euphorie der Weltausstellung schwappte auf Georges über; im Frühsommer ließ sich der 54-Jährige dazu überreden, an der Sommerolympiade in Paris teilzunehmen.[497] Er vertrat Belgien in der Kategorie »Mail Coaches«, einem »Postkutschenrennen«, das in diesem Jahr zum letzten Mal im Rahmen der Olympiade ausgetragen wurde.

Als langjähriges Mitglied im Pariser Coaching Club »Les Guide« nutzte Georges den Verein als Plattform, um seine Züge und Hotels zu bewerben, denn viele Mitglieder des französischen Geld-

Georges trat für Belgien in der olympischen Disziplin »Mail Coaches« an

adels beteiligten sich an den regelmäßig stattfindenden Rennen. Wie es seine Art war, bereitete sich Georges akribisch vor. Am Start befanden sich 29 Vehikel aus sieben Nationen. Georges steuerte vom Kutschbock aus vier Pferde mit Zügeln. Eng positionierte Hindernisse sollten in einem Parcours umfahren werden. Die Wettbewerber mussten ihre Kutschen so präzise lenken, dass die Hindernisse nicht berührt wurden. Die beiden Männer im hinteren Teil der Kutsche lehnten sich mit ihrem vollen Gewicht je nach Kurve mal nach links, mal nach rechts hinaus, um das Umfallen des Wagens zu verhindern. Ein Wettrennen voller Dramatik. Prompt gewann Georges mit seinem Team die Goldmedaille im Wert von 6 000 Francs.[498]

Als das Ende der Weltausstellung absehbar war, setzte sich Georges mit Napoléon Schroeder zusammen, um eine Bilanz zu ziehen. Georges konnte sich über hymnische Presseartikel freuen, ganz Paris sprach über seine spektakulären Präsentationen, allesamt waren eine »Investition in die Zukunft«.[499]

Doch die Gegenwart entpuppte sich als Fiasko. Nach dem Plan

von Georges und Napoléon sollte sich jede Aktion selbst finanzieren. Aber schon im Spätsommer beschlich Georges der Verdacht, dass dies nicht funktionieren könnte.[500]

Die von ihm am Trocadéro neu errichteten Hotels waren trotz vieler Werbeanzeigen in allen großen europäischen Zeitungen kaum ausgelastet. Und die von Georges im »Vieux Paris« – einem Nachbau der alten Hauptstadt – betriebenen drei Restaurants, insbesondere das große »La Lune« für 300 Gäste, verfügten in den ersten zwei Monaten nicht über Elektrizität, weshalb auch die folgenden mäßig liefen.[501]

Vor allem sein Herzensprojekt, der *Transsibérien*, entwickelte sich problematisch. Georges hatte in den letzten Jahren möglichst lange Strecken für seine Schlafwagen-Verbindungen angestrebt. Je mehr Kilometer, umso wirtschaftlicher. Doch die längste Strecke der Welt, von Paris über Moskau bis nach Peking, rechnete sich nicht. Überhaupt nicht! 1899 konnte die *Compagnie* mangels Buchungen nur sieben Züge von Moskau nach Irkutsk fahren lassen; 1900 rollten zwar schon sechzehn, aber Georges verkaufte nur weniger als die Hälfte der Schlafplätze – obwohl er seine teuersten Waggons nach Russland entsandt und sowohl in Moskau zwei Werkstätten als auch in Wladiwostok eine weitere hatte errichten lassen.[502] Zusätzlich hatte der russische Zar einen Parallelzug in Dienst gestellt und Georges bei den Fahrkartenpreisen unterboten.[503]

Statt der prognostizierten Zunahme des Handels zwischen Europa und China brach der Boxeraufstand aus, der das Reich der Mitte destabilisierte und damit die Region auf längere Zeit für Reisende unattraktiv machte. Georges' teures *Transsibérien*-Projekt drohte zu scheitern. Einige Aktionäre und Aufsichtsratsmitglieder gerieten in Sorge ob der hohen Ausgaben, insbesondere für die Weltausstellung. Sie wollten Zahlen sehen, so rasch wie möglich!

Georges ahnte Ungemach, denn bei einer *Außerordentlichen Aktionärsversammlung* in solch aufgeladener Stimmung würde es nicht mehr nur um die Kosten für die Weltausstellung gehen. Mit besorgtem Blick auf die Abrechnung bestätigte sein treuester Mitstreiter Napoléon Schroeder, dass die Lage brandgefährlich war. Auch für Georges! Denn allein auf der Weltausstellung hatte die *Compagnie* über 1,5 Millionen Francs verloren.[504]

Stundenlang saß Georges mit Napoléon über den Zahlen. Die beiden addierten und subtrahierten, schichteten um und interpretierten neu. Die Hotels sandten am Ersten jedes Monats ihre Abrechnungen. Trotz der fulminanten Werbung auf der Weltausstellung schrieben nahezu alle Häuser bis auf das Pariser *Élysée-Palace-Hotel* rote Zahlen. Bereits seit drei Jahren rissen die fünfzehn Paläste ein Loch in die Bilanzen.[505]

Mit ernstem Ausdruck fasste Napoléon seine Abrechnung zusammen: Nachdem die *Compagnie* seit 1897 jedes Jahr ein höheres Minus erwirtschaftet hatte, waren in Summe zum letzten Stichtag Schulden in der Höhe von 21 258 853 Francs aufgelaufen.[506]

Somit schlitterte der Konzern in die schlimmste Krise seiner Geschichte. Offensichtlich war es Georges in den letzten drei Jahren nicht mehr gelungen, das immer größer werdende Firmen-Konglomerat aus Zugverbindungen, Luxushotels, Werkstätten und Agenturen gewinnbringend zu steuern. Vielleicht verfügte die *Compagnie* über so viele Unterabteilungen, dass Georges nicht mehr überblicken konnte, wer von seinen über 6 250 Mitarbeitern tatsächlich das Unternehmen voran brachte und wer nur auf der Lohnliste stand.[507] Hatte er zu groß gedacht?

Mit Blick auf die vorliegenden Zahlen wurde den beiden Männern klar: Defacto war die *Compagnie* zahlungsunfähig.

41

Der Canossagang

◆

»Man muss gesund sein, um klar zu denken. Aber man kann tief denken und ziemlich verrückt sein.«
— *Nikola Tesla*[508]

Die Stimmung bei Aufsichtsräten und Aktionären hatte sich in den letzten Wochen stetig verschlechtert und einen kritischen Punkt erreicht. Jemand aus dem inneren Kreis der Geschäftsführung hatte die alarmierenden Zahlen an die Presse durchgestochen. Georges musste im *Matin* und im *Figaro* lesen, wie teuer die Weltausstellung für die *Compagnie* wirklich war und dass die Hotels im letzten Jahr mindestens 3,5 Millionen Francs Verluste eingefahren hatten.[509] Unter den Aktionären brach ein Sturm der Entrüstung aus, inklusive böswilliger Kommentare.[510] In der Folge stürzte der Kurs der CIWL-Aktie ab – was die Großaktionäre noch mehr auf die Barrikaden trieb.

Nicht nur die französische Presse schoss sich auf Georges ein, auch viele befreundete Zeitgenossen warfen ihm plötzlich Verschwendung vor: bei den Hotels am Trocadéro, beim *Transsibérien*, bei den historischen Restaurants im »Vieux Paris«. Er habe jegliches Maß verloren, schwelge in Luxusfantasien und verprasse das Geld der Aktionäre.[511]

Georges sah sich genötigt, auf die heftigen Angriffe zu reagieren. Rasch schrieb er einen Brief an den *Figaro*, der auch im *Matin* veröffentlicht wurde:[512]

Sehr geehrte Damen und Herren,
die »Compagnie Internationale des Wagons-Lits« ist mit einem unbedeutenden Betrag (30 000 Francs) an der »Société immobilière du Trocadéro et de Passy« beteiligt, zu der die »Hôtels du Trocadéro« gehören. Sie kaufte eine Anzahl von Weltausstellungskarten zu Preisen, die ihr einen ansehnlichen Gewinn einbringen wird und fungiert als Vermittlerin für die Vermietung der Trocadéro-Wohnungen, wobei sie Provisionen erhält, die ihr ohne Risiko einen Gewinn von mehreren hunderttausend Francs einbringen werden.
Was die Transsibirische Eisenbahn angeht, war die Schlafwagengesellschaft in zweierlei Hinsicht erfolgreich: Präsentiert wurden die Waggons und eine bewegte Panorama-Leinwand, welche die Neugier des Publikums erregte. Seit wann kann man den großen Industrieunternehmen vorwerfen, dass sie in einer so wichtigen Veranstaltung wie der Weltausstellung etwas anderes suchen als die öffentliche Aufmerksamkeit für ihre Produkte?
Der Rest ist Sache der »Compagnie des Grands-Hôtels«, einer Tochtergesellschaft der »Compagnie des Wagons-Lits«, die mit dem Ziel gegründet wurde, die Bedingungen für den Aufenthalt im Ausland zu verbessern. Ich möchte erwähnen, dass dieses Ziel erreicht wurde, da die große Aufwärtsbewegung der Schlafwageneinnahmen in die Zeit der Gründung der »Compagnie des Grands Hôtels« fällt.
Was die Ausstellungsrestaurants, insbesondere in »Vieux Paris« betrifft, so ist es schwierig, wie von Ihnen gefordert, die endgültigen Ergebnisse anzugeben. Nach anfänglichen Problemen, die durch eine fehlende Elektrizitätsversorgung über mehrere Wochen hinweg sehr kostspielig waren, stiegen die Einnahmen genau proportional zur Zahl der Ausstellungsbesucher an. Heute gehören die Restaurants

zu denjenigen, die von den Kunden am meisten geschätzt und besucht werden.
Unabhängig von den Ergebnissen der mit der Ausstellung verbundenen Unternehmen ist es bereits jetzt sicher, dass die überschüssigen Betriebsgewinne die Verluste, die diese Ergebnisse nach den lächerlich pessimistischen Prognosen verursachen könnten, ausgleichen und sogar noch übertreffen werden.
Bitte versichern Sie sich meiner vorzüglichen Hochachtung!
Der Generaldirektor, G. Nagelmackers

In keiner Zeile fand sich ein Zweifel oder das Eingeständnis einer falschen Weichenstellung. Offenkundig verfasste Georges den Brief, um die Aktionäre zu beruhigen, möglicherweise aber glaubte er selbst mit solch überbordendem Elan an seine Vision, dass er die Schattenseiten und die in Wahrheit brandgefährliche Bilanz ausblendete.

Aus heutiger Sicht könnte man zur Auffassung gelangen, Georges habe vorsätzlich die Unwahrheit geschrieben. Doch hätte er die desaströsen Zahlen überhaupt öffentlich eingestehen können? Dann wären die Aktionäre mit Sicherheit in Scharen davongelaufen und das Kartenhaus wäre sofort in sich zusammengefallen. Eine Offenlegung hätte sein Lebenswerk und damit über 6 000 Arbeitsplätze sowie sämtliche Zugverbindungen vernichtet.

Georges entschied sich für die Offensive: Eine Lösung suchen, am besten rasch einen Investor finden.

Auf jeden Fall schien er nach wie vor fest daran zu glauben, dass sich seine Vision für alle Beteiligten am Ende doch noch rechnen würde.

42

Der Goldschürfer

◆

»A man's character reveals itself most clearly
when he makes a choice under pressure.«
— *Dan Millman*[513]

Alarmiert von Zeitungsberichten rief der Aufsichtsrat noch vor dem Ende der Weltausstellung für den 2. November 1900 zu einer *Außerordentlichen Aktionärsversammlung*.[514] Offizieller Grund: die Kosten der Weltausstellung. Georges befürchtete, unzufriedene Aktionäre könnten drastische Schritte fordern. Vielleicht sogar seinen Kopf.

Bis zur Sitzung waren es nur noch wenige Tage. Permanent dachte Georges über sein Vorgehen nach. Ihm fiel ein, wie er als Berater für die Weltausstellung neben einem interessanten Mann gesessen hatte: US-Präsident William McKinley hatte Thomas Walsh im Auftrag der Regierung nach Paris entsandt. Der fünfzigjährige Multimillionär sollte auf der Weltausstellung amerikanische Interessen in einem Gremium vertreten.[515]

Sein erstes Geld hatte Thomas Walsh mit dem Verkauf von Bergbauwerkzeugen verdient. Nach einer zähen, zumeist erfolglosen Suche nach Gold in den Black Hills ging der gelernte Tischler methodischer vor und entdeckte eine der größten Goldadern Amerikas im Imogene Basin. Aus seiner Mine förderte er Gold im Wert von mehr als 20 Millionen Dollar. Ein Verkauf an britische Investoren machte ihn endgültig zum Multimillionär.[516]

Georges war der verschwenderische Lebensstil des Amerikaners nicht entgangen; seine Frau bekam alles, was sie wollte. Walsh war mit ihr in Nagelmackers' *Élysée-Palace-Hotel* abgestiegen, das inzwischen als das schönste Etablissement in Paris galt.[517] Doch die beste Suite genügte Walsh nicht. Aufgrund seiner großen Entourage buchte er das gesamte zweite Stockwerk. Und zwar für ein halbes Jahr. Dort veranstaltete er regelmäßig Dinnerpartys für bis zu 400 Gäste.[518]

Auf Umwegen hatte Georges erfahren, dass der Amerikaner immer wieder größere Summen in europäische Beteiligungen investierte.[519] Als er Walsh dezent darauf ansprach, reagierte der Millionär verhalten. Der Mann aus Colorado mit gestutztem Schnurrbart, buschigen Augenbrauen und weiß meliertem Haar fragte skeptisch nach Zahlenmaterial und Motiven, ansonsten sprach er auf angenehme Weise laut, er lachte und trank viel.[520]

Gut vorbereitet belegte Georges mit den Jahresbilanzen der amerikanischen »Pullman Palace Car Company«, dass der US-Eisenbahnbaron mit einem ähnlichen Konzept erfolgreich gewesen war und höchste Profite erwirtschaftet hatte.

Trotzdem blieb Walsh vorsichtig. Also lud Georges den Amerikaner und seine Ehefrau auf eine Reise mit seinem aus fünf Waggons bestehenden »Train Spécial« nach Ostende ein.[521] Dort arrangierte Georges einen Besuch bei König Leopold II., der kurz vor der Enthüllung seiner Gräueltaten im Kongo durch den Autor Joseph Conrad und später den britischen Journalisten Edmund Dene Morel stand.

König Leopold verfolgte wie Georges eine Vision. Doch im Gegensatz zu Georges liebte er nicht die Menschen, sondern trachtete vorwiegend nach Selbsterhöhung. Von den reichen Niederländern inspiriert, hatte der König alles daran gesetzt, Belgien in eine Kolonialmacht zu verwandeln. Er und sein Land sollten

Der Ostende-Wien-Express bestand wie der »Train Spécial« aus fünf Waggons

dank der Früchte aus den Kolonien zu einem nie gekannten Wohlstand gelangen.

Belgien war eine konstitutionelle Monarchie, der König hatte also weder große Macht noch nennenswerte Geldmittel. Die belgische Regierung und Leopolds Untertanen lehnten Kolonialfantasien strikt ab. Denn sie gingen davon aus, dass die lukrativsten Kolonien bereits von den vorhandenen Kolonialmächten besetzt worden waren. Warum also sollte sich das kleine Belgien mit den mächtigen Briten oder den erfahrenen Spaniern anlegen, die über exzellent bewaffnete Kriegsflotten verfügten? Eine Konfrontation wäre aussichtslos. Und würde Unsummen verschlingen.

König Leopold II. aber gab nicht auf. Er investierte sein Privatvermögen in eine Beteiligung am Suezkanal und verdiente damit viel Geld. Diese Mittel steckte er in die Gründung einer belgischen Kolonie. Zuerst versuchte er es in Asien, doch das Projekt scheiterte bereits im Planungsstadium. Dann entschied er sich für den Kongo. Weil ihm auch das nicht auf Anhieb und durch friedlichen Handel gelang und er Millionen für den Transport sowie den Aufbau von Handelsstationen ausgeben musste, setzte er auf Gewalt. Er ließ über die von ihm privat gegründete *Internationale Kongo-*

Gesellschaft das afrikanische Land plündern. In seinem Namen wurden Millionen von Kongolesen versklavt, um sie mit brachialen Foltermethoden zu Arbeitsdiensten bei der Kautschukgewinnung zu zwingen. Obwohl Leopold den Kongo selbst kein einziges Mal besuchte, kostete der Drang des Königs nach Selbsterhöhung zehn Million Menschen das Leben.[522]

Noch aber genoss der König Respekt. In Ostende organisierte Georges für seine amerikanischen Gäste ein Treffen.[523] Und er bat den König, Thomas Walsh davon zu überzeugen, in die *Compagnie* eine größere Summe zu investieren, um damit die Verluste der Weltausstellung zu kompensieren.

Dem US-Millionär erschien die von Georges angebotene Rendite von drei bis vier Prozent zu gering.

»Aus Prinzip investiere ich nur in Unternehmen«, antwortete Walsh, »die zehn, zwölf oder gar zwanzig Prozent pro Jahr abwerfen.«[524]

König Leopold war von der Brillanz, dem Witz und der Dreistigkeit des amerikanischen Millionärs beeindruckt. Er überhäufte Walsh mit Aufmerksamkeiten und betonte die Vorteile einer Zusammenarbeit – so lange, bis Walsh schließlich die verschiedenen Aspekte einer Partnerschaft erkannte, die ihm nicht nur gesellschaftliche Anerkennung bringen sollte.[525] Peu à peu fanden der König und Walsh zueinander. Sie beschlossen, gemeinsam zu investieren. Hierfür wollten sie Verträge abschließen.[526]

Aus Erfahrung wusste Georges: Verträge konnten dauern. Er benötigte jedoch rasch Geld, am besten noch vor der *Außerordentlichen Aktionärsversammlung*. Deshalb bat er König Leopold um eine schnelle Einigung.

43

Auf Messers Schneide

◆

»Eine Krise ist ein produktiver Zustand. Man muss ihr nur den Beigeschmack der Katastrophe nehmen.«
— *Max Frisch*[527]

Die Herbstsonne schien Georges ins Gesicht, als er am 2. November 1900 durch die Brüsseler Innenstadt auf das Haus Nummer 29 in der Rue Ducale zuging. In dem vornehmen Ensemble sollte die *Außerordentliche Aktionärsversammlung* stattfinden.[528]

Wenn sich Georges bei solchen Anlässen in den vergangenen Jahren dem Firmenhauptsitz genähert hatte, wurde er von Aktionären und Mitarbeitern zumeist freundlich gegrüßt. Nun schien es, als würden sie seinem Blick ausweichen oder ihm gar aus dem Weg gehen.

Seinen grauen Zylinder abnehmend, betrat Georges mit einer Aktentasche den Empfangsraum. In dem lang gestreckten Flur wagte er einen Blick durch den Türspalt in den Konferenzsaal: Auf den mäßig gefüllten Stuhlreihen erkannte er nicht nur Aktionäre, sondern auch Pressevertreter.

Kurz zuvor hatte Georges in seiner Not dem König zwei Briefe geschrieben, um zu erfahren, ob er bei der Aktionärsversammlung wie abgesprochen eine umfangreiche Investition des US-Millionärs ankündigen dürfe. Ohne Reaktion. Nicht nur deshalb hatte Georges ein ungutes Gefühl. Umso intensiver hatte er sich nun auf die Sitzung vorbereitet.

Am Ende des Flurs in einem Nebenraum wartete das verantwortliche Gremium. Als Georges eintrat, verstummten sowohl die zehn Aufsichtsräte als auch der Buchhalter der *Compagnie*, Claude Chouffart. Die Männer saßen an einem rechteckigen Eichentisch, Ellbogen an Ellbogen.[529] Normalerweise wurde Georges mit einem entspannten Lächeln und freundlichen Worten begrüßt, doch diesmal sah er nur ernste Mienen. Einige Aufsichtsräte rauchten Zigarren, andere starrten auf Unterlagen. Nur der Vorsitzende Octave Neef-Orban erhob sich und schüttelte Georges mit einem angestrengten Lächeln die Hand. Plötzlich wurden die massiven Türflügel aufgestoßen, zwei Damen des Hauses manövrierten auf Tabletts Kaffee und Wasser quer durch das Zimmer in den großen Konferenzsaal. Das Tassengeklapper und Gläsergeklirr unterbrach die bedrohliche Stille.

Obwohl Georges fünf Minuten vor dem vereinbarten Termin angekommen war, hatte er den Eindruck, die Aufsichtsräte hatten sich bereits früher getroffen, um sich abzusprechen. Ohne ihn!

In diesem Moment tauchte Napoléon Schroeder mit einer dicken Ledermappe auf. Die beiden Männer sahen einander kurz an und betraten den Empire-Saal; ein Raum mit roten Teppichen und Milchglas an der Decke, die das darüber platzierte elektrische Licht elegant dämpfte, wie es Georges auch im *Élysée-Palace-Hotel* in größerer Form hatte einrichten lassen.

Die anderen Männer des Aufsichtsrats folgten Georges und Napoléon auf die schmale Bühne, auf der ein langer Tisch stand. Jeder Platz war mit einem Namenschild bestückt. Neef-Orban begrüßte die Anwesenden, die sich in dem großen Saal weiträumig verteilt hatten. Nach ein paar einleitenden Sätzen übergab er das Wort an Schroeder, der in seiner gewohnt sachlichen Art die Bilanz der Weltausstellung vortrug. Kaum hatte er geendet, musste sich Georges von mehreren Teilnehmern anhören, dass sie ihn seit drei Jahren gewarnt hätten. Mehrfach. Vor zu hohen Ausgaben, laufenden Verlusten und zu schnellem Wachstum.

Zu den kritischen Fragen gestand Georges ein: Ja, er hatte über 25 000 Weltausstellungstickets zum Sonderpreis erworben und insbesondere den Briten angeboten. Denn er war davon ausgegangen, dass viele englische Stammkunden in seinen Zügen von London zur Riviera reisen und für ein paar Tage einen Zwischenhalt auf der Weltausstellung einlegen würden, um anschließend mit seinen Schlafwagen nach Monte-Carlo weiterzufahren, wo er rechtzeitig ein neues Grandhotel eröffnet hatte.[530] Ein dreifacher Gewinn für die *Compagnie*! Er konnte nicht damit rechnen, dass viele Briten in diesem Jahr fern blieben, weil in Südafrika der Burenkrieg ausgebrochen war, der sich dramatisch entwickelte und immer mehr Ressourcen auffraß. England sandte im Jahr 1900 über 160 000 Soldaten nach Südafrika; die Briten hatten plötzlich andere Sorgen, als in Paris die Weltausstellung zu besuchen oder sich an der Côte d'Azur zu vergnügen. Für die *Compagnie* ein schwerer Rückschlag.[531]

Noch unerfreulicher entwickelte sich der groß angekündigte Verkauf der *Transsibérien*-Tickets. Davon konnte Georges nur eine Handvoll abstoßen, weil es in China zu politischen Unruhen gekommen war.[532]

Zusätzlich hatte Georges ein teure Panne zu beklagen: Beim Rücktransport der schweren *Transsibérien*-Schlafwaggons vom Weltausstellungsgelände mit Hilfe des bulligen Scotte-Dampftraktors war es zu einem Unfall gekommen. Die *Compagnie* musste für die Reparatur von Straßenschäden und den Ersatz-Transport tief in die Kasse greifen.[533]

Georges entging nicht, wie mehrere Teilnehmer während seiner Ausführung redeten. Er vernahm englische und französische Wortfetzen, in einigen Gesichtern glaubte er Entrüstung zu erkennen.

»Größenwahnsinnig« – Georges hatte das Wort bereits in der letzten Aktionärsversammlung jemanden flüstern gehört. Jene, die es schon immer gewusst hatten, fühlten sich nun offenbar bestätigt. Jene, die schon immer gewarnt hatten. Jene, die das Unternehmen auf wenige Länder beschränken wollten.

Natürlich stellte sich Georges manchmal die Frage, ob er zu hoch pokerte. Doch solange er mit all seinen Vorhaben reüssierte, suchten Aufsichtsräte und Aktionäre seine Nähe. Ja, sie ermunterten ihn sogar, noch einen Schritt weiter zu gehen, denn sie wollten mehr Wachstum und eine höhere Rendite sehen. Der Erfolg hat bekanntlich viele Väter. Bei Rückschlägen allerdings brauchte es einen, auf den man zeigen konnte. Und das war jetzt er.

Georges ließ sich nicht beirren, Bedenkenträger hatten ihn schließlich ein Leben lang angestachelt.

Ein Aktionär bat darum, eine Frage stellen zu dürfen. Der Mann war kaum dreißig, er stand auf, räusperte sich, starrte auf einen vorbereiteten Zettel mit Zahlen und schien unsicher. Der Vorsitzende Neef-Orban erteilte ihm das Wort.

Daraufhin wandte sich der junge Mann direkt an die Aufsichtsräte: Es tue ihm leid, es so klar sagen zu müssen, aber die von Napoléon Schroeder vorgetragenen Zahlen ließen nach der aktuell gültigen Satzung nur einen Schluss zu. Die *Compagnie Internationale des Wagons-Lits* müsse wegen der in den letzten drei Jahren aufgelaufenen Schulden von über 20 Millionen zuzüglich der 1,5 Millionen durch die Weltausstellung und 3,5 Millionen durch die Hotels aufgelöst werden.[534]

Ein Raunen ging durch den Saal, auch einige Aufsichtsräte tuschelten.

Unverblümt setzte der junge Aktionär nach: »Und zwar sofort!«

Georges hatte solch ein Statement befürchtet. Schon vor einigen Wochen hatte der Buchhalter Claude Chouffart gewarnt, dass die *Compagnie* aufgrund der hohen Schulden aufgelöst werden könnte. Daraufhin hatte Georges mit den Aufsichtsräten stundenlang über einen Ausweg diskutiert.

Nun holte er aus seiner Aktentasche eine Mappe mit Zahlenmaterial hervor. Er stand auf und bat darum, die Sache in größerem Zusammenhang zu sehen. Die *Compagnie* hatte seit 1885 im Durchschnitt jedes Jahr um etwa eine Million Umsatz dazugewonnen. Also seit 15 Jahren! Jedes Jahr wurden ungefähr achtzig neue Waggons erworben oder in eigenen Werkstätten gebaut. Jedes Jahr hatte er neue Agenturfilialen gegründet. Jedes Jahr hatte er ungefähr 300 neue Mitarbeiter eingestellt. Und jedes Jahr schüttete die *Compagnie* eine ansehnliche Dividende an die Aktionäre aus. Zusätzlich konnte auch noch jedes Jahr eine Rendite erwirtschaftet werden.[535]

Georges sah Neef-Orban in die Augen: All diese Erfolgszahlen könne der geschätzte Aufsichtsratsvorsitzende bestätigen, denn er sei seit über 23 Jahren dabei, richtig?[536]

Etwas verkrampft nickte Neef-Orban.

Nur weil es jetzt drei Jahre schlechter lief, folgerte Georges, könnte man doch nicht plötzlich alles in Frage stellen. »Allein schon wegen der über 6 000 Mitarbeiter nicht!«

Im Saal ein eisiges Schweigen.

Dann meldete sich der langjährige Großaktionär und Bankier Oppenheim zu Wort; er gab eine weitere Hiobsbotschaft bekannt: Der belgische Staat verlange von der *Compagnie* eine sofortige Rückzahlung von 3,5 Millionen Francs.[537]

Angeblich hatte König Leopold zwar Einspruch erhoben, konnte sich aber gegen seine Minister nicht durchsetzen. Georges wusste, dass der König nur beschränkten Zugriff auf die Finanzen des belgischen Staates hatte, deshalb hatte er ja auch private Gesellschaften gegründet, darunter sein Engagement im Kongo.

Nun wurde im Saal heftig getuschelt, quer durcheinander, immer lauter. Neef-Orban bat um Ruhe. Vergeblich. Schließlich ließ er die Sitzung unterbrechen.

Bankier Baron Eduard von Oppenheim

Im Foyer zündete sich Oppenheim eine Zigarre an, er musterte die ratlosen Gesichter von Nagelmackers und Schroeder. Der 69-jährige Baron war mit seiner Bank als einziges deutsches Geldhaus seit 1882 investiert.[538] Über die nahezu zwei Jahrzehnte hatte sich zwischen Georges und Oppenheim eine Freundschaft entwickelt. Doch Oppenheim blickte auch auf eine bittere Erfahrung zurück: Sein Bankhaus hatte ein paar Jahre zuvor in ein neuartiges Druckluftsystem investiert, das zentral Motoren steuern sollte. Selbst Werner von Siemens ließ sich die Methode erläutern und war begeistert. Oppenheim meldete mehrere Patente an und investierte mutig mehrere Millionen. Allerdings verlangten die Ingenieure jedes Jahr neues Geld, ohne ein ausgereiftes Produkt vorlegen zu können. Am Ende hätte das Projekt die Bank beinahe in die Insolvenz getrieben. Und damit die gesamte Familie Oppenheim. Eine Geschichte von Hoffnung und Selbsttäuschung, von wagen ohne abzuwägen.[539]

Deshalb war Baron Oppenheim nun doppelt vorsichtig, weiteres Geld in die *Compagnie* zu pumpen. Gegenüber Georges und Napoléon versuchte er sich mit einer tröstenden Erklärung, als würde er einem Begräbnis beiwohnen und die Auflösung der *Com-*

pagnie wäre längst beschlossen: Das Geschäftsmodell von Georges habe vielleicht einfach zu viele Unbekannte, die man nicht beeinflussen könne. Vor allem das politische Umfeld sei unberechenbar, wie zum Beispiel die Verwerfungen in China.

Für Georges muss es sich angefühlt haben, als wollten ihn Banker, Aktionäre und Aufsichtsräte konzertiert stürzen. Die nüchterne Analyse von Neef-Orban und der Kommentar Oppenheims waren zwei Schläge in die Magengrube. In solch einer einhelligen Form hatte er weder einen Angriff auf die *Compagnie* noch auf seine Person erwartet. Aufgewühlt beriet er sich mit Napoléon. Ihm entging nicht, wie sich die Stimmung im Saal zunehmend gegen ihn wandte.

Kaum wurde die Sitzung fortgesetzt, hielt Georges fest, dass die *Compagnie* in diesem Jahr die Einnahmen trotz vieler Probleme um 2 104 000 Francs hatte steigern können.[540]

»Was hilft das, wenn Verluste und Zinszahlungen alles aufzehren«, entgegnete ein Aktionär. Jeder weitere Tag, jede weitere Woche würden kosten. Er rechnete vor: Die Gesellschaft verliere pro Monat etwa 300 000 Francs.[541] Wenn man aber rasch auflöse, Hotels, Waggons und Werkstätten verkaufe, könnte man vielleicht noch den halben Aktienwert sichern und an die Aktionäre im Frühjahr ausbezahlen.

Der Aktionär verlangte eine Abstimmung. Georges ahnte, dass er diese verlieren würde. Warum hatten sich, verflucht nochmal, weder Thomas Walsh noch König Leopold gemeldet? Mit einem Investor könnte er das Blatt jetzt noch wenden, da war er sicher. Doch dafür war es zu spät.

»Wenn zwei Drittel der Aktionäre für eine Auflösung der *Compagnie* stimmen«, zitierte der Vorsitzende Neef-Orban aus der Satzung, »ist diese umgehend zu liquidieren.«[542] Er sagte es in einem ruhigen, friedlichen Ton, doch für Georges muss es wie ein Todesurteil geklungen haben. Einen Moment lang betrachtete er verzweifelt die Anwesenden im Saal, sein Blick schweifte von einem zum andern – und plötzlich zweifelte er, ob überhaupt ausreichend Aktionäre für einen so weitreichenden Beschluss anwesend waren. Auf einigen Stühlen saßen Journalisten, andere waren leer geblieben. Georges gab dies sofort kund.

Neef-Orban ließ die anwesenden Aktionäre durchzählen. Um eine satzungsmäßig gültige Abstimmung von dieser Tragweite durchführen zu können, waren tatsächlich um zwei Aktionäre zu wenig im Saal. Deshalb blieb dem Aufsichtsrat nichts anderes übrig, als die Abstimmung auf eine weitere Aktionärsversammlung zu verschieben, die innerhalb von drei Wochen stattfinden sollte: am 24. November 1900.[543]

Bis dahin würden alle Aktionäre sowohl angeschrieben als auch zusätzlich telegrafisch kontaktiert werden. Damit war die Sitzung geschlossen.

Georges atmete durch. In drei Wochen, so hoffte er, würden Thomas Walsh und der König bereits in die *Compagnie* investiert haben.

44

Das Ultimatum

◆

»Die Firma war für mich ein Gesamtkunstwerk. Eine der größten, wenn nicht die größte unternehmerische Leistung im 19. Jahrhundert. Sie hat die Geografie beeinflusst, die Politik, die Technik und war entstanden aus einer enormen einzelnen Kraftanstrengung.«
— Peter Flug, CIWL-Experte und ehemaliger Schlafwagenschaffner[544]

Zwei Tage vor der neuerlichen Aktionärsversammlung hatte Georges immer noch weder von Thomas Walsh noch von König Leopold eine Nachricht erhalten. Er war verzweifelt, telegrafierte nach Brüssel. Keine Antwort. Schließlich gelang es ihm, dem Sekretär des Königs ein Versprechen abzuringen: Man wollte innerhalb von 24 Stunden telegrafisch Bescheid geben.

In der Nacht vor der Sitzung feilte Georges bis in die Morgenstunden an seinem Plädoyer, mit dem er die Aktionäre von einer Auflösung der *Compagnie* abhalten wollte. Im Vorfeld sprach er mit Baron Oppenheim, denn natürlich war dem Bankier bewusst, dass auch er im Falle einer Liquidierung eine enorme Summe verlieren würde.

Auf der Aktionärsversammlung hielt Georges eine flammende Rede: Die *Compagnie* sei trotz allem eine Firma mit Zukunft! Und vom Renommee so gut aufgestellt, dass er auch kurzfristig neue

Investoren auftreiben könne. Es gebe auf der Welt genug Leute, die das Potenzial sehr wohl erkennen würden.

»Wie soll das funktionieren?«, gab einer der Aktionäre zu bedenken, »die Fehlentscheidungen von Monsieur Nagelmackers zur Weltausstellung haben den Ruf der *Compagnie* beschädigt!«

»Die Verluste im Hotelbereich und bei der Weltausstellung sind einmalig und werden sich nicht wiederholen«,[545] versicherte Georges und appellierte: »Nie war das Bedürfnis nach Reisen größer und die Lage der Schlafwagendienste zufriedenstellender, nie waren unsere Beziehungen zu den Regierungen und den Bahngesellschaften besser, nie war das Vertrauen in unser Unternehmen so hoch!«[546]

Trotzdem zweifelten viele Aktionäre: Wer würde bei einem Unternehmen einsteigen, dessen Aktie innerhalb der letzten Wochen von 800 auf unter 400 Francs gefallen war?[547]

Georges konterte, dass König Leopold und Thomas Walsh mehrere Millionen in die *Compagnie* zu investieren beabsichtigten, die Verhandlungen dazu seien so gut wie abgeschlossen. Damit würde die Situation bereits deutlich besser aussehen.[548]

Da preschte ein mächtiger Mann vor, Graf Lucien Villars, Präsident der Banque Parisienne, Hauptkreditgeber und Großaktionär der *Compagnie*:[549] Er habe auch von den Millionen gehört. Doch der König wolle mit Thomas Walsh zusammen die »König Leopold – Walsh & Co.« gründen. Die beiden Herren beabsichtigten anscheinend, ihre Millionen in die weitere Ausbeutung des Kongo zu investieren. Ausschließlich![550]

Schockiert sog Georges die Luft ein. Davon hatte ihm gegenüber weder der König noch Walsh ein Wort erwähnt. Hatten die beiden deshalb geschwiegen?

Tatsächlich wurde wenige Tage später die »König Leopold – Walsh & Co.« offiziell gegründet, wie die Brüsseler Zeitung *Le Soir* meldete. Der König und Walsh investierten ihr Geld lieber in die Gewinnung von Kautschuk und Kupfer im Kongo, dort schienen sie eine höhere Rendite zu erwarten.[551]

Georges fühlte sich düpiert. Der König, ein vermeintlicher langjähriger Freund, hatte ihn öffentlich von einem Tag auf den anderen abgeschrieben. Eine kolossale Enttäuschung, denn Georges hatte Leopold und Thomas Walsh in sein *Élysée-Palace-Hotel* und nach Ostende eingeladen. Inklusive Entourage. Mit dem Ergebnis, dass die beiden Herren hinter seinem Rücken einen Deal verabredeten. Ernüchtert musste Georges zur Kenntnis nehmen: Großzügigkeit konnte sich auch gegen einen selbst wenden.

Dem König, der sich in den vergangenen 30 Jahren so oft für den Fortschritt und die Eisenbahn eingesetzt hatte, ging es plötzlich, mit 65 Jahren, nur mehr um eines: sein Privatvermögen im Kongo zu vermehren. Ohne jeden Skrupel. Vielleicht hatte Georges die wahre Haltung des Königs lange Zeit nicht erkannt, weil er sie nicht erkennen wollte. Auf jeden Fall schien die Situation der *Compagnie* ausweglos.

Georges bat um eine Sitzungsunterbrechung und bearbeitete Aufsichtsrat um Aufsichtsrat: Man solle ihm wenigstens noch eine Chance geben. Denn er war sicher, er würde einen anderen Investor für sein »Projekt der Zukunft« finden.

»Höchstens drei Monate«, schwenkte der Aufsichtsrats-Vize Graf De Ségur Lamoignon ein.[552] Nach langen Diskussionen akzeptierte die Versammlung das Begehren von Georges. Selbstverständlich wusste er: Drei Monate würden kaum reichen. Und noch weniger, als der Aufsichtsrat ankündigte, bei der nächsten Ordentlichen Aktionärsversammlung vorzuschlagen, die Dividende zu streichen. Wer sollte da noch investieren wollen?[553]

Ein hitziger Schlagabtausch folgte dem anderen, bis Georges eine Idee hatte. Er schlug vor, neue Papiere aufzulegen, sogenannte

»privilegierte Aktien« mit einer höheren Dividende, die den Einstieg für einen Investor attraktiver machen würde.

Umgehend meldeten einige Aufsichtsräte Bedenken an, denn die Konstruktion stand im Verdacht, durch Erhöhung des Aktienvolumens frisches Geld zu lukrieren, was bei mangelnder Hinterlegung von Werten als Betrug ausgelegt werden könnte. Keiner der Aufsichtsräte wollte dafür die Verantwortung übernehmen.

Als Ausweg bot Georges an, einige seiner geliebten Hotels zu verkaufen.[554] Nach einer turbulenten Debatte stimmte die Aktionärsversammlung dem Verkauf von Hotels und deren Grundstücken zu, wozu eine Satzungsänderung notwendig war.[555]

Am Ende akzeptierte der Aufsichtsrat das Angebot von Georges, diktierte aber harte Bedingungen: Es wurde beschlossen, 60 000 »privilegierte Aktien« zum Nennwert von 250 belgischen Francs aufzulegen. Mit einer Dividende von fünf Prozent. Um dafür Investoren zu finden, wurden Georges nur drei Monate zugestanden. Ein Ultimatum.

Am schlimmsten jedoch traf Georges, dass er ab sofort von einem Finanzlenkungsausschuss kontrolliert werden sollte.[556] Zu dessen Leiter bestellte der Aufsichtsrat den Präsidenten der *Banque de l'Union Parisienne*, Graf Lucien de Villars, einen Mann der Zahlen ohne jede Vision.[557]

Zusätzlich bestand der Aufsichtsrat darauf, dass Georges seinen langjährigen Weggefährten Albert Lechat aus der Geschäftsführung entlassen musste. Mit ihm hatte Georges nicht nur in Lüttich studiert, er teilte mit ihm den Mut, auch größere Projekte zu stemmen, nicht zuletzt den Orient-Express.[558]

Ersetzt wurde Lechat durch den Leiter der Buchhaltung, Claude Chouffart, einen trockenen Finanzkaufmann.[559] Der Controller Chouffart sollte Georges auf die Finger sehen. Und zwar täglich.[560]

Napoléon Schroeder protokollierte nüchtern: »Der finanzielle Scherbenhaufen nach der Weltausstellung hat dazu geführt, dass ein Finanzgremium sämtliche Geschäfte von Georges Nagelmackers kontrollieren wird.«[561]

Defacto hatte man Georges die Prokura entzogen. Auch wenn er mit seinen Vorschlägen erfolgreich Zeit gewonnen hatte, empfand er die neue Situation als demütigend. Nach dreißig Jahren des freien Schaltens führten die Beschneidungen zu einer tiefen Kränkung. Und tatsächlich wird berichtet, dass Georges von diesem Tag an gesundheitliche Probleme hatte.[562]

45

Die Galgenfrist

◆

»Georges Nagelmackers hat etwas komplett Neues
für Europa eingeleitet: Er hat es vollbracht,
Grenzen zu überwinden, ohne Krieg zu führen.«
— *Baudouin Nagelmackers, Mitglied der Familie*[563]

Immer schon wollte Georges ein großes Rad drehen, nun drohte ihn die Schwungmasse zu erschlagen. Er fühlte sein Herz pochen, konnte nicht schlafen, hatte Schweißausbrüche. Schon hatten die Banken angedeutet, auch auf sein Privatvermögen zugreifen zu wollen. Plötzlich sorgte er sich nicht nur um sein Lebenswerk, auch Marguerite und René waren in Gefahr. Was sollte mit seiner Familie passieren, wenn die *Compagnie* tatsächlich aufgelöst würde?

Über Napoléon Schroeder erfuhr er: Einige Aufsichtsräte und deren Banken hatten großes Interesse am Tafelsilber, insbesondere an den Hotels in den besten Lagen Europas. Die Aasgeier kreisten bereits über den Filetstücken.[564]

So rasch wie möglich musste Georges das Unternehmen aus dem kritischen Bereich manövrieren. Unverzüglich machte er sich auf die Suche nach Investoren. Um nach potenten Finanziers in Übersee Ausschau zu halten, sandte er seinen Sohn René nach Amerika, denn Georges fühlte sich gesundheitlich nicht in der Lage, eine so weite Reise in Angriff zu nehmen. Auch musste er in Brüssel und Paris fast täglich Rede und Antwort stehen.

In der Direktion: Napoléon Schroeder (r.) mit Controller Claude Chouffart

Bereits vor Weihnachten wurde Georges klar, dass drei Monate nicht für eine erfolgreiche Sanierung reichen würden. Die Hotels könnte er kaum so schnell losschlagen, vor allem nicht zu einem angemessenen Preis.

Georges versuchte für seinen Sohn einen Termin bei US-Präsidenten William McKinley zu arrangieren, den er über seine Sitzungskollegen aus der Weltausstellungskommission zu erhalten hoffte. Der US-Präsident wiederum könnte René an potenzielle Investoren vermitteln, so der Plan.

Dank mehrerer ausgefeilter Briefe vermochte Georges zu erreichen, dass René auf die Audienzliste von William McKinley gelangte. Doch der Termin wurde mehrmals verschoben.[565]

Inzwischen liefen Georges die Kosten für die 6 000 Angestellten, die Hotel- und Werkstattmieten sowie die Schienenbenützungsgebühren davon. Der Strohhalm, den er mit aller Kraft aufgerichtet hatte, drohte einzuknicken.

Kurz vor Weihnachten 1900 verfügte Georges nicht mehr über ausreichende finanzielle Mittel, um die Löhne seiner Mitarbeiter zu bezahlen. Wollte er über die nächsten Wochen kommen, fehlten ihm fünf Millionen Francs. Schweren Herzens informierte er die Aufsichtsräte und bat die Banken um einen Überbrückungskredit.

46

Damoklesschwert

◆

»Auf Schulden reitet das Genie zum Erfolg.«
— *Ökonom Joseph Schumpeter*[566]

Die Notlage entwickelte sich so dramatisch, dass Georges sogar über Weihnachten und Neujahr weiter verhandelte, obwohl die beiden Hauptkreditgeber Baron Oppenheim und der Direktor der Société Générale über die Weihnachtsfeiertage nicht gestört werden wollten. Genau genommen mochten die Darlehensgeber kein weiteres Geld verbrennen, deshalb stellten sie extrem harte Bedingungen.

Georges ließ nicht locker, brachte Argument für Argument vor und stimmte Klausel für Klausel zu. Alle drei Monate würden nun insgesamt fünf Kreditgeberüber ihn und die *Compagnie* »zu Gericht sitzen«. Und alle drei Monate konnten sie den Kredit kündigen, wenn nur einer der fünf zu der Ansicht käme, dass Georges sich falsch verhielt. Ein Knebelvertrag.[567]

In vielen Einzelgesprächen konnte Georges schließlich durchsetzen, dass am 2. Jänner 1901 frühmorgens ein Kreditvertrag über insgesamt 5 125 000 Francs unterzeichnet wurde.[568] Damit konnte er die Gehälter erst einmal weiter bezahlen.

Indes machten ihm die Angriffe gegen seine Person immer mehr zu schaffen. Auch innerhalb der *Compagnie* hatte er das Gefühl, dass ihn andere mit Verachtung straften. Gleichzeitig hatte sich Georges weiter in Europa nach Investoren umgesehen, konnte aber in Frankreich und Belgien keinen Interessenten überzeugen.[569]

Die heftigen Sorgen verdunkelten seinen Horizont, auch gesundheitlich ging es ihm von Monat zu Monat schlechter. Seine ganze Hoffnung lag auf René. Es dauerte, bis sein Sohn endlich den Termin beim US-Präsidenten erhielt, denn William McKinley fiel im September 1901 einem Attentat zum Opfer. Sein Stellvertreter Theodore Roosevelt übernahm das Amt, und René musste neuerlich um einen Termin bangen.

Als ihm schließlich die Audienz zugesagt wurde, ging René wie von seinem Vater empfohlen vor: Der 25-Jährige fragte den Präsidenten nicht sofort nach einem Investor, sondern bot ihm an, in Zukunft sämtliche Waggons für den *Transsibérien* in Amerika bauen zu lassen. Dies würde einen Millionenauftrag und viele Arbeitsplätze bedeuten, die der Präsident für sich reklamieren könnte.[570]

Roosevelt gab sich interessiert und vermittelte René an John Pierpont Morgan, damals der einflussreichste Privatbankier der Vereinigten Staaten. Diesem versprach der Unternehmersohn aufgrund der »privilegierten Aktien« ordentliche Gewinne.

J. P. Morgan meinte, er fahre zu selten nach Europa, um dort Verantwortung zu übernehmen. Trotzdem gefiel ihm, wie der junge Nagelmackers für seinen Vater und die Firma kämpfte. Er verwies René an einen Kunden und Freund: den »König des Stahls« Charles M. Schwab. Der baue in seinen riesigen Fabriken auch Schienen für die Transsibirische Eisenbahn und könnte vielleicht Interesse haben.

Schon bald darauf empfing der Stahl-Tycoon René in seinem pompösen Büro. Der 39-jährige Schwab strahlte eine bukolische Ruhe aus. Doch das täuschte. Der Mann aus Pennsylvania befand sich auf dem Höhepunkt seiner Karriere, war erst vor vier Jahren zum Präsidenten der *Carnegie Steel Company* ernannt worden und dirigierte 396 000 Arbeiter. Schwab dachte strategisch und ausschließlich zu seinem Vorteil. Vor allem war er immer auf der Hut. Das Leben: ein Kampf. Er gegen alle. Ein Faktotum der Trustkönige Amerikas.[571]

Zu einer Beteiligung an der *Compagnie* konnte René den reichen Industriellen nicht überreden. Schwab fand jedoch das Gespräch mit dem jungen Belgier interessant, denn er beabsichtigte, demnächst nach Europa zu reisen. Geschickt fragte René den Stahltycoon, ob er es nicht unangenehm finde, mit der Postkutsche oder dem Personenzug von Le Havre nach Paris und weiter zu reisen, wo er doch in den USA sicher gewohnt sei, mit seinem privaten Pullman-Waggon zu verkehren.

Charles M. Schwab nickte, insbesondere, weil er auch Wien, Berlin und London besuchen wollte.[572]

Daraufhin bot ihm René einen »Train Spécial« der *Compagnie* an. Mit einem Waggon, so komfortabel, wie ihn Schwab sicher noch nie erlebt habe. Für seinen gesamten Europa-Aufenthalt! Einen Moment zögerte Schwab, dann stimmte er zu.

In den bequemen Fauteuils des »Train Spécial« gelang es René, den Stahl-Tycoon doch noch zu überzeugen: Schwab erwarb 6 000 Vorzugsaktien für 2,5 Millionen Francs.[573] Von Schwab ermutigt, kaufte daraufhin auch J. P. Morgan 6 000 Vorzugsaktien.[574] Morgan und Schwab besaßen damit fast ein Zehntel der 200 000 CIWL-Aktien. Prompt führte dies zu einem Kursanstieg. Von der Rendite beflügelt, zeichnete Schwab weitere 14 000 Aktien und auch Morgan legte mit 8 000 Aktien nach.[575]

Renés Amerikareise trug also reiche Früchte, er hatte sich an die Anweisungen seines Vaters gehalten und über Umwege hartnäckig sein Ziel verfolgt.[576] Plötzlich ging es mit der *Compagnie* aufwärts, die Berichte in der Presse waren ebenso positiv.[577]

Obwohl gesundheitlich angeschlagen, begann Georges nun umgehend, den *Transsibérien* zu verbessern und auszubauen. Besonders stolz erwähnte er in einem Interview mit der *Omaha Daily Bee*: »Obwohl die Reise mit dem *Transsibérien* nur halb so lange dauert, kostet sie um 40 Dollar weniger als mit dem Dampfer!«[578]

Nach einem stetigen Kursanstieg der CIWL-Aktie verkauften Schwab und Morgan plötzlich ihre Anteile, um die Gewinne einzukassieren. Währenddessen stieß Georges auf einen Mann, der für die weitere Zukunft der *Compagnie* von großer Bedeutung werden sollte. Er war Engländer schottischer Herkunft, ein Journalist, Politiker und Finanzjongleur, der ein Vermögen mit Zeitungen gemacht hatte und in London ein Omnibus- und Taxigeschäft betrieb. Sein Name: Davison Dalziel. In einer Schwächephase der CIWL-Aktie erwarb er ein großes Aktienpaket und zog bald darauf in den Aufsichtsrat. Als sich René dann auch noch in Dalziels einzige Tochter Elizabeth verliebte und sie 1903 heiratete, ordnete Davison Dalziel als Aufsichtsrat die Finanzen neu und verhalf Nagelmackers' Unternehmen zu einer soliden Kapitalaufstockung.[579]

Georges bei Verhandlungen in Moskau

Georges allerdings musste Federn lassen. Der später sogar geadelte Lord Dalziel sorgte dafür, dass René Nagelmackers und Napoléon Schroeder maßgeblich die Finanzen steuerten.

Obwohl Georges bis heute als Organisator des modernen, internationalen Eisenbahnwesens gilt, der mit der Einführung der Schlaf- und Speisewagen wesentlich zum Zusammenrücken der europäischen Nationen beigetragen hat, konnte er den Erfolg in den letzten Jahren seines Lebens kaum genießen, denn gesundheitlich ging es ihm immer schlechter.[580] Ein wenig beruhigte ihn nur sein Testament, durch das im schlimmsten Fall Marguerite und René über die *Compagnie* versorgt werden sollten. Sofern die Firma weiter bestand.

47

Nachklang

◆

»Nichts beginnt mit der Literatur,
aber alles endet mit ihr, eingeschlossen
der Orient-Express.«
— *Paul Morand, französischer Schriftsteller*[581]

Sorgen gingen über in Schmerzen. Und der Schmerz kannte bald keine Pause mehr. Georges musste Termine und Reisen absagen, er schaffte es an manchen Tagen nicht einmal, aufzustehen und ins Büro zu gehen.[582]

Die Rückschläge der letzten Jahre hatten ihn allerdings auch von einigen Selbst- und Fremdtäuschungen befreit. Der Ärger über Thomas Walsh und König Leopold wurde mit den Jahren schwächer, der Zorn verebbte. In seinem Leben hatte Georges zahlreiche Niederlagen hinnehmen müssen und auch verdaut.

Was ihn immer angetrieben hatte, waren seine Ideen. Mitunter ist es jedoch riskant, wenn Ideen immer größere Projekte zum Tanzen bringen, und die Bilanzen diese tänzelnden Drehungen nicht mitmachen. Jede technische und wirtschaftliche Vision wird früher oder später in Zahlen übersetzt und mit der Realität abgeglichen. Zu große Sprünge führen zum Stolpern.

Trotz nachlassender Kräfte versuchte Georges weiterzuarbeiten, auch wenn ihm die neue Firmenstruktur nur beschränkten Zugriff auf das Budget gewährte. Die jahrzehntelange Atemlosig-

Ab 1895 lebte Georges zeitweise auf Schloss Villepreux, wo er auch starb

keit hinterließ Spuren, Georges hatte Gewicht verloren, sein Gesicht wurde schmal, jede Verkühlung warf ihn aus der Bahn.

Baudouin Nagelmackers, einer der letzten Nachfahren der Familie, vermutet, dass Georges aufgrund von Erschöpfung und Überarbeitung nur das einundsechzigste Lebensjahr erreichte.[583] Am 10. Juli 1905 starb Georges in seinem Schloss Villepreux nahe Paris.[584]

Unter großer Anteilnahme seiner vielen Freunde und der Presse brachte ein »Train Spécial« den Sarg und die Trauergemeinde von Villepreux zur Familiengruft nach Angleur bei Lüttich, wo er im Kreise seiner Familie beigesetzt wurde und wo bis heute ein verwunschenes Grab an ihn erinnert.[585]

Nagelmackers' Tod fiel mit einem wenig erbaulichen Ereignis zusammen. Am selben Tag musste das von Georges mit viel Engagement eröffnete *Grand Hôtel des Wagon-Lits* in Peking stillgelegt werden, weil der russisch-japanische Konflikt eskalierte und die Gäste fernblieben.[586]

Ein weiteres Beispiel von vielen, wie das politische Umfeld die Umsetzung der weltumspannenden Ideen von Georges erschwerte. Wir wissen nicht, ob Georges von Beginn an den Wunsch hatte, im politischen Sinne Grenzen zu überwinden. Möglicherweise beabsichtigte er nur, sein Geschäftsmodell erfolgreich in alle Welt zu tragen. Andererseits hatten ihn schon die Pullman-Waggons in den USA begeistert. Und diese verbanden die Ost- mit der Westküste und einten Amerika.

Zweifellos bleibt die größte Leistung von Georges Nagelmackers, dass er sich von politischen, bürokratischen und finanziellen Grenzen nicht hat aufhalten lassen. Seine Formel: Der Umweg. Geografisch, politisch und menschlich. Wenn Georges die Direttissima nicht durchsetzen konnte, weil Staaten verfeindet waren oder ihm die Durchfahrt verweigerten, leitete er seine Züge über andere Länder um. Wenn Banken oder sein Vater nicht ausreichend Geld zur Verfügung stellten, organisierte er es über Aktionäre oder Beteiligungen. Er gewann seine geliebte Frau, indem er über neun Jahre wartete und sie in England im kleinsten Kreise heiratete. Obwohl Georges aus einer wohlhabenden Familie stammte, bekam er wenig geschenkt, denn seine Ideen überstiegen das Vorstellungsvermögen seines Vaters.

Bei politischem Gegenwind wurde aus dem Visionär ein Diplomat, bei geografischen oder technischen Hindernissen aus dem kompromisslosen Träumer ein Pragmatiker und im Angesicht ängstlicher Bankiers aus einem feurigen Idealisten ein gut vorbereiteter Stratege.

Stur verfolgte Georges seine Ziele, nur im Detail verhielt er sich flexibel. Das Finden von Kompromissen sah er nicht als Charakterschwäche, sondern als Mittel, um über die Bande seine Ziele zu erreichen.

Auch wenn Georges Nagelmackers' Traum, die Metropolen

der Welt mit Nachtzügen zu verbinden, wirtschaftlich nahezu gescheitert wäre, lebt mit dem Orient-Express seine erfolgreichste Verbindung in unseren Köpfen weiter. Der »König der Züge« hat Politiker, Spione, Schmuggler und Künstler vom Okzident in den Orient gebracht. Agatha Christie, F. Scott Fitzgerald, Graham Greene und viele Filmemacher inspirierte der berühmteste aller Züge zu ihren Werken.

Von der Todesanzeige tief bewegt, brachte der Journalist Jean des Cars die kosmopolitische Ambition von Georges auf den Punkt: »Das Fremde, das Abenteuer und der Ausbruch aus dem Gewohnten haben sich eingeschlichen in das rechteckig weiße Papier mit schwarzem Rand, weil Georges Nagelmackers bis zum Schluss ein Magier blieb.«[587]

Sein Leben ist eine leidenschaftliche, europäische Liebesgeschichte, die zwischen Paris und Konstantinopel ihre Erfüllung fand. Vielleicht ist Georges Nagelmackers einer der letzten großen Romantiker, der seinen Traum von einer friedlich verbundenen Welt mit aller Kraft zu verwirklichen versuchte.

Zeittafel

1845 Geburt von Georges Lambert Casimir Nagelmackers.[588]

1867 George Mortimer Pullman (1831–1897) gründet in Nordamerika die »Pullman Palace Car Company«.

1867–68 Georges Nagelmackers reist mit Guy de Berlaymont und Maurice Albert nach Amerika.

1870 Georges veröffentlicht seine Broschüre »Projekt zur Einführung von Schlafwagen auf den Eisenbahnen des Kontinents«.

1872 Georges gründet die »*Georges Nagelmackers et Compagnie – Compagnie Internationale de Wagons-Lits*« mit Sitz in Lüttich.

1872 Infolge Unterkapitalisierung Fusion mit William d'Alton Mann zur »Mann's Railway Sleeping Carriage Company Limited«.

1873 Erster Schlafwagenkurs Wien–München; bald darauf Ostende–Köln, Ostende–Berlin und Paris–Wien.

1875 Nagelmackers kauft die Anteile von William d'Alton Mann zurück und wird wieder alleiniger Direktor.

1876 Neugründung der »*Compagnie Internationale des Wagons-Lits*« (CIWL) in Brüssel; Bestand: 53 Schlafwagen.

1877 Verlegung der Generaldirektion nach Paris.

1878 Geburt von René Nagelmackers, dem einzigen Kind von Georges. Nach der Geburt lebt Georges neun Jahre mit Marguerite Mermet in wilder Ehe.

1880 Erster »Restaurationswagen« zwischen Bebra und Berlin.

1882 Erster eigener Versuchszug »Train Éclair«; Paris–Wien.

1883 Erster Luxuszug »*Orient-Express*«, Paris–Konstantinopel; bald darauf folgt der »*Calais-Nice-Rome-Express*«.

1884 Erster Salonwagen auf dem Kurs Paris–Brüssel.

1884 Erweiterung des Firmennamens: »*Compagnie Internationale des Wagons-Lits et des Grands Express Européens*«.

1884 Projekt zur Einführung eines »*Nord-Süd-Express*« von St. Petersburg über Berlin und Paris nach Lissabon; es wird nicht realisiert.

1887 Georges Nagelmackers heiratet die um drei Jahre jüngere Schweizerin Sophie Françoise Marguerite Mermet in London.

1887 Einführung des »*Süd-Express*« von Paris nach Madrid und Lissabon; fast jedes Jahr wurde bis 1914 ein neuer Luxuszug in Betrieb genommen.

1889 »*Club Train*«; Paris–London als Tageszug.

1890 »*Peninsular-Express*« und »*Malle des Indes*«.

1892 Gründung der firmeneigenen Waggonfabrik »*Compagnie Générale de Construction*« in St. Denis (1914 waren es 14 Werkstätten, davon drei in Russland).

1894 Nagelmackers eröffnet in Konstantinopel das »*Pera-Palace-Hotel*«.

1894 Gründung der »*Compagnie Internationale des Grands Hôtels*«; Eröffnung weiterer Hotels in Europa, Ägypten und später auch in China.

1895 Nagelmackers bezieht seinen zweiten Wohnsitz in Villepreux bei Versailles, der hauptsächlich Repräsentationszwecken dient.

1896 Einführung des »*Nord-Express*«; Ostende/Paris–Berlin–St. Petersburg.

1896 Gründung der »Deutschen Eisenbahn-Speisewagen-Gesellschaft« in Berlin mit Kapitalmehrheit von 53 Prozent, um dem fortschreitenden Ausschluss der CIWL in Preußen zu begegnen.

1898 Große Feier: 25 Jahre »*Compagnie Internationale des Wagons-Lits*«.

1900 Weltausstellung in Paris, Vorstellung des »*Transsibérien*« und weiterer Waggons in zahlreichen Pavillons.

1900 Die CIWL verfügt über 776 Schlaf- und Speisewaggons sowie 120 Gepäckwagen. Das Fahrpersonal zählt 2600 Mitarbeiter, das der Luxushotels 1800, das der Werkstätten 1850, zusammen 6250 Menschen.[589]

1901 Die CIWL gerät finanziell in existenzielle Not.

1901 Charles M. Schwab und J. P. Morgan kaufen Anteile an der *Compagnie*.

1903 Davison Dalziel, der spätere Präsident der englischen »Pullman Car Company«, zieht in den Aufsichtsrat der CIWL ein.

1903 René Nagelmackers heiratet Elisabeth Helen Dalziel, die einzige Tochter von Davison Dalziel.

1905 Internationale Ausstellung in Lüttich: Vorstellung des ersten sechsachsigen Waggons der CIWL.

1905 Georges Nagelmackers stirbt auf Schloss Villepreux. Beisetzung in der Familiengruft in Angleur bei Lüttich.

1905 Napoléon Schroeder, langjähriger Weggefährte von Georges, übernimmt die Generaldirektion der CIWL.

1907 Davison Dalziel erwirbt die »Pullman Car Company« und darf damit den Namen »Pullman« verwenden.

1908 Die ersten Pullman-Salonwagen verkehren im Namen der CIWL.

1909 Nagelmackers' Ehefrau Marguerite Mermet stirbt im 61. Lebensjahr in Menton-Garavan an der Côte d'Azur. Sie wird neben Georges in Angleur beerdigt. Auf diesem Friedhof liegt auch Marie Joséphine, die Cousine von Georges. Die unerfüllte Liebe zu ihr war das Motiv für seine Amerikareise von 1867.

1913 Die CIWL besitzt 842 Schlafwagen, 665 Speisewagen, 38 Salonwagen und 192 Gepäckwagen.

1914 Ausbruch des 1. Weltkriegs.

1914 Napoléon Schroeder bittet die CIWL um seine Entlassung. Camille Chouffart wird Generaldirektor.

1915 Die CIWL wird unter deutsche Zwangsverwaltung gestellt.

1916 Gründung der »MITROPA – Mitteleuropäische Schlaf- und Speisewagen-Aktiengesellschaft«, um die CIWL aus Deutschland, Österreich-Ungarn und vom Balkan zu verdrängen.

1918 Die Waffenstillstandsvereinbarung wird in Compiègne, in einem ehemaligen Speisewaggon der CIWL, unterzeichnet.

1919 Einführung des »*Simplon-Orient-Express*« (über die Schweiz).

1922 Erster Ganzstahl-Schlafwagen im »*Calais-Méditerranée-Express*«, später als »*train bleu*« bezeichnet.

1922 Napoléon Schroeder stirbt in Cannes.

1925 Vertrag zwischen CIWL und MITROPA; Aufteilung der Gebiete.

1925 Erster Pullman-Express der CIWL: »*Milano-Nizza-Pullman-Express*«. Es folgen 22 weitere Pullman-Züge bis 1933 (Tageszüge).

1927 Die CIWL bewirtschaftet das erste Bordrestaurant in der Geschichte der Luftfahrt für die »Air Union« zwischen Paris und London.

1928 Kauf des britischen Reisebüros »Thomas Cook & Son«, London. Unter den Namen »Wagons-Lits/Cook« wird es zum größten Reisebüro der Welt mit über 3 000 Agenturen.

1928 Mehrheitsaktionär und Aufsichtsrat Sir Davison Dalziel stirbt.

1929 René Nagelmackers stirbt in Paris.

1930 »La Route Bleue« – Omnibusdienst der CIWL zwischen Paris und der Côte d'Azur.

1933 Größter Umfang des Wagenparks der CIWL: 2 268 Waggons.

1939 Mit Ausbruch des 2. Weltkriegs verliert die CIWL zahlreiche Waggons und Verbindungen.

1940 Die CIWL steht erneut unter Deutscher Zwangsverwaltung.

1945 Ende des 2. Weltkriegs; der Wagenbestand ist auf 895 geschrumpft. Es gibt keine Luxuszüge mehr außer dem »*Train Bleu*«.

1947–51 Die Dienste in den östlichen Ländern Europas gehen verloren. Die Fahrzeuge werden in Polen, Ungarn und weiteren östlichen Ländern in »Volkseigentum« überführt.

1957 Die CIWL führt als erste auf dem europäischen Kontinent Autoreisezüge ein.

1957 Einführung des TEE (Trans-Europ-Express).

1967 Änderung des Firmennamens: »*Compagnie Internationale des Wagons-Lits et du Tourisme*«. Diversifikation auf Geschäftsfelder wie Tourismus und Hotels.

1971 CIWL-Eigentum: 804 Schlafwagen, 84 Speisewagen, 12 Pullman-Waggons, 9 Gepäckwagen.

1975 Auf der Fahrplankonferenz wird das Ende des »*Orient-Express*« beschlossen.

1976 Einführung des »*Nostalgie-Orient-Express*«, eines privaten Luxuszuges aus Zürich.

1982 Erste Fahrt des privaten »*Venice-Simplon-Orient-Express*«, London–Paris–Venedig (VSOE).

1991 Die Hotelgruppe ACCOR erwirbt die Aktienmehrheit der CIWL.

2005 Hundertster Todestag des Gründers Georges Nagelmackers.

2013 Der Caterer *Newrest* übernimmt die restlichen Anteile der CIWL.

2022 Am 1. Oktober: 150. Jahrestag der Erstgründung der CIWL durch Georges Nagelmackers.

Dank

Herzlichen Dank an Christian Hladny für seine hartnäckigen Recherchen und die vielen Funde im beruflichen und privaten Leben von Georges Nagelmackers. Er hat mit unglaublicher Akribie einige noch nie in Buchform veröffentlichte Zeugnisse bei diversen amtlichen Quellen und aus Archiven historischer Zeitungen zutage gefördert.

Besonders danke ich Jürgen Klein. Er hat nicht nur sein Bildmaterial für dieses Buch gerne zur Verfügung gestellt, sondern mich auch während meiner Arbeit mit vielen hilfreichen Sach-Informationen unterstützt.

Zu Dank verpflichtet bin ich Baudouin Nagelmackers, einem der letzten Nachfahren von Georges Nagelmackers, mit dem ich in Brüssel ausführlich sprechen durfte.

Ein großes Dankeschön geht an die Wissenschaftler:innen und Archivar:innen folgender Institutionen: Dr. Roman Hans Gröger vom Österreichischen Staatsarchiv; Christina Block und Dr. Rainer Mertens vom DB-Museum Nürnberg; Thomas Winkler vom Technischen Museum Wien; Dorothee Gräfrath von der Stiftung Rheinisch-Westfälisches Wirtschaftsarchiv zu Köln, Archiv Sal. Oppenheim Söhne; Geoffrey Schoefs vom Grand Curtius Museum, Liège; und Solveig Hansen für ihre hervorragenden Tipps.

Des Weiteren danke ich für wertvolle Hinweise Will Berghoff (Lübeck), Martine Chantereau (Paris), Peter Flug (Kiel), Rupert Gansterer (Heizhaus Wien), Pierre de Gigord (Paris), René Grohnert (Deutsches Plakatmuseum), Alfred Horn (Redaktion Schienenverkehr), Wolfgang Ihrlich (Bahnmuseum Koblenz), Stephan Klein (Bonn), Jean Meillassoux (Paris), Kai Mund (Köln), Michael Petsch (ZDF-Mainz), Stefan Schneider (Gruppe 5, Köln), Emil Philipp (Berlin), Dipl. Ing. Mathias Slupetzky (Heizhaus Wien), Werner Sölch (München) und Ing. Adalbert Zronek (Wien).

Für anregende Gespräche und dramaturgische Hinweise danke ich Dr. Christian Buckard, Finja C. Wrocklage und Wolfram Fleischhauer.

Vielen Dank auch meiner engagierten Agentin Aenne Glienke, sowie der mutigen Verlegerin Stefanie Jaksch und ihrem Verlagsteam, insbesondere Lektor Paul Maercker für seine konstruktiven Anregungen.

Der größte Dank gilt meiner Familie, die mich bei meiner Leidenschaft fürs Schreiben und Recherchieren unterstützt hat. Insbesondere meiner Frau Claudia, sie hat mich in allen Phasen inspiriert!

Literaturverzeichnis

About, Edmond: De Pontoise à Stambul. Paris, 1884.

Amicis, Edmondo de: Istanbul, Hauptstadt der Welt. Mit einem Nachwort von Umberto Eco, Wiesbaden, 2014.

Augustin, Andreas: Pera Palace Istanbul. Wien, 2012.

Barret, André; Cars, Jean des: Die große Zeit der Eisenbahnen. 1832–1914, Frankfurt am Main, 1979.

Barsley, Michael: Orient Express. London, 1966.

Bartl, Alexander: Walzer in Zeiten der Cholera. Eine Seuche verändert die Welt, Hamburg, 2021.

Behrend, George: Geschichte der Luxuszüge/Histoire des Trains de Luxe. Zürich, 1977.

Ders.: Große Expresszüge Europas/Grand European Expresses. Zürich, 1962/1967.

Ders.: Pullman in Europe. London, 1962.

Berlaymont, Guy de: The American Diaries of Count de Berlaymont. Oxford, 2005.

Bickel, Wolfgang: Der Siegeszug der Eisenbahn. Zur Bildersprache der Eisenbahn-Architektur im 19. Jahrhundert, Worms, 1996.

Blanchard, Marcel: Géographie des chemins de fer. Préface de Raoul Dautry, Paris, 1942.

Blowitz, Henri Stephan Opper de: My Memoirs. London, 1903.

Ders.: Une Course á Constantinople. Paris, 1884.

Bombled, Fraipont, Garen, Hoffbauer, Robida, Toussaint et al: Une Visite à L'Exposition de 1900. Paris, 1900.

Brandt, Walther: Schlaf- und Speisewagen der Eisenbahn. Stuttgart, 1968.

Burton, Anthony: The Orient Express. London, 2001.

Caracalla, Jean-Paul: Le goût du voyage. Paris, 2001.

Ders.: Le petit roman des trains. Paris, 2011.

Cars, Jean des: Il était une fois l'Orient-Express. Paris, 2014.

Ders.: Schlafwagen/Sleeping Story. Stuttgart, 1984/1976.

Cars, Jean des; Caracalla, Jean-Paul: Orient-Express. Paris, 1984; Deutsch: 100 Jahre Orient-Express. Zürich, 1984.

Dies.: Le Transsibérien. L'Extrême Orient-Express, Paris, 1986; Deutsch: Die Transsibirische Bahn. Geschichte der längsten Bahn der Welt, Zürich, 1987.

Dies.: Le Train Bleu. Paris, 1988, Deutsch: Train Bleu. Expresszüge der Riviera, Zürich, 1989.
Dies.: L'Aventure de la Malle des Indes. Paris, 1996.
Christie, Agatha: Murder on the Orient Express. London, 1934.
Commault, Roger: Georges Nagelmackers – Un Pionnier du Confort sur Rail. Uzès, 1966.
Conrad, Joseph: Herz der Finsternis. München, 1899/2005.
Cookridge, E. H.: Abenteuer Orient Express. München, 1983.
Deppmeyer, Joachim; Friedhelm, Ernst; Reichardt, Hans: Die blauen Schlaf- und Speisewagen. Eine Geschichte der Internationalen Schlafwagen-Gesellschaft, Düsseldorf, 1976.
Dethier, Jean (Hrsg.): Die Welt der Bahnhöfe. Berlin, 1981.
Dreyfus, Pauline: Paul Morand. Paris, 2020.
Emerson, Barbara: Leopold II of the Belgians – King of Colonialism. London, 1979.
Franzke, Jürgen (Hrsg.): Orient-Express – König der Züge. Nürnberg, 1998.
Friedell, Egon: Kulturgeschichte der Neuzeit. Band 2, München, 1976.
Fürst, Artur: Die Welt der Schienen. München, 1918/2006.
Garret, Colin; Wade-Matthews, Max: Dampf – Die große Enzyklopädie der schönsten Dampfeisenbahnen der Welt. Limassol, 2000.
Gärtner, Marcus (Hrsg.): Geschichten auf Schienen. Reinbek bei Hamburg, 2002.
Genazino, Wilhelm (Hrsg.): Istanbul, sterbende Schöne zwischen Orient und Okzident. Hamburg, 2011.
Gerisch, Peter: Entdeckungen am Schienenstrang. Frankfurt am Main, 1987.
Gravayat, Eva; Mettetal, Arthur: Orient-Express & Co. Paris, 2020.
Greene, Graham: Stamboul Train (US-Titel: Orient-Express). London/New York, 1932/1933.
Guizol, Alban: La Compagnie Internationale des Wagons-Lits. Chanac, 2005.
Hessen, Robert: Steel Titan. The Life of Charles M. Schwab, New York, 1975.
Hochschild, Adam: Schatten über dem Kongo. Stuttgart, 2001.
Hogg, Garry: Orient Express. The Birth, Life and Death of a Great Train, London, 1968.
Horn, Alfred et al.: Eisenbahn. Bilderalbum, Band 1–19, Wien, 1992–2019.
Horn, Alfred: Die Österreichischen Bundesbahnen in der Zwischenkriegszeit. (*Band 1 der Trilogie »100 Jahre Staatseisenbahnen in Österreich«*), Wien, 2019.
Klein, Jürgen: Die Grandhotels der Internationalen Schlafwagengesellschaft. Mönchengladbach, 2012.
Krademann, Siegfried: Bahngeschichten. Stuttgart, 1998.
Kretschmer, Winfried: Geschichte der Weltausstellungen. Frankfurt am Main – New York, 1999.

Kos, Wolfgang; Dinhobel, Günther (Hrsg.): Großer Bahnhof. Wien und die weite Welt, Wien, 2006.
Kürschner, Joseph (Hrsg.): Der große Krieg in Zeitberichten. Berlin – Eisenach – Leipzig, 1889.
Leboutte, René; Puissant, Jean; Scuto, Denis: Un siècle d'Histoire industrielle. Belgique, Luxembourg, Pays-Bas, Industrialisation et Sociétés, 1873–1973, Tours, 1998.
Leyendecker, Liston Edgington: Palace Car Prince. A Biography of George Mortimer Pullman, Niwot (Colorado), 1992.
Logan, Andy: The man who robbed the robber barons. (*Biografie zu Colonel William d'Alton Mann*) New York, 2001.
Maedel, Karl-Ernst: Die deutschen Dampflokomotiven gestern und heute. Berlin, 1964.
Ders.: Weite Welt des Schienenstrangs. Stuttgart, 2002.
Mak, Geert: Die Brücke von Istanbul. Eine Reise zwischen Orient und Okzident, München, 2007.
Minaty, Wolfgang (Hrsg.): Die Eisenbahn. Frankfurt am Main, 1984.
Morand, Paul: 1900. Paris, 1931.
Mühl, Albert: Internationale Luxuszüge. Freiburg, 1991.
Ders.: Schlafwagen in Deutschland. Freiburg, 1996.
Ders.: Speisewagen in Deutschland. Freiburg, 1994.
Mühl, Albert; Klein, Jürgen: 125 Jahre Internationale Schlafwagen-Gesellschaft. Die Luxuszüge. Geschichte und Plakate, Freiburg, 1998.
Dies.: Reisen in Luxuszügen. Die Internationale Schlafwagen-Gesellschaft. (Mit Bild und Text erweiterte 2. Auflage). Freiburg, 2006.
Nagelmackers, Georges: Projet d'Installation de Wagons-Lits sur les chemins de fer du continent. Liège, 1870.
Neumann, Peter: Berlins Bahnhöfe. Berlin, 2004.
Opdecam, Christine: Von Mensch und Maschine. Entdeckungsreise durch die Welt der Züge, Brüssel, 2015.
Page, Martin: Die großen Expresszüge. Luxushotels auf Schienen, München, 1975.
Passos, John Dos: Orient-Express. München, 2016.
Perrot, Michelle (Hrsg.): Geschichte des privaten Lebens. Band 4, *Die Vaterfigur*. Augsburg, 2000.
Petersen, Heinrich: Das große Buch der Eisenbahn. Stuttgart, 2018.
Price, Paul: Dampflokomotiven. Frankfurt am Main, 1979.
Reitler, Ernst; Österreicher, Max; Ringhoffer, F.; Hardy, William: Berichte über die Weltausstellung in Paris 1900. Neunter Band. Eisenbahnen, Tramways, Bau und Betrieb, Locomotiven, Waggons, Wien, 1901.
Rémy, Jean-Pierre: Orient-Express. München, 1980.

Rossberg, Ralf Roman: Geschichte der Eisenbahn. Künzelsau, 1977.
Ruland, Bernd: Orient Express. Schicksalszug Deutscher Geschichte auf dem Balkan, Bayreuth, 1967.
Schivelbusch, Wolfgang: Geschichte der Eisenbahnreise. Zur Industrialisierung von Raum und Zeit im 19. Jahrhundert, Frankfurt am Main, 2000.
Schmitt, Michael: Palast-Hotels. Berlin, 1982.
Schneider, Wolf: Die Sieger. Wodurch Genies, Phantasten und Verbrecher berühmt geworden sind, Hamburg, 1992.
Sölch, Werner: Jules Vernes Express. Die legendäre Indian-Mail-Route nach Südostasien, Düsseldorf, 1980.
Sölch, Werner: Orient-Express. Glanzzeit, Niedergang und Wiedergeburt eines Luxuszuges, Düsseldorf, 1974.
Stewart, John: Thomas F. Walsh. Progressive Businessman and Colorado Mining Tycoon, Colorado, 2007.
Stöckl, Fritz: Speisewagen. 100 Jahre Gastronomie auf der Schiene, Stuttgart, 1987.
Stöckl, Fritz: Wagons-Lits. Das exquisite Reisen, Wien, 1984.
Stürmer, Michael; Teichmann, Gabriele; Treue, Wilhelm: Wägen und Wagen. Sal. Oppenheim jr. & Cie. Geschichte einer Bank und einer Familie, München, 1989.
Teichmann, Gabriele: Mehr als eine Bank. Oppenheim in Köln, Köln, 2014.
Thiel, Ingo: 175 Jahre Cunard Line. Die Geschichte der renommiertesten Passagierreederei der Welt, Hamburg, 2015.
Verne, Jules: Reise um die Welt in 80 Tagen. Sechster Band, Wien, Leipzig, 1875.
Wulf, Andrea: Alexander von Humboldt und die Erfindung der Natur. München, 2015.
Waleffe, Maurice de: Quand Paris était un Paradis. Mémoires 1900–1939, Paris, 1947.
Weissenbruch, S. A.: Vieille Maison Souvenirs. Brüssel, 1939.
Weigl, Andreas: Cholera. Eine Seuche verändert die Stadt, Wien, 2018.
Zabel, Eugen: Transsibirien. Mit der Bahn durch Russland und China, Stuttgart/Wien, 2003.

Anmerkungen

1 Alexandre Grattier, *Le Président Emile Loubet par des écrivains dauphinois*, Grenoble, 1900, Seite 249

2 Guy de Berlaymont, *The American Diaries of Count de Berlaymont*, Oxford, 2005, Seite XI

3 Alfred Ruhemann, *Die Woche*, 28. 4. 1900, Nummer 18, Berlin, Seite 779

4 Henri Opper de Blowitz, *Une course á Constantinople*, Paris, 1884, Seite 16

5 *Neues Wiener Journal*, Wien, 21. 6. 1898, Seite 3; *Neue Freie Presse*, Wien, 15. 11. 1898, Seite 5

6 Geschäftsberichte, *Compagnie Internationale des Wagons-Lits et des Grands Express Européens*, 1895–1900, Brüssel, Sammlung Jürgen Klein, Mönchengladbach

7 *Catalogue Géneral Officiel*, Werbeprospekt der *Compagnie International Wagons-Lits für die Weltausstellung 1900 in Paris*, Sammlung Jürgen Klein, Mönchengladbach

8 Jean des Cars, Jean-Paul Caracalla, *Le Transsibérien – l'extréme orient-express*, Paris, 1986

9 Eugen Zabel, *Transsibirien*, Stuttgart/Wien, 2003, Seite 49ff.

10 Gerhard J. Rekel, *Orient-Express. Ein Zug schreibt Geschichte*, ZDF, Terra-X, Mainz, 10. 4. 2020; Interview mit Baudouin Nagelmackers, den letzten lebenden Verwandten von Georges Nagelmackers, Minute 12:39

11 Gerhard J. Rekel, *Orient-Express. Ein Zug schreibt Geschichte*, ZDF, Terra-X, Mainz, 10. 4. 2020; Interview mit Baudouin Nagelmackers, Mitglied der Familie Nagelmackers, Minute 12:39 und unveröffentlichter Teil

12 Geschäftsberichte, *Compagnie Internationale des Wagons-Lits et des Grands Express Européens*, 1895–1900, Brüssel, Sammlung Jürgen Klein, Mönchengladbach

13 *Neues Fremden Blatt*, 28. 10. 1873, Wien, Seite 12

14 Jean des Cars, *Schlafwagen*, Stuttgart, 1984, Seite 114

15 Jean des Cars, *Schlafwagen*, Stuttgart, 1984, Seite 95 u. a.

16 Geschäftsberichte, *Compagnie Internationale des Wagons-Lits et des Grands Express Européens*, 1895–1900, Brüssel, Sammlung Jürgen Klein, Mönchengladbach

17 Geschäftsberichte, *Compagnie Internationale des Wagons-Lits et des Grands Express Européens*, 1895–1900, Brüssel, Sammlung Jürgen Klein, Mönchengladbach

18 Jean des Cars, Jean-Paul Caracalla, *Le Transsibérien – l'extréme orient-express*, Paris, 1986, Seite XX

19 Siehe Foto des russischen Pavillons von der Weltausstellung 1900, Sammlung Jürgen Klein, Mönchengladbach

20 *Catalogue Géneral Officiel*, Werbeprospekt der *Compagnie Inter-*

national Wagons-Lits für die Weltausstellung 1900 in Paris, Sammlung Jürgen Klein, Mönchengladbach

21 *Catalogue Géneral Officiel*, Werbeprospekt der *Compagnie International Wagons-Lits für die Weltausstellung 1900 in Paris*, Sammlung Jürgen Klein, Mönchengladbach, Seite 2, Unfall vom 5. März 1899

22 Jürgen Klein, *Die Grandhotels der Internationalen Schlafwagengesellschaft*, Mönchengladbach, 2012, Seite 153 und 159

23 Bombled, Fraipont, Garen, Hoffbauer, Robida, Toussaint, etc. *Une Visite à L'Exposition de 1900*, Paris, 1900, Seite 71

24 Alban Guizol, *La Compagnie International des Wagons-Lits*, Chanac, 2005, Seite 43

25 Georg Behrend, *Geschichte der Luxuszüge*, Zürich, 1977, Seite 51ff.

26 Bombled, Fraipont, Garen, Hoffbauer, Robida, Toussaint, etc., *Une Visite à L'Exposition de 1900*, Paris, 1900, Seite 82ff.

27 *Archives d'État Genève/Adhémar* (AEG) Reg., Akt.Z. »E. C. Genève naissances 51«, Geburtsverz., lfd. Nr. 568, Mermet Sophie Françoise, 16. 12. 1848

28 Gerhard J. Rekel, *Orient-Express. Ein Zug schreibt Geschichte*, ZDF, Terra-X, Mainz, 10. 4. 2020, Interview mit dem CIWL-Experten und Architekten Mathias Slupetzky, Minute 45:19

29 Jean des Cars, Jean-Paul Caracalla, *Die Transsibirische Bahn*, Zürich und Wiesbaden, 1987, Seite 73

30 Jean des Cars, *Schlafwagen*, Stuttgart, 1984, Seite 114ff.

31 Jean des Cars, *Schlafwagen*, Stuttgart, 1984, Seite 115

32 Jean des Cars, *Schlafwagen*, Stuttgart, 1984, Seite 115

33 *Paris Exposition 1900*, Hachette & Cie (Katalog), Paris, 1900, Seite 349ff.

34 Alfred Ruhemann, *Die Woche*, Nummer 18, Berlin, 28. 4. 1900, Seite 779

35 *Le Matin*: derniers télégrammes de la nuit (Bericht von der Aktionärsversammlung vom November 1900), Paris, 27. 11. 1900

36 *probatesearch.service.gov.uk, Testament von Georges Nagelmackers, ausgestellt am 16. 8. 1896, 46 Rue des Mathurins in Paris, eröffnet am 27. 8. 1907 in London*

37 Michael Stürmer, Gabriele Teichmann, Wilhelm Treue, *Wägen und Wagen, Sal. Oppenheim jr.& Cie, Geschichte einer Bank und einer Familie*, München, 1989, Seite 287ff.

38 *Grosser Bahnhof, Wien und die Weite Welt*, Wien, 2006, Seite 329

39 Archives de l'État en Belgique, province et arr. Liège, naissance, Geburtsverz. 57750/0_0264 1845, lfd. Nr. 1335, Georges Nagelmackers, 25. 6. 1845

40 Interview des Autors mit Baudouin Nagelmackers, den letzten lebenden Verwandten von Georges Nagelmackers, in Brüssel am 18. 9. 2019

41 Interview mit dem Historiker Dr. Roman-Hans Gröger, Wien, 29. 7. 2019

42 Albert Fink, *Figurentelegraph*, in: Victor von Röll (Hrsg.): *Enzyklopädie des Eisenbahnwesens*, Band 5, Wien, 1915, Seite 76

43 Zitiert in: Andrea Wulf, *Alexander von Humboldt und die Erfindung der Natur*, München, 2015,

Seite 344; Alexander von Humboldt an Friedrich Althaus, 4.9.1848; in: Alexander von Humboldt, Althaus, Memoiren 1861, Seite 12

44 Internetportal Belgicapress: Tageszeitung *La Meuse*, Liège, 13.8.1860

45 Internetportal Belgicapress: Tageszeitung *La Meuse*, Liège, 14.8.1863

46 *Vieille Maison Souvenirs*, Brüssel, 1939, Seite 55ff.

47 *Geschichte des privaten Lebens*, Hg. von Michelle Perrot, Band 4, *Die Vaterfigur*, Augsburg, 2000, Seite 127

48 *Vieille Maison Souvenirs*, Brüssel, 1939, Seite 55ff.

49 *Vieille Maison Souvenirs*, Brüssel, 1939, Seite 55, 64, 70ff.

50 *Bahnfahren ist immer eine Grundübung in Demokratie*, Interview von Claas Tatje und Mark Spörrle mit Stephan Grünewald, ZEIT-Online, Hamburg, 31.5.2021

51 Alban Guizol, *La compagnie International des Wagons-Lits*, Chanac, 2005, Seite 10

52 Jean des Cars, *Schlafwagen*, Stuttgart, 1984, Seite 12

53 Jean des Cars, *Schlafwagen*, Stuttgart, 1984, Seite 13

54 Wolfgang Schivelbusch, *Geschichte der Eisenbahnreise. Zur Industrialisierung von Raum und Zeit im 19. Jahrhundert*, Frankfurt am Main, 2000, Seite 67–68

55 Wolfgang Schivelbusch, *Geschichte der Eisenbahnreise. Zur Industrialisierung von Raum und Zeit im 19. Jahrhundert*, Frankfurt am Main, 2000, Seite 67–68

56 Tageszeitung *La Meuse*, Lüttich, 21.8.1867

57 Jean des Cars, *Schlafwagen*, Stuttgart, 1984, Seite 13

58 Gerhard J. Rekel, *Orient-Express. Ein Zug schreibt Geschichte*, ZDF, Terra-X, Mainz, 10.4.2020; Interview mit Baudouin Nagelmackers, dem letzten lebenden Verwandten von Georges Nagelmackers, Minute 07:56 und unveröffentlichter Teil

59 Jean des Cars, *Schlafwagen*, Stuttgart, 1984, Seite 13

60 Jean-Paul Caracalla, *Le goût du voyage*, Paris, 2001, Seite 16

61 Guy de Berlaymont, *The American Diaries of Count de Berlaymont*, Oxford, 2005, Seite x

62 Guy de Berlaymont, *The American Diaries of Count de Berlaymont*, Oxford, 2005, Seite 3

63 Guy de Berlaymont, *The American Diaries of Count de Berlaymont*, Oxford, 2005, Seite 2

64 Guy de Berlaymont, *The American Diaries of Count de Berlaymont*, Oxford, 2005, Seite 10

65 Guy de Berlaymont, *The American Diaries of Count de Berlaymont*, Oxford, 2005, Seite 10

66 Alban Guizol, *La Compagnie International des Wagons-Lits*, Chanac, 2005, Seite 17

67 Alban Guizol, *La Compagnie International des Wagons-Lits*, Chanac, 2005, Seite 10

68 Guy de Berlaymont, *The American Diaries of Count de Berlaymont*, Oxford, 2005, Seite 15

69 Guy de Berlaymont, *The American Diaries of Count de Berlaymont*, Oxford, 2005, Seite 13ff.

70 Guy de Berlaymont, *The*

American Diaries of Count de Berlaymont, Oxford, 2005, Seite 19

71 Ingo Thiel, *175 Jahre Cunard Line. Die Geschichte der renommiertesten Passagierreederei der Welt*, Hamburg, 2015, Seite 12ff.

72 Guy de Berlaymont, *The American Diaries of Count de Berlaymont*, Oxford, 2005, Seite 19

73 Guy de Berlaymont, *The American Diaries of Count de Berlaymont*, Oxford, 2005, Seite 21

74 Alban Guizol, *La Compagnie International des Wagons-Lits*, Chanac, 2005, Seite 6

75 Alban Guizol, *La Compagnie International des Wagons-Lits*, Chanac, 2005, Seite 10

76 Guy de Berlaymont, *The American Diaries of Count de Berlaymont*, Oxford, 2005, Seite 54

77 Liston Edgington Leyendecker, *Palace Car Prince, A Biographie of Georges Mortimer Pullman*, Niwot, Colorado, 1992, Seite 76–89, 95

78 Liston Edgington Leyendecker, *Palace Car Prince, A Biographie of Georges Mortimer Pullman*, Niwot, Colorado, 1992, Seite 145ff. und 179ff.

79 Cars Jean des, Caracalla Jean-Paul, *Le Train Bleu*, Paris 1988, in Deutsch: *Train Bleu – Expresszüge der Riviera*, Zürich, 1989, Seite 32

80 Alban Guizol, *La Compagnie International des Wagons-Lits*, Chanac, 2005, Seite 11; und Martin Page, *Die großen Express Züge*, Wien, 1976, Seite 47

81 E.H. Cookridge, *Abenteuer Orient Express*, München, 1983, Seite 19

82 Guy de Berlaymont, *The American Diaries of Count de Berlaymont*, Oxford, 2005, Seite 55

83 Jean des Cars, *Schlafwagen*, Stuttgart, 1984, Seite 18

84 Jean des Cars, *Schlafwagen*, Stuttgart,1984, Seite 18

85 Martin Page, *Die großen Express Züge*, Wien, 1976, Seite 43

86 Jean des Cars, *Schlafwagen*, Stuttgart, 1984, Seite 17

87 *Traité élémentaire des chemins de fer, Paris, 1855–56*, Band 2, Seite 34

88 *Handbuch für spezielle Eisenbahn-Technik*, Leipzig, 1870, Seite 342

89 Georges Nagelmackers, *Projet d'Installation de Wagons-Lits sur les chemins de fer du continent*, Liege, 1870, Seite 9

90 Dionysius Lardner, *Railway Economy*, 1850, New York, Seite 338

91 Zitat aus Wissenschaft.de/ Magazin, *Eisenbahnbau in den USA, »Goldener Nagelschlag« in der Wüste*, Markus Hehl, Leinfelden-Echterdingen, 28.4.2011

92 Guy de Berlaymont, *The American Diaries of Count de Berlaymont*, Oxford, 2005, Seite 109

93 E.H. Cookridge, *Abenteuer Orient Express*, München, 1983, Seite 17ff.

94 Guy de Berlaymont, *The American Diaries of Count de Berlaymont*, Oxford, 2005, Seite 314–319

95 Guy de Berlaymont, *The American Diaries of Count de Berlaymont*, Oxford, 2005, Seite 100

96 Feldenkrais Verband Deutschland (Hg), *Feldenkrais*, München, 2015, Seite 82

97 Interview des Autors mit Baudouin Nagelmackers, den letzten lebenden Verwandten von Georges Nagelmackers, in Brüssel am 18. 9. 2019

98 Georges Nagelmackers, *Projet d'Installation de Wagons-Lits sur les chemins de fer du continent*, Liege, 1870

99 Georges Nagelmackers, *Projet d'Installation de Wagons-Lits sur les chemins de fer du continent*, Liege, 1870, Seite 26

100 Georges Nagelmackers, *Projet d'Installation de Wagons-Lits sur les chemins de fer du continent*, Liege, 1870, Seite 11ff.

101 Alban Guizol, *La Compagnie International des Wagons-Lits*, Chanac, 2005, Seite 13

102 René Leboutte, Jean Puissant, Denis Scuto, *Un siècle d'Histoire Industrielle, Belgique, Luxembourg, Pays-Bas, Industrialisation et Sociétes, 1873–1973*, 1998, Edition Sedes, Seite 32ff.

103 Jean des Cars, Jean-Paul Caracalla, *Le Train Bleu*, Paris 1988, in Deutsch: *Train Bleu – Expresszüge der Riviera*, Zürich 1989, Seite 32

104 Jean des Cars, *Schlafwagen*, Stuttgart, 1984, Seite 65

105 Joseph Conrad, *Herz der Finsternis*, Übers. v. Sophie Zeitz, München, 2005

106 Interview des Autors mit Baudouin Nagelmackers, den letzten lebenden Verwandten von Georges Nagelmackers, in Brüssel am 18. 9. 2019

107 *Georges Nagelmackers*, Commault Roger, Ulzés, 1966, Seite 12

108 Gerhard J. Rekel, *Orient-Express. Ein Zug schreibt Geschichte*, ZDF, Terra-X, Mainz, 10. 4. 2020, Interview mit dem Bahnhistoriker Dr. Rainer Mertens, Minute 02:59

109 Artur Fürst, *Die Welt auf Schienen*, München/Augsburg, 1918, Seite 18

110 Jean des Cars, *Schlafwagen*, Stuttgart, 1984, Seite 23

111 Jean des Cars, *Schlafwagen*, Stuttgart, 1984, Seite 24

112 *Projet d'Installation de Wagons-Lits sur les chemins de fer du continent, Georges Nagelmackers*, Liege, 1870, Seite 15

113 Joseph Kürschner (Hg), *Der große Krieg in Zeitberichten*, Berlin, Eisenach, Leipzig, 1889, Seite 14

114 *L'Illustration*, Paris, 1881; in *Jules Verne's Express*, Werner Sölch, Düsseldorf, 1980, Seite 6

115 E. H. Cookridge, *Abenteuer Orient Express*, München, 1983, Seite 25

116 Werner Sölch, *Jules Verne's Express*, Düsseldorf, 1980, Seite 34

117 Werner Sölch, *Jules Verne's Express*, Düsseldorf, 1980, Seite 34

118 Weissenbruch M. S. A., *Vieille Maison Souvenirs*, Brüssel, 1939; Beinhaltet alle Familienbiographien

119 Jean des Cars, *Schlafwagen*, Stuttgart, 1984, Seite 26

120 *Vertrag Orient-Express*, Österreichisches Staatsarchiv, Wien, 18. 4. 1883

121 Roger Commault, *Georges Nagelmackers*, Ulzés, 1966; Vertragsabbildung im Wortlaut, Seite 8; und *La Meuse*, Brüssel, 10. 9. 1872

122 Alban Guizol, *La Compagnie International des Wagons-Lits*, Chanac, 2005, Seite 21

123 *Paris–Midi*, Le Cinquantenaire des Wagons-Lits; Würdigung Schroeders zum 50jährigen Bestehen der Firma, Seite 5

124 Alber Mühl, *Speisewagen in*

Deutschland. Die Geschichte des Speisewagenbetriebs in Deutschland von den Anfängen bis zum Übergang auf Mitropa, Freiburg, 1994, Seite 122

125 *Vertrag Paris–Wien*, Österreichisches Staatsarchiv, Wien, 1872

126 Alban Guizol, *La Compagnie International des Wagons-Lits*, Chanac, 2005, Seite 21

127 Jean des Cars, *Schlafwagen*, Stuttgart, 1984, Seite 29

128 Organ für die Fortschritte des Eisenbahnwesens in technischer Beziehung, Neue Folge, X. Band, 4. Heft, Wien, 1873

129 Jean des Cars, *Schlafwagen*, Stuttgart, 1984, Seite 27

130 Jean des Cars, *Schlafwagen*, Stuttgart, 1984, Seite 27

131 Vertrag zwischen Georges Nagelmackers und Cie du Nord, abgeschlossen am 30. 6. 1873; Sammlung Jürgen Klein, Mönchengladbach

132 Ebner-Eschenbach, Aphorismen, Leipzig, 1911

133 Etiquipedia, etiquipedia.blogspot.com/2014/04/colonel-william-dalton-mann

134 Martin Page, *Die großen Express Züge*, Wien, 1976, Seite 72ff.

135 Jean des Cars, *Schlafwagen*, Stuttgart, 1984, Seite 32

136 Martin Page, *Die großen Express Züge*, Wien, 1976, Seite 81ff.

137 Martin Page, *Die großen Express Züge*, Wien, 1976, Seite 80

138 Andy Logan, *The man who robbed the Robber Barons. The Story of Colonel William d'Alton Mann: War Hero, Profiteer, Inventor and Blackmailer Extraordinary*, 1965, New York, Seite 66ff.

139 Martin Page, *Die großen Express Züge*, Wien, 1976, Seite 84

140 Martin Page, *Die großen Express Züge*, Wien, 1976, Seite 83ff.

141 Andy Logan, *The Man Who Robbed The Robber Barons*, New York, 1965, Seite 108

142 E. H. Cookridge, *Abenteuer Orient Express*, München, 1983, Seite 33

143 *Illustrierte Zeitung*, Leipzig, 3. 10. 1874

144 Roger Commault, *Georges Nagelmackers*, Ulzés, 1966, Seite 11

145 *Le Figaro*, Paris, 15. 5. 1873

146 Alban Guizol, *La Compagnie International des Wagons-Lits*, Chanac, 2005, Seite 22

147 *Münchner Neueste Nachrichten* (aus dem Gebiete der Politik), München, 17. 5. 1873

148 *Das amerikanische Register für Paris und den Kontinent*, Bericht vom Korrespondenten aus Brüssel, 17. 5. 1873

149 *Das amerikanische Register für Paris und den Kontinent*, Bericht vom Korrespondenten aus Brüssel, 24. 5. 1873

150 Georges Boyer, *Figaro, Journal non politique*, Paris, 1. 6. 1873

151 *L'Echo du Parlement*, 7. 5. 1874, Brüssel; dem Artikel ist zu entnehmen, dass die »Transformation« hin zur »Mann's Railway Sleeping Carriage Company« sich bis 1874 erstreckt haben muss.

152 Roger Commault, *Georges Nagelmackers*, Ulzés, 1966, Seite 11

153 *Das amerikanische Register für Paris und den Kontinent, Paris, 12. 7. 1873*

154 Alban Guizol, *La Compagnie International des Wagons-Lits*, Chanac, 2005, Seite 25

155 Alban Guizol, *La Compagnie International des Wagons-Lits*, Chanac, 2005, Seite 25

156 Jean des Cars, *Schlafwagen*, Stuttgart, 1984, Seite 37ff

157 Alban Guizol, *La Compagnie International des Wagons-Lits*, Chanac, 2005, Seite 19

158 *Das amerikanische Register für Paris und den Kontinent*, Bericht vom Korrespondenten aus Brüssel, 3. 8. 1873

159 *Das amerikanische Register für Paris und den Kontinent*, Bericht vom Korrespondenten aus Köln, 13. 9. 1873

160 *Neues Fremden Blatt*, Wien, 28. 10. 1873, Seite 12

161 Robert Lomas, *Man Who Invented the Twentieth Century. Nikola Tesla, Forgotten Genius of Electricity*, London 2000, Seite 207

162 Winfried Kretschmer, *Geschichte der Weltausstellungen*, Frankfurt/New York, 1999, Seite 89

163 Gerhard J. Rekel, *Orient-Express. Ein Zug schreibt Geschichte*, ZDF, Terra-X, Mainz, 10. 4. 2020, Interview mit dem Historiker Dr. Roman-Hans Gröger, Minute 21:57

164 Winfried Kretschmer, *Geschichte der Weltausstellungen*, Frankfurt/New York, 1999, Seite 95

165 Winfried Kretschmer, *Geschichte der Weltausstellungen*, Frankfurt/New York, 1999, Seite 97

166 Alexander Bartl, *Walzer in Zeiten der Cholera. Eine Seuche verändert die Welt*. Hamburg, 2021

167 *Anton Drasche und die letzte Cholera-Epidemie in Wien im Jahr 1873*; https://ub.meduniwien.ac.at/blog/?p=27960

168 Winfried Kretschmer, *Geschichte der Weltausstellungen*, Frankfurt/New York, 1999, Seite 97

169 Paul Israel, *Edison: A Life of Invention*, New York City, 1998

170 Alexander Bartl, *Walzer in Zeiten der Cholera. Eine Seuche verändert die Welt*. Hamburg, 2021

171 *Neues Fremdenblatt*, Wien, Eintragungen der Besuche von Georges Nagelmackers im Grand Hotel am 13. 3. 1873, 28. 10. 1873, 21. 11. 1873 sowie in der *Wiener Zeitung*, am 9. 8. 1873

172 Carl Schubersky, *Welt-Ausstellung 1873, Officieller General-Katalog*, Wien, 1873, St. Petersburg, Seite 631

173 *Centralblatt für Eisenbahn und Dampfschifffahrt in Oesterreich*, Wien, 11. 9. 1873; Artikel: *Die Personenwagen auf der Wiener Weltausstellung*

174 *Welt-Ausstellung 1873, Officieller General-Katalog*, Wien, 1873, Ringhoffer, Prag, Böhmen, Seite 531

175 Alban Guizol, *La Compagnie International des Wagons-Lits*, Chanac, 2005, Seite 24

176 Liston Edgington Leyendecker, *Palace Car Prince. A Biographie of Georges Mortimer Pullman*, Niwot, Colorado, 1992, Seite 66ff.

177 Roger Commault, *Georges Nagelmackers*, Ulzés, 1966, Seite 13

178 *Siebenbürgisch-Deutsches Wochenblatt*, 12. 2. 1873, Seite 10

179 *Die Presse*, 17. 1. 1873, Seite 10 und *Wiener Weltausstellungs-Zeitung*, 22. 1. 1873

180 Roger Commault, *Georges Nagelmackers*, Ulzés, 1966, Seite 14

181 Roger Commault, *Georges Nagelmackers*, Ulzés, 1966, Seite 23

182 Ebenda, Seite 14

183 *Neues Wiener Tagblatt*, 18.11.1874

184 Martin Page, *Die großen Express Züge*, Wien, 1976, Seite 99

185 Martin Page, *Die großen Express Züge*, Wien, 1976, Seite 99

186 E.H. Cookridge, *Abenteuer Orient Express*, München, 1983, Seite 35

187 Martin Page, *Die großen Express Züge*, Wien, 1976, Seite 99

188 Martin Page, *Die großen Express Züge*, Wien, 1976, Seite 99

189 Martin Page, *Die großen Express Züge*, Wien, 1976, Seite 101

190 Jean des Cars, *Schlafwagen*, 1984, Stuttgart, Seite 102

191 Alban Guizol, *La Compagnie International des Wagons-Lits*, Chanac, 2005, Seite 26

192 Henri Opper de Blowitz, *Une course á Constantinople*, Paris, 1884, Seite 17

193 Jean des Cars, *Schlafwagen*, Stuttgart, 1984, Seite 46

194 Roger Commault, *Georges Nagelmackers*, Ulzés, 1966, Seite 5

195 Tageszeitung *La Meuse*, Liège, 19.12.1876, CIWL Gründung

196 Einwohnerverzeichnis Brüssel

197 E.H. Cookridge, *Abenteuer Orient Express*, 1983, München, Seite 36

198 Alban Guizol, *La Compagnie International des Wagons-Lits*, Chanac, 2005, Seite 26

199 Tageszeitung *La Meuse*, 9.9.1875, Liège

200 IHK-Köln, Oppenheim-Archiv, *Compagnie International des Wagons-Lits*, Verträge, Kreditvereinbarungen und Obligationen, 1879, 1882–1901

201 Georges Boyer, *Figaro*, Paris, 24.9.1876

202 Werner Sölch, *Jules Verne's Express*, 1980, Düsseldorf, Seite 37

203 Martin Page, *Die großen Express Züge*, Wien, 1976, Seite 67ff.

204 Unveröffentlichter Bericht eines anonymen Autors aus dem Nachlass des CIWL-Deutschland Direktors Willi Dolf; Sammlung Jürgen Klein, Mönchengladbach

205 *Georges Nagelmackers*, Commault Roger, Ulzés, 1966, Seite 19

206 Gerhard J. Rekel, *Orient-Express – ein Zug schreibt Geschichte*, ZDF, Terra-X, Mainz, 10.4.2020, Minute 47:37; Abbildungen der Handbücher

207 Gerhard J. Rekel, *Orient-Express – ein Zug schreibt Geschichte*, ZDF, Terra-X, Mainz, 10.4.2020, Interview mit Dipl. Ing. Mathias Slupetzky, Architekt, CIWL-Experte und Museumsmitarbeiter, Minute 47:48

208 Alban Guizol, *La Compagnie International des Wagons-Lits*, Chanac, 2005, Seite 50

209 Alban Guizol, *La Compagnie International des Wagons-Lits*, Chanac, 2005, Seite 26

210 Alban Guizol, *La Compagnie International des Wagons-Lits*, Chanac, 2005, Seite 26

211 Alban Guizol, *La Compagnie International des Wagons-Lits*, Chanac, 2005, Seite 27

212 M. Weissenbruch S.A., *Vielle Maison Souvenirs*, Brüssel, 1939; Seite 64

213 Joakim Garff, *Kierkegaard*, München, 2004

214 *Archives de Paris*, Geburtsverzeichnis 16. Arrond., 1878, Akt.Z. V4e 4681, lfd. Nr. 550, 1896 ergänzt mit dem Legitimierungsvermerk für René Nagelmackers

215 Polizeibericht, République Française, Préfecture de Police, Cabinet, Paris, 1er Bureau, 8. Avril 1880, (Préfet de Police, Archives, 2020)

216 Polizeibericht, Police Municipale, 3e Brigade de Recherches, Paris, le Avril 1880, (Préfet de Police, Archives, 2020)

217 *Archives d'Etat de Genève*, Reg., Akt.Z. »E. C. Genève naissances 51«, Geburtsverz., lfd. Nr. 568, Mermet Sophie Françoise, 16. 12. 1848

218 *Archives d'Etat de Genève*, Rep., »E. C. rép. 1.88«, Römisch kath. Geburtsregister; Mermet Sophie Françoise, Genève/10/205

219 *Archives d'État Genève/Adhémar* (AEG), Reg.: »E. C. Genève mariages 70«, Hochzeitsverzeichnis, Paul Kohler & Marguerite Mermet, lfd. Nr. 172, 8. 6. 1867

220 *Archives d'État Genève*, Reg., »E. C. Genève décès71«, Sterbeverzeichnis, Jeanne Kohler, lfd. Nr. 416, 20. 6. 1868

221 *Archives d'État Genève*, »E. C. rép. 2.18«, alphabet. Hochzeits- & Scheidungsverz., Paul Kohler & Marguerite Mermet, Genève, 11. 4. 1871

222 *Archives d'État Genève*, »E. C. Genève mariages 74«, Scheidung Marguerite Mermet & Paul Kohler, lfd. Nr. 50, 11. 4. 1871

223 *Archives d'Etat de Genève*, Archives A 39.2, Répertoire Alphabétique des passeports, 1820–1910; Mikrofilmcode: Mi B 628.0

224 Polizeibericht, Police Municipale, 3e Brigade de Recherches, Paris, le Avril 1880, (Préfet de Police, Archives, 2020)

225 Archiv BnF-Gallica, La Presse, 27. Août 1875

226 Archiv BnF-Gallica,, Annuaire officiel des steeple-chases 1875/76/79

227 Préfect de Police – Archives, BA 2020, Brief der République Française, Préfecture de Police an Monsieur le Ministre de la Belgique, vom 8. 4. 1880

228 General Register Office for England and Wales, Marriages, (July, August, September), District of Strand, County Middlesex (London), Vol. 1b, page 1001, 1. 7. 1887, Nr. 23, Georges Nagelmackers & Marguerite Kohler, former Mermet

229 probatesearch.service.gov.uk, Testament von Georges Nagelmackers, ausgestellt am 16. 8. 1896, 46 Rue des Mathurins in Paris, eröffnet am 27. August 1907 in London

230 *Les Missions Catholiques, Bulletin Hebdomadaire de l'Oeuvre de la propagation de la foi*, Paris, 1. 1. 1877; Spenden von 100 Francs für Anamiten bzw. Chan-Tong (China), 50 Francs für die Mandschurei; 1. 1. 1880, 80 Francs für Hungernde in Mossul, 123 Francs für Hungersnot in Armenien usw.

231 *Sport und Salon*, Wien, 11. 1. 1902, Seite 13 und *Curliste* Karlsbad, 20. 8. 1902 und *Figaro*, Paris, 15. 6. 1892, u. v. a.

232 Thomas Wolfe, *Dunkel im Walde, fremd wie die Zeit*, Zitiert nach Ralf Roman Rossberg: *Vom Reiz der Eisenbahn. Eine literarische Bilderreise*, Künzelsau, 1979, Seite 421–426

233 *Oesterreichische Eisenbahn-Zeitung Nr. 48*, Wien, 28. 11. 1880, Seite 13

234 Maurice de Waleffe, *Quand Paris était un Paradis*, Mémoires, 1900–1939, Paris, 1947, Seite 428

235 Gerhard J. Rekel, *Orient-Express – ein Zug schreibt Geschichte*, ZDF, Terra-X, 10.4.2020, Mainz, Interview mit dem ehemalige Schlafwagenschaffner und CIWL-Experten Peter Flug, Minute 17:30

236 Henri Opper de Blowitz, *Une course á Constantinople*, Paris, 1884, Seite 12

237 Gerhard J. Rekel, *Orient-Express – ein Zug schreibt Geschichte*, ZDF, Terra-X, 10.4.2020, Mainz, Interview mit Dipl. Ing. Mathias Slupetzky, Architekt, CIWL-Experte und Museumsmitarbeiter, Minute 16:50

238 *Oesterreichische Eisenbahn-Zeitung Nr. 28*, Wien, 11.7.1880, Seite 11

239 Gerhard J. Rekel, *Orient-Express – ein Zug schreibt Geschichte*, ZDF, Terra-X, 10.4.2020, Mainz, Interview mit dem ehemalige Schlafwagenschaffner und CIWL-Experten Peter Flug, Minute 17:25

240 Gerhard J. Rekel, *Orient-Express – ein Zug schreibt Geschichte*, ZDF, Terra-X, 10.4.2020, Mainz, Interview mit dem ehemalige Schlafwagenschaffner und CIWL-Experten Peter Flug, Minute 18:00 und Edmond About, *De Pontoise a Stamboul*, 1884, Paris, Seite 24

241 Albert Mühl, *Speisewagen in Deutschland*, Freiburg, 1994, Seite 15ff.

242 Alfred Ruhemann, *Die Woche*, 28.4.1900, Nummer 18, Berlin, Seite 778

243 Henri Opper de Blowitz, *Une course á Constantinople*, Paris, 1884, Seite 4

244 Paul Israel, *Edison: A Life of Invention*, New York City, 1998

245 *Wiener Allgemeine Zeitung*, 14.3.1886, Seite 5

246 Louis-Pascal Couvelaire, *Orient-Express, le voyage d'une légende*, ARTE, Dokumentation, Frankreich, 2018, Interview Charles King, Professor für Politologie, Georgetown Universität, Minute 07:30

247 *Vertrag Orient-Express*, Österreichisches Staatsarchiv, Wien, 18.4.1883

248 L. Trefeu, *L'Orient-Express*, Le Gaulois, Paris, 18.10.1883

249 L. Trefeu, *L'Orient-Express*, Le Gaulois, Paris, 18.10.1883

250 *Vertrag Orient-Express*, Österreichisches Staatsarchiv, Wien, 18.4.1883

251 Garry Hogg, *Orient Express*, New York, 1968, Seite 14; Beschreibung eines Reisenden

252 Ballerstedt, *Münchner Allgemeine Zeitung*, 25.10.1883, Seite 4370

253 Jean des Cars, *Schlafwagen*, Stuttgart, 1984, Seite 64

254 *Vertrag Orient-Express*, Österreichisches Staatsarchiv, Wien, 18.4.1883

255 Gerhard J. Rekel, *Orient-Express – ein Zug schreibt Geschichte*, ZDF, Terra-X, 10.4.2020, Mainz, Interview mit Bahnexperten Dr. Christopher Klein, Minute 05:31

256 Alban Guizol, *La Compagnie International des Wagons-Lits*, Chanac, 2005, Seite 28

257 Einschulung/Geburt René-Georges Nagelmackers: Liste nominative des Garcons de 6 á 13 ans; habitant Villepreux, 27.9.1888

258 *Deutsche Bauzeitung*, Berlin, 27.10.1883

259 *Deutsche Verkehrszeitung*, Berlin, 28.1.1883, Seite 4

260 Jean des Cars, *Schlafwagen*, Stuttgart, 1984, Seite 56

261 *Deutsche Bauzeitung*, Berlin, 27.10.1883

262 Polizeibericht, Police Municipale, Paris, le Avril 1880, 3e Brigade de Recherches, Préfet de Police Archives, 2020

263 Werner Sölch, *Orient-Express*, Düsseldorf, 1998, Seite 15

264 Henri Opper de Blowitz, *Une course á Constantinople*, Paris, 1884, Seite 8

265 Alban Guizol, *La Compagnie International des Wagons-Lits*, Chanac, 2005, Seite 32

266 Alban Guizol, *La Compagnie International des Wagons-Lits*, Chanac, 2005, Seite 24

267 *Die Presse*, Wien, 7.6.1883, Seite 10

268 Von unserem Korrespondenten (vermutlich Opper de Blowitz); *The Times, By the Oriental Express to Constantinopel*, 2.11.1883, Seite 10

269 Internationale Berichterstattung im Sinne Nagelmackers über den Orient-Express am Beispiel Wien: »Der erste Orient-Express«, *Neues Wiener Tagblatt*, (Tages-Ausgabe), Wien, 7.6.1883, Seite 4; »Orient-Express«, *Neue Freie Presse*, Wien, 5.6.1883, Seite 18; »Der Orient-Expresszug der Schlafwagengesellschaft«, *Verkehrszeitung Nr. 21*, Wien, 27.5.1883, Seite 5; u.a.

270 E.H. Cookridge, *Abenteuer Orient Express*, München, 1983, Seite 39

271 Von unserem Korrespondenten (vermutlich Opper de Blowitz); *The Times, By the Oriental Express to Constantinopel*, 2.11.1883, Seite 10

272 *Deutsche Bauzeitung*, Berlin, 27.10.1883

273 Gravayat Eva, Mettetal Arthur, *Orient-Express & Co*, Paris, 2020, Seite 32–36

274 *Quand Paris était un Paradis, Mémoires, 1900–1939*, Maurice de Waleffe, Paris, 1947, Seite 428

275 Henri Opper de Blowitz, *Une course á Constantinople*, Paris, 1884, Seite 5

276 Von unserem Korrespondenten (vermutlich Opper de Blowitz); *The Times, By the Oriental Express to Constantinopel*, 2.11.1883, Seite 10

277 Edmond About, *De Pontoise a Stamboul*, Paris, 1884, Seite 10

278 Jean des Cars, *Schlafwagen*, Stuttgart, 1984, Seite 55

279 Gerhard J. Rekel, *Orient-Express – ein Zug schreibt Geschichte*, ZDF, Terra-X, Mainz, 10.4.2020, Interview mit dem Historiker Dr. Rainer Mertens, Minute 02:34

280 Eric Fottorino, *Le Monde: Un désir d'Orient-Express*, Paris, 19.9.1995

281 E.H. Cookridge, *Abenteuer Orient Express*, München, 1983, Seite 40

282 Constantin Parvulesco, *Orient Express – Zug der Träume*, Stuttgart, 2007, Seite 46

283 Ballerstedt, *Münchner Allgemeine Zeitung*, 25.10.1883, Seite 4370

284 Ballerstedt, *Münchner Allgemeine Zeitung*, 25.10.1883, Seite 4370

285 Edmond About, *De Pontoise a Stamboul*, 1884, Paris, Seite 7

286 Louis-Pascal Couvelaire,

Orient-Express, le voyage d'une légende, ARTE, Dokumentation, Frankreich, 2018, Interview Orhan Pamuk, Minute 45:05

287 Jean des Cars, *Schlafwagen*, Stuttgart, 1984, Seite 57

288 Ballerstedt, *Münchner Allgemeine Zeitung*, 25.10.1883, Seite 4370

289 Georges Boyer, *Figaro, Journal non politique*, »L'Orient â toute Vapeur«, Paris, 1.6.1873

290 Henri Opper de Blowitz, *Une course á Constantinople*, Paris, 1884, Seite 19

291 Von unserem Korrespondenten (vermutlich Opper de Blowitz); *The Times, By the Oriental Express to Constantinopel*, 2.11.1883, Seite 10

292 Ballerstedt, *Münchner Allgemeine Zeitung*, 25.10.1883, Seite 4370

293 Albert Mühl, Jürgen Klein, *125 Jahre Internationale Schlafwagengesellschaft*, Freiburg, 1998, Seite 116ff.

294 Austern – italienische Nudelsuppe – Steinbutt in grüner Sauce – flambiertes Hähnchen – Rindsfilet – Schlosskartoffeln – Sülze vom Wild – Salat – Schokoladencreme.

295 Edmond About, *De Pontoise a Stamboul*, 1884, Paris, Seite 18

296 Edmond About, *De Pontoise a Stamboul*, 1884, Paris, Seite 8

297 Henri Opper de Blowitz, *Une course á Constantinople*, Paris, 1884, Seite 31

298 Ballerstedt, *Münchner Allgemeine Zeitung*, 25.10.1883, Seite 4370

299 *Neue Freie Presse*, Wien, 6.10.1883, Seite 17

300 L. Trefeu (*de notre Correspondant Spécial*), *Le Gaulois, »Orient-Express«*, Paris, 6.10.1883

301 *Neue Freie Presse*, Wien, 6.10.1883, Seite 17

302 Henri Opper de Blowitz, *Une course á Constantinople*, Paris, 1884, Seite 7

303 Henri Opper de Blowitz, *Une course á Constantinople*, Paris, 1884, Seite 5

304 *Pressburger Zeitung*, Nummer 154, Pressburg, 7.6.1883

305 Edmond About, *De Pontoise a Stamboul*, 1884, Paris, Seite 20

306 Edmond About, *De Pontoise a Stamboul*, 1884, Paris, Seite 20

307 Henri Opper de Blowitz, *Une course á Constantinople*, Paris, 1884, Seite 8

308 *Neues Wiener Tagblatt*, 7.6.1883, Seite 4

309 Henri Opper de Blowitz, *Une course á Constantinople*, Paris, 1884, Seite 6

310 Jean des Cars, *Schlafwagen*, Stuttgart, 1984, Seite 57; und Henri Opper de Blowitz, *Une course á Constantinople*, Paris, 1884, Seite 21

311 About zitiert aus: Jean des Cars, *Schlafwagen*, Stuttgart, 1984, Seite 58, und Edmond About, *De Pontoise a Stamboul*, Paris, 1884, Seite 15

312 Edmond About, *De Pontoise a Stamboul*, 1884, Paris, Seite 16

313 Edmond About, *De Pontoise a Stamboul*, 1884, Paris, Seite 16

314 Henri Opper de Blowitz, *Une course á Constantinople*, Paris, 1884, Seite 21

315 Henri Opper de Blowitz, *Une course á Constantinople*, Paris, 1884, Seite 24

316 Henri Opper de Blowitz, *Une*

course á Constantinople, Paris, 1884, Seite 5

317 Ballerstedt, *Münchner Allgemeine Zeitung*, 25.10.1883, Seite 4370

318 Georges Boyer, *Le Figaro*, 8.10.1883

319 Henri Opper de Blowitz, *Une course á Constantinople*, Paris, 1884, Seite 39

320 Edmond About, *De Pontoise a Stamboul*, Paris, 1884, Seite 26

321 Ballerstedt, *Münchner Allgemeine Zeitung*, 25.10.1883, Seite 4370

322 Ballerstedt, *Münchner Allgemeine Zeitung*, 25.10.1883, Seite 4371

323 Edmond About, *De Pontoise a Stamboul*, Paris, 1884, Seite 31ff.

324 Henri Opper de Blowitz, *Une course á Constantinople*, Paris, 1884, Seite 27

325 Henri Opper de Blowitz, *Une course á Constantinople*, Paris, 1884, Seite 28

326 Ballerstedt, *Münchner Allgemeine Zeitung*, 25.10.1883, Seite 4371

327 Jean des Cars, *Schlafwagen*, Stuttgart, 1984, Seite 58 und: Edmond About, *De Pontoise a Stamboul*, Paris, 1884, Seite 23

328 Henri Opper de Blowitz, *Une course á Constantinople*, Paris, 1884, Seite 28

329 L. Trefeu, *Le Gaulois*, »L'Orient-Express«, Paris, 18.10.1883

330 Henri Opper de Blowitz, *Une course á Constantinople*, Paris, 1884, Seite 31

331 Henri Opper de Blowitz, *Une course á Constantinople*, Paris, 1884, Seite 32ff

332 Edmond About, *De Pontoise a Stamboul*, 1884, Paris, Seite 4

333 Henri Opper de Blowitz, *Une course á Constantinople*, Paris, 1884, Seite 5

334 L. Trefeu, *Le Gaulois*, »L'Orient-Express«, Paris, 18.10.1883

335 L. Trefeu, *Le Gaulois*, »L'Orient-Express«, Paris, 18.10.1883

336 Ballerstedt, *Münchner Allgemeine Zeitung*, 25.10.1883, Seite 4371

337 Henri Opper de Blowitz, *Une course á Constantinople*, Paris, 1884, Seite 51

338 Georges Boyer, *Le Figaro*, 8.10.1883

339 Edmond About, *De Pontoise a Stamboul*, Paris, 1884, Seite 34

340 Henri Opper de Blowitz, *Une course á Constantinople*, Paris, 1884, Seite 54, 55

341 Henri Opper de Blowitz, *Une course á Constantinople*, Paris, 1884, Seite 46

342 Henri Opper de Blowitz, *Une course á Constantinople*, Paris, 1884, Seite 25

343 Henri Opper de Blowitz, *Une course á Constantinople*, Paris, 1884, Seite 57, 58

344 Martin Page, *Die großen Express Züge*, Wien, 1976, Seite 21ff.

345 Edmond About, *De Pontoise a Stamboul*, Paris, 1884, Seite 40

346 Ballerstedt, *Münchner Allgemeine Zeitung*, 25.10.1883, Seite 4370

347 Henri Opper de Blowitz, *Une course á Constantinople*, Paris, 1884, Seite 66

348 Henri Opper de Blowitz, *Une*

course á Constantinople, Paris, 1884, Seite 58

349 Edmond About, *De Pontoise a Stamboul*, 1884, Paris, Seite 39, 40

350 Edmond About, *De Pontoise a Stamboul*, 1884, Paris, Seite 41ff.

351 Henri Opper de Blowitz, *Une course á Constantinople*, Paris, 1884, Seite 59, 60

352 Ballerstedt, *Münchner Allgemeine Zeitung*, 25.10.1883, Seite 4371

353 Edmond About, *De Pontoise a Stamboul*, Paris, 1884, Seite 42

354 König Carol zitiert in: Georges Boyer, *Le Figaro*, 8.10.1883

355 Georges Boyer, *Le Figaro*, 8.10.1883

356 Edmond About, *De Pontoise a Stamboul*, Paris, 1884, Seite 46

357 Jean des Cars, *Schlafwagen*, Stuttgart, 1984, Seite 59

358 Ballerstedt, *Münchner Allgemeine Zeitung*, 25.10.1883, Seite 4371

359 Henri Opper de Blowitz, *Une course á Constantinople*, Paris, 1884, Seite 5

360 Edmond About, *De Pontoise a Stamboul*, 1884, Paris, Seite 53

361 Edmond About, *De Pontoise a Stamboul*, 1884, Paris, Seite 54

362 Louis-Pascal Couvelaire, *Orient-Express, le voyage d'une légende*, ARTE, Dokumentation, Frankreich, 2018, Interview Arthur Mettetal, Minute 17:35

363 Edmond About, *De Pontoise a Stamboul*, Paris, 1884, Seite 54

364 Henri Opper de Blowitz, *Une course á Constantinople*, Paris, 1884, Seite 82, 83

365 Jean des Cars, *Schlafwagen*, Stuttgart, 1984, Seite 61

366 *Bahnfahren ist immer eine Grundübung in Demokratie*, Interview von Claas Tatje und Mark Spörrle mit Stephan Grünewald, ZEIT-Online, Hamburg, 31.5.2021,

367 Ballerstedt, *Münchner Allgemeine Zeitung*, 25.10.1883, Seite 4371, 4372

368 Gustav Kohn (Cohn, Dr.), *Neue Freie Presse*, »Mit dem Orient-Express«, 2. Teil, Wien, 16.10.1883, Seite 2

369 Henri Opper de Blowitz, *Une course á Constantinople*, Paris, 1884, Seite 77

370 Edmond About, *De Pontoise a Stamboul*, Paris, 1884, Seite 59, 66, 67

371 Ballerstedt, *Münchner Allgemeine Zeitung*, 25.10.1883, Seite 4372

372 Edmond About, *De Pontoise a Stamboul*, Paris, 1884, Seite 67

373 Jean des Cars, *Schlafwagen*, Stuttgart, 1984, Seite 62

374 Edmond About, *De Pontoise a Stamboul*, Paris, 1884, Seite 69, 70

375 Edmonodo De Amicis, *Istanbul, Hauptstadt der Welt*, Mit einem Nachwort von Umberto Eco, 2014, Wiesbaden, Seite 179, 181

376 Ballerstedt, *Münchner Allgemeine Zeitung*, 25.10.1883, Seite 4371

Henri Opper de Blowitz, *Une course á Constantinople*, Paris, 1884, Seite 5

377 Georges Boyer zitiert von Martin Page, *Die großen Express Züge*, Wien, 1976, Seite 26ff.

378 Martin Page, *Die großen Express Züge*, Wien, 1976, Seite 26ff.

379 Georges Boyer zitiert von

Martin Page, *Die großen Express Züge*, Wien, 1976, Seite 27

380 Edmonodo De Amicis, *Istanbul, Hauptstadt der Welt*, 2014, Wiesbaden, Historische Beschreibung von 1878, Seite 19

381 Henri Opper de Blowitz, *Une course á Constantinople*, Paris, 1884, Seite 109

382 Edmond About, *De Pontoise a Stamboul*, Paris, 1884, Seite 77

383 Henri Opper de Blowitz, *Une course á Constantinople*, Paris, 1884, Seite 85, 86

384 Ballerstedt, *Münchner Allgemeine Zeitung*, 25.10.1883, Seite 4372

385 Edmond About, *De Pontoise a Stamboul*, Paris, 1884, Seite 69

386 Henri Opper de Blowitz, *Une course á Constantinople*, Paris, 1884, Seite 110

387 L. Trefeu, *Le Gaulois*, »L'Orient-Express«, Paris, 18.10.1883

388 Edmond About, *De Pontoise a Stamboul*, Paris, 1884, Seite 78

389 Edmond About, *De Pontoise a Stamboul*, Paris, 1884, Seite 79

390 Edmond About, *De Pontoise a Stamboul*, Paris, 1884, Seite 80 und: Henri Opper de Blowitz, *Une course á Constantinople*, Paris, 1884, Seite 111

391 Jean des Cars, *Schlafwagen*, Stuttgart, 1984, Seite 63

392 Martin Page, *Die großen Express Züge*, Wien, 1976, Seite 117

393 Edmond About, *De Pontoise a Stamboul*, 1884, Paris, Seite 82

394 Edmond About, *De Pontoise a Stamboul*, 1884, Paris, Seite 81

395 Edmond About, *De Pontoise a Stamboul*, 1884, Paris, Seite 107

396 Geert Mak, *Die Brücke von Istanbul*, München, 2007, Seite 49

397 Zitiert von Geert Mak in *Die Brücke von Istanbul*, München, 2007, Seite 52 (*Handbook für Travelers in Turkey*, 1878)

398 Christen: 444 294; Muslime: 384 836; zitiert aus Geert Mak, *Die Brücke von Istanbul*, München, 2007, Seite 52

399 Zitiert von Geert Mak in *Die Brücke von Istanbul*, München, 2007, Seite 52 (*Handbook für Travelers in Turkey*, 1878)

400 Henri Opper de Blowitz, *Une course á Constantinople*, Paris, 1884, Seite 111, 112

401 Edmond About, *De Pontoise a Stamboul*, Paris, 1884, Seite 108

402 Edmond About, *De Pontoise a Stamboul*, Paris, 1884, Seite 118

403 Edmond About, *De Pontoise a Stamboul*, Paris, 1884, Seite 81

404 Henri Opper de Blowitz, *Une course á Constantinople*, Paris, 1884, Seite 114–116

405 Edmond About, *De Pontoise a Stamboul*, Paris, 1884, Seite 88

406 Edmond About, *De Pontoise a Stamboul*, Paris, 1884, Seite 88

407 Edmond About, *De Pontoise a Stamboul*, Paris, 1884, Seite 77

408 Jean des Cars, *Schlafwagen*, Stuttgart, 1984, Seite 63

409 Edmond About, *De Pontoise a Stamboul*, Paris, 1884, Seite 139

410 Alban Guizol, *La Compagnie International des Wagons-Lits*, Chanac, 2005, Seite 32

411 Edmond About, *De Pontoise a Stamboul*, Paris, 1884, Seite 144

412 Edmond About, *De Pontoise a Stamboul*, Paris, 1884, Seite 144

413 *New York Sun*, New York City, 26.11.1883,

414 Zitiert von Eric Fottorino in *Le Monde*, »Un désir d'Orient-Express«, Paris, 19.9.1995

415 *Gil Bas*, »L'Orient Express«, Paris, 5.8.1883

416 *L'Écho du Parlement*, Brüssel, 13.6.1884

417 M. Weissenbruch S. A., *Vielle Maison Souvenirs*, Brüssel, 1939; Seite 57ff.

418 M. Weissenbruch S. A., *Vielle Maison Souvenirs*, Brüssel, 1939; Seite 71ff.

419 L'Écho du Parlement, Brüssel, 13.6.1884

420 Zitiert von Georges Boyer aus Figaro: Jean des Cars, *Schlafwagen*, Stuttgart, 1984, Seite 63

421 Louis-Pascal Couvelaire, *Orient-Express, le voyage d'une légende*, ARTE, Dokumentation, Frankreich, 2018, Interview Charles King, Professor für Politologie, Georgetown Universität, Minute 23:46

422 Werner Sölch, *Orient-Express*, Düsseldorf, 1998, Seite 17

423 Eric Fottorino, *Le Monde*, »Un désir d'Orient-Express«, Paris, 19.9.1995

424 Zitiert in Werner Sölch, *Orient-Express*, Düsseldorf, 1998, Seite 38

425 Alban Guizol, *La Compagnie International des Wagons-Lits*, Chanac, 2005, Seite 16

426 Alban Guizol, *La Compagnie International des Wagons-Lits*, Chanac, 2005, Seite 28

427 Albert Mühl, Jürgen Klein, *125 Jahre Internationale Schlafwagengesellschaft*, Freiburg, 1998, Seite 259

428 *Autour de la Bourse, Figaro*, Paris, 11.5.1896, signiert mit »Le Boursier«

429 Cars Jean des, Caracalla Jean-Paul, *Le Train Bleu*, Paris 1988, Deutsch: *Train Bleu – Expresszüge der Riviera*, Zürich 1989, Seite 7

430 Martin Page, *Die großen Express Züge*, Wien, 1976, Seite 146ff.

431 Cars Jean des, Caracalla Jean-Paul, *Le Train Bleu*, Paris 1988, Deutsch: *Train Bleu – Expresszüge der Riviera*, Zürich 1989

432 Alban Guizol, *La compagnie International des Wagons-Lits*, Chanac, 2005, Seite 50

433 Alban Guizol, *La compagnie International des Wagons-Lits*, Chanac, 2005, Seite 50

434 Alban Guizol, *La compagnie International des Wagons-Lits*, Chanac, 2005, Seite 35

435 Alfred Ruhemann, *Die Woche*, Nummer 18, Berlin, 28.4.1900, Seite 778

436 Alban Guizol, *La compagnie International des Wagons-Lits*, Chanac, 2005, vgl. Seite 36

437 Alban Guizol, *La compagnie International des Wagons-Lits*, Chanac, 2005, Seite 37; St. Petersburg-Wien-Nizza-Cannes-Express usw.

438 Edmond About, *De Pontoise a Stamboul*, 1884, Paris, Seite 53

439 Jean des Cars, *Schlafwagen*, Stuttgart, 1984, Seite 122

440 Alban Guizol, *La compagnie International des Wagons-Lits*, Chanac, 2005, Seite 45ff.

441 Martin Page, *Die großen Express Züge*, Wien, 1976, Seite 119

442 Martin Page, *Die großen Express Züge*, Wien, 1976, Seite 116–117

443 Elif Çelebi Yakartepe und Can Binan, *The Modernization Period Hotels of Istanbul (1840–1914)*, Megaron, 2011, Band 6, Ausgabe 2, Seite 87

444 Wolf Schneider, *Die Sieger: Wodurch Genies, Phantasten und Verbrecher berühmt geworden sind*, Hamburg, 1992, Seite 176

445 *La Meuse*, Liège, 16.11.1892

446 *La Meuse*, Liege, 16.11.1892

447 M. Weissenbruch S.A., *Vielle Maison Souvenirs*, Brüssel, 1939; Seite 55ff.

448 La Meuse, Liège, 11.6.1894

449 M. Weissenbruch S.A., *Vielle Maison Souvenirs*, Brüssel, 1939; Seite 65

450 Jean Schiltz, *Histoire d'Angleur*, 1991

451 Jean-Paul Caracalla, *Le goût du voyage*, Paris, 2001, Seite 6

452 *Berliner Börsenzeitung*, Morgenausgabe, 11.9.1884

453 *Neuigkeits-Welt-Blatt*, Wien, 20.2.1891, Seite 11

454 *Die Presse*, Wien, 20.2.1893, Seite 3

455 Berliner Börsenzeitung, Abendausgabe, 17.4.1896

456 *Revue générale des chemins de fer*, Paris, 7.1896, Seite 121

457 *Compagnie Internationale des Wagons-Lits*, Prospekt zur Weltausstellung 1900, Paris, 1900, Seite 7

458 Albert Mühl, Jürgen Klein, *125 Jahre Internationale Schlafwagengesellschaft*, Freiburg, 1998, Seite 265 und Alban Guizol, *La compagnie International des Wagons-Lits*, Chanac, 2005, Seite 36; Werkstattgründung St. Petersburg 1887

459 Jean des Cars, *Schlafwagen*, Stuttgart, 1984, Seite 122

460 Albert Mühl, Jürgen Klein, *125 Jahre Internationale Schlafwagengesellschaft*, Freiburg, 1998, Seite 358

461 Alfred Ruhemann, *Die Woche*, Nummer 18, Berlin, 28.4.1900, Seite 779

462 Interview mit Will Berghoff, Lübeck/Berlin, 30.8.2019

463 Autour de la Bourse, *Figaro*, Paris, 11.5.1896, signiert mit »Le Boursier«

464 Jürgen Klein, *Die Grandhotels der Internationalen Schlafwagengesellschaft*, Mönchengladbach, 2012, Seite 12

465 Zitiert in: Jean des Cars, *Schlafwagen*, Stuttgart, 1984, Seite 95

466 Jürgen Klein, *Die Grandhotels der Internationalen Schlafwagengesellschaft*, Mönchengladbach, 2012, Seite 68

467 Martin Page, *Die großen Express Züge*, Wien, 1976, Seite 121

468 Jürgen Klein, *Die Grandhotels der Internationalen Schlafwagengesellschaft*, Mönchengladbach, 2012, Seite 68ff.

469 Jürgen Klein, *Die Grandhotels der Internationalen Schlafwagengesellschaft*, Mönchengladbach, 2012, Seite 13ff.

470 Martin Page, *Die großen Express Züge*, Wien, 1976, Seite 123

471 Albert Mühl, Jürgen Klein, *125 Jahre Internationale Schlafwagengesellschaft*, Freiburg, 1998, Seite 265

472 Reitler Ernst, Österreicher Max, Ringhoffer F, Hardy William F; *Berichte über die Weltausstellung in Paris 1900,*

Neunter Band; Eisenbahnen, Tramways, Bau und Betrieb, Locomotiven, Waggons, Wien, 1901, Seite 64ff.

473 Werner Sölch, *Kap-Kairo. Eisenbahn zwischen Ägypten und Südafrika*, München, 1985, Seite 20

474 Alfred Ruhemann, *Die Woche*, Nummer 18, Berlin, 28. 4. 1900, Seite 778

475 Georges Boyer, *Figaro, Journal non politique*, Paris, 9. 11. 1900

476 Jürgen Klein, *Die Grandhotels der Internationalen Schlafwagengesellschaft*, Mönchengladbach, 2012, Seite 76

477 Jürgen Klein, *Die Grandhotels der Internationalen Schlafwagengesellschaft*, Mönchengladbach, 2012, Seite 82

478 Martin Page, *Die großen Express Züge*, Wien, 1976, Seite 124

479 *La Liberté*, Paris, 24. 4. 1899; Èchos de partout; »Un déjeuner dans une cave«

480 *Figaro*, Paris, 11. 5. 1899; »Inauguration de L'Elysée-Palace«

481 *La Liberté*, Paris, 24. 4. 1899; Èchos de partout; »Un déjeuner dans une cave«

482 *Journal des débats politiques et littéraires*, Paris, 25. 4. 1899

483 Eric Fottorino, *Le Monde*, »Un désir d'Orient-Express«, Paris, 19. 9. 1995 und: Alfred Ruhemann, *Die Woche*, Nummer 18, Berlin, 28. 4. 1900, Seite 778

484 Alban Guizol, *La compagnie International des Wagons-Lits*, Chanac, 2005, Seite 49

485 Gerhard J. Rekel, *Orient-Express – ein Zug schreibt Geschichte*, ZDF, Terra-X, Mainz, 10. 4. 2020, Interview mit dem ehemalige Schlafwagenschaffner und CIWL-Experten Peter Flug, Minute 16:30

486 Jürgen Klein, *Die Grandhotels der Internationalen Schlafwagengesellschaft*, Mönchengladbach, 2012, Seite 125

487 Jürgen Klein, *Die Grandhotels der Internationalen Schlafwagengesellschaft*, Mönchengladbach, 2012, Seite 125

488 *Le Sport Universel Illustré*, Paris, 16. 7. 1898

489 Jean Schiltz, *Histoire d'Angleur*, 1991

490 Roger Commault, *Georges Nagelmackers*, Ulzés, 1966

491 *Le Figaro*, Nr. 1854/171, Paris, 20. 6. 1898, Seite 1, »Paris a Villepreux«

492 Alban Guizol, *La compagnie International des Wagons-Lits*, Chanac, 2005, Seite 38 und: Jean des Cars, *Schlafwagen*, Stuttgart, 1984, Seite 101

493 Jürgen Klein, *Die Grandhotels der Internationalen Schlafwagengesellschaft*, Mönchengladbach, 2012, Seite 153

494 Edmond About, *De Pontoise a Stamboul*, Paris, 1884, Seite 144

495 Zitiert aus Jean des Cars, *Schlafwagen*, Stuttgart, 1984, Seite 123

496 Winfried Kretschmer, *Geschichte der Weltausstellungen*, Frankfurt/New York, 1999, Seite 287; zitiert von Schroeder-Gudehus/Rasmussen, 1992 (Weltausstellungen) und Findling, 1990 (Internationale Ausstellungen)

497 Patrick Magnaudeix, *1900: un des derniers sursauts du coaching*, 15. 12. 2015, Paris, www.attelage-patrimoine.com/2015/12/1900-un-des-derniers-sursauts-du-coaching.html

498 *Le Journal*, Paris, 3. 6. 1900, »Le Concours Hippique – Concours International« und: *Le Matin*, Paris, 3. 6. 1900

499 Alban Guizol, *La Compagnie*

International des Wagons-Lits, Chanac, 2005, Seite 41, 43, ff.

500 *Le Matin: derniers télégrammes de la nuit*, Paris, 27.11.1900/Bericht von der Aktionärsversammlung

501 Jean des Cars, Jean-Paul Caracalla, *Le Transsibérien – l'extréme orient-express*, 1986, Paris

502 Alban Guizol, *La Compagnie International des Wagons-Lits*, Chanac, 2005, Seite 42

503 Jean des Cars, Jean-Paul Caracalla, *Die Transsibirische Bahn*, Zürich und Wiesbaden, 1987, Seite 89

504 *Le Matin: derniers télégrammes de la nuit*, Paris, 27.11.1900; Bericht von der Aktionärsversammlung. (1,5 Millionen alte Francs entsprechen ca. sechs Millionen Euro nach dem Kaufkraftäquivalent des *Institut national de la statistique*; Stand: 2022.)

505 Geschäftsberichte, *Compagnie Internationale des Wagons-Lits et des Grands Express Européens*, 1898–1901, Brüssel, Sammlung Jürgen Klein, Mönchengladbach

506 *Le Matin: derniers télégrammes de la nuit*, Paris, 27.11.1900; Bericht von der Aktionärsversammlung. (Das entspricht ca. 86,2 Millionen Euro nach dem Kaufkraftäquivalent des *Institut national de la statistique*; Stand: 2022.)

507 Alfred Ruhemann, *Die Woche*, Nummer 18, Berlin, 28.4.1900, Seite 779

508 Robert Lomas, *The Man Who Invented the Twentieth Century. Nikola Tesla, Forgotten Genius of Electricity*, London 2000, Seite 117

509 *Le Matin: derniers télégrammes de la nuit*, Paris, 27.11.1900; Bericht von der Aktionärsversammlung

510 *Le Matin: derniers télégrammes de la nuit*, Paris, 27.11.1900; Bericht von der Aktionärsversammlung

511 *Le Matin: derniers télégrammes de la nuit*, Paris, 27.11.1900; Bericht von der Aktionärsversammlung

512 *Figaro*, Paris, 6.7.1900; der Brief ist auch bei *Le Matin* erschienen und wurde vom Autor hier leicht gekürzt

513 Dan Millman, *The Journeys of Socrates*, San Francisco, 2006

514 *Journal des finances*: cote universelle et correspondance des capitalistes; Paris, 17.11.1900 und: *Le Matin: derniers télégrammes de la nuit*, Paris, 27.11.1900; Bericht von der Aktionärsversammlung (Assemblée Générale Extraordinaire des Actionnaires, Brüssel)

515 *US Government Printing Office*, University of Michigan, 28.2.1901

516 John Stewart, *Thomas F. Walsh, Progressive Businessman and Colorado Mining Tycoon*, Colorado, 2007, Seite 13ff.

517 *Figaro*, Paris, 11.5.1899, Bericht zur Einweihung des Hotels

518 John Stewart, *Thomas F. Walsh, Progressive Businessman and Colorado Mining Tycoon*, Colorado, 2007, Seite 85ff.

519 *The Providence News*, Providence, 25.10.1900

520 John Stewart, *Thomas F. Walsh, Progressive Businessman and Colorado Mining Tycoon*, Colorado, 2007

521 *Omaha daily bee.*, Omaha, 29.6.1900

522 Adam Hochschild, *Schatten über dem Kongo*, Stuttgart 2001, Seite 331.

523 *Omaha daily bee.*, Omaha, 29.6.1900

524 *The Providence News*,

Providence, 25.10.1900 und John Stewart, *Thomas F. Walsh, Progressive Businessman and Colorado Mining Tycoon*, Colorado, 2007, Seite 111 und 112

525 *The Providence News*, Providence, 25.10.1900 und *La Meuse*, Liège, 20.10.1900

526 *The Providence News*, Providence, 25.10.1900

527 Volker Weidermann, *Max Frisch, Sein Leben, seine Bücher*, Köln, 2010

528 *Journal des Finances*: cote universelle et correspondance des capitalistes, Paris, 17.11.1900

529 Geschäftsberichte *Compagnie International des Wagons-Litset des Grands Express Européens*, Brüssel, 1887–1900; Sammlung Jürgen Klein, Mönchengladbach

530 Jean des Cars, Jean-Paul Caracalla, *Le Transsibérien – l'extréme orient-express*, Paris, 1986

531 Jean des Cars, *Schlafwagen*, Stuttgart, 1984, Seite 117

532 Jean des Cars, Jean-Paul Caracalla, *Le Transsibérien – l'extréme orient-express*, Paris, 1986

533 *Le Temps*, Paris, 24.11.1900

534 *Journal des mines*: organe spécial de l'industrie minière et métallurgique en France et à l'étranger/directeur: Henri Cozic; Paris, 2.12.1900 und: *Le Temps*, Paris, 3.12.1900

535 Geschäftsberichte *Compagnie International des Wagons-Litset des Grands Express Européens*, Brüssel, 1887–1900; Sammlung Jürgen Klein, Mönchengladbach

536 Alban Guizol, *La Compagnie International des Wagons-Lits*, Chanac, 2005, Seite 207

537 *Journal des Finances*, Paris, 1.12.1900, Seite 6–7

538 Michael Stürmer, Gabriele Teichmann, Wilhelm Treue, *Wägen und Wagen, Sal. Oppenheim jr.& Cie, Geschichte einer Bank und einer Familie*, 1989, München, Seite 288

539 Michael Stürmer, Gabriele Teichmann, Wilhelm Treue, *Wägen und Wagen, Sal. Oppenheim jr.& Cie, Geschichte einer Bank und einer Familie*, 1989, München, Seite 296ff.

540 *Journal des mines*: organe spécial de l'industrie minière et métallurgique en France et à l'étranger/directeur: Henri Cozic; Paris, 2.12.1900 und: *Le Temps*, Paris, 3.12.1900

541 Geschäftsberichte, *Compagnie Internationale des Wagons-Lits et des Grands Express Européens*, 1900, Brüssel, Sammlung Jürgen Klein, Mönchengladbach

542 *Journal des Finances*: cote universelle et correspondance des capitalistes, Paris, 17.11.1900 und *L'Information financière*, économique et politique, Paris, 7.11.1900

543 *Journal des Finances*: cote universelle et correspondance des capitalistes, Paris, 17.11.1900 und: *L'Information financière*, économique et politique, Paris, 7.11.1900

544 Gerhard J. Rekel, *Orient-Express. Ein Zug schreibt Geschichte*, ZDF, Terra-X, Mainz, 10.4.2020, Interview mit dem ehemalige Schlafwagenschaffner und CIWL-Experten Peter Flug; Minute 11:50

545 *Le Matin: derniers télégrammes de la nuit*, Paris, 27.11.1900; Bericht von der Aktionärsversammlung

546 *Le Matin: derniers télégrammes de la nuit*, Paris, 27.11.1900; Bericht von der Aktionärsversammlung

547 *Le Matin:derniers télégrammes de la nuit*, Paris, 27.11.1900/Bericht von der Aktionärsversammlung

548 *Le Soir*, Brüssel, 21.11.1900 und: *Daily Inter Mountain*, 24.11.1900, West Virginia, Seite 12

549 Hubert Bonin, *La Banque de l'Union Parisienne (1874/1904–1974). De l'Europe aux Outre-Mers*, 2011, Seite 19

550 *Le Soir*, Brüssel, 21.11.1900 und: *The Telluride Journal*, Telluride, 18.9.1902 und: *The Ouray Herald*, 12.6.1903

551 *Le Soir*, Brüssel, 21.11.1900 und: *The Providence News*, Providence, 25.10.1900

552 Geschäftsberichte, *Compagnie Internationale des Wagons-Lits et des Grands Express Européens*, Brüssel, 1900, Sammlung Jürgen Klein, Mönchengladbach

553 *Le Temps*, Paris, 3.12.1900

554 *Journal des Finances*, Paris, 1.12.1900, Seite 6–7

555 *Paris-Capital*: Journal Financier, Paris, 5.12.1900; Satzungsänderung Artikel 21 und 34

556 Alban Guizol, *La compagnie International des Wagons-Lits*, Chanac, 2005, Seite 42ff.

557 Luciano Segreto, *The Nationality of an International Company*, Università degli Studi di Firenze, Working Paper, 30/2019

558 Geschäftsberichte, *Compagnie Internationale des Wagons-Lits et des Grands Express Européens*, Brüssel, 1900, Sammlung Jürgen Klein, Mönchengladbach

559 *Journal des finances*, Paris, 5.8.1905, Seite 2/28

560 Geschäftsberichte, *Compagnie Internationale des Wagons-Lits et des Grands Express Européens*, Brüssel, 1898–1901, Sammlung Jürgen Klein, Mönchengladbach

561 Alban Guizol, *La compagnie International des Wagons-Lits*, Chanac, 2005, Seite 207

562 Alban Guizol, *La compagnie International des Wagons-Lits*, Chanac, 2005, Seite 207

563 Gerhard Rekel, *Orient-Express – ein Zug schreibt Geschichte*, ZDF, Terra-X, Mainz, 10.4.2020, Interview Baudouin Nagelmackers, Minute 57:00

564 Jean-Paul Caracalla, *Le goût du voyage*, Paris, 2001, Seite 47

565 *Evening Star*, Washington, 16.11.1901 und: *The Washington Times*, 17.11.1901, Seite 8; Anmerkung: René erhielt den Termin erst im November 1901

566 Thomas K. McCraw, *Joseph A. Schumpeter. Eine Biografie*, Hamburg, 2008

567 IHK-Köln, Oppenheim Archiv, Kreditvertrag »Akten Internationale Schlafwagen-Gesellschaft 1901«, unterzeichnet zu Lüttich, 2.1.1901; Aktenzahl: RWA 603/AO/0175

568 IHK-Köln, Oppenheim Archiv, Kreditvertrag »Akten Internationale Schlafwagen-Gesellschaft 1901«, unterzeichnet zu Lüttich, 2.1.1901; Aktenzahl: RWA 603/AO/0175

569 Jean-Paul Caracalla, *Le goût du voyage*, Paris, 2001, Seite 47

570 *The Washington Times*, 17.11.1901, Washington, Seite 8 und: *Evening Star*, 16.11.1901, Washington

571 Neues Wiener Journal, Wien, 18.5.1901

572 *The New York Herald*, New York City, 27.12.1901

573 *The Saint Paul Globe*, St. Paul, 28.2.1902, Seite 4

574 *Omaha daily bee.*, 28.12.1902 und: *Richmond Dispatch*, 28.12.1902, Seite 14

575 *Omaha daily bee.*, 28.12.1902 und: *Richmond Dispatch*, 28.12.1902, Seite 14

576 *The Saint Paul Globe*, St. Paul, 28.2.1902, Seite 4

577 *Die Zeit*, Paris, 9.3.1903

578 *Omaha daily bee.*, 28.12.1902 und: *Richmond Dispatch*, 28.12.1902, Seite 14

579 Jean des Cars, *Schlafwagen*, Stuttgart, 1984, Seite 165

580 In Nagelmackers Todesanzeige steht: »Gestorben infolge einer langen Krankheit«, siehe Archive BnF-Gallica, *La Liberté*, Paris, 11.8.1905

581 Pauline Dreyfus, *Paul Morand*, Paris, 2020

582 In Nagelmackers Todesanzeige steht: »Gestorben infolge einer langen Krankheit«, siehe Archive BnF-Gallica, *La Liberté*, Paris, 11.8.1905

583 Gerhard J. Rekel, *Orient-Express – ein Zug schreibt Geschichte*, ZDF, Terra-X, Mainz, 10.4.2020; Interview mit Baudouin Nagelmackers, den letzten lebenden Verwandten von Georges Nagelmackers (unveröffentlichter Teil)

584 Sterbeurkunde von Georges Nagelmackers, 10.7.1905, Villepreux Tod FRAD078_0209_4E7820_00060.jpg

585 *Le Figaro*, Paris, 14.7.1905

586 Jean des Cars, Jean-Paul Caracalla, *The Orient Express*, Paris, 1986, Seite 51

587 Zitiert aus Jean des Cars, *Schlafwagen*, Stuttgart, 1984, Seite 123

588 Zeittafel der CIWL übernommen in Auszügen von: Albert Mühl, Jürgen Klein, *125 Jahre Internationale Schlafwagengesellschaft*, Freiburg, 1998; ergänzt durch Daten von: Alban Guizol, *La Compagnie International des Wagons-Lits*, Chanac, 2005 und: Werner Sölch, *Orient-Express*, Düsseldorf, 1998

589 Alfred Ruhemann, *Die Woche*, Nummer 18, Berlin, 28.4.1900, Seite 779

Der Autor dankt für die Unterstützung durch ein Stipendium
von BKM, NEUSTART KULTUR & VG WORT.

Die Beauftragte der Bundesregierung für Kultur und Medien

NEU START KULTUR

VG WORT

Bildnachweis

Alle Bilder stammen aus der Sammlung Jürgen Klein, Mönchengladbach, außer: S. 31, 118: Martine Chantereau, Paris; S. 50, 53: Musée Grand Curtius, Liège; S. 77, 104, 188, 193, 245: Wagons-Lits Diffusion, Paris; S. 133, 141, 159, 209: Christian Hladny, Graz; S. 203: VG Bild-Kunst, Bonn; Nachsatzblatt: Karte des Orient-Express 1883–1914, Devilm25

Impressum

www.kremayr-scheriau.at
ISBN 978-3-218-01305-5

Schutzumschlaggestaltung, Typografie und Satz: Kevin Mitrega, Schriftloesung
Lektorat: Paul Maercker
Druck und Bindung: FINIDR s. r. o., Czech Republic

Orient - Express (O.E.)	1883 - 1914
Ostende -Wien - Orient - Express (O.W.O.E)	1894 - 1914
Berlin - Budapest - (Orient-) Express (B.B.O.E.)	1900 - 1902